심리학이 만난 우리 신화

당신들이 나의 신이다

심리학이 만난 우리 신화

이나미 지음

목\차

1장
나를 돌아보다

2장
그림자를 받아들이다

3장
소통하고 치유하다

신화는 집단이 꾸는 꿈, 심리원형의 저장고

심리학이나 정신의학은 마음에 대해 연구하는 학문이다. 마음을 탐구하는 방법은 무척 다양한데 그 중에서도 융의 분석심리학은 집단무의식에 주목한다. 개인의 생활만 관찰하다 보면, 누구나 자신이 속한 사회와 문화로부터 크고 작은 영향을 받는 것을 놓치는 경우가 많다. 그 이유는 집단무의식을 보지 않기 때문이다.

개인은 태어날 때부터 죽을 때까지 집단과 자신이 속한 문화와 상호작용 하면서 살아간다. 따라서 한 사람의 심리를 분석할 때는 그가 속한 사회의 과거와 현재, 집단무의식을 들여다보아야 한다. 집단무의식 속에 존재하면서 인류가 공통적으로 지니고 있는 원형적 심성은 마음이라는 건축물의 형태를 잘 만들어주는 설계도나 골조와 비슷하다. 개인은 모두 각각의 삶을 다르게 살고 있지만, 인간이라면 누구나 부모 자식 관계, 형제간의 질투, 남녀의 사랑, 집단에서의 권력 투쟁 등의 문제와 평생 씨름할 수밖에 없다. 그리고 그런 원형적 상황을 비교적 잘 보여주는 장르가 신화이다. 융이 신화와 민담을 통해 원형을 이해하게 된 연유이다.

가끔 "왜 정신과 의사가 민담이나 신화에 관심을 갖느냐?"라고 묻는 사람들이 있다. 그럴 때면 필자는 "신화 속에 인류뿐 아니라 개인의 시작과 진화 과정이 담겨 있기 때문"이라고 대답한다. 신화나 민담은 한 개인의 머리에서 나온 작품이 아니라 입에서 입으로 전해지는 과정 중에 사적인 이야기들은 걸러지고, 모두에게 울림을 주는 내용만 끝까지 살아남는다. 따라서 이런 공통의 이야기를 살펴보면 과거 공동체의 집단심리를 파악할 수 있으며 이를 통해 개인의 심리를 들여다보는 것이 가능하다.

인류의 시작과 진화는 지금도 개인에게 계속 되풀이되고 있다. 뱃속에서부터 관찰해보면 알에서부터 시작해서 파충류, 양서류, 포유류로 가는 과정이 보인다. 신화 역시 처음에는 혼돈에서 시작한다. 아무것도 없는 궁창(穹蒼)에서 새로운 사람이 생기거나 빛과 어둠이 갈라지고, 바다와 육지가 갈라지며 분별하는 단계가 온다. 그다음에 복잡하게 분화되면서 자기의 시원과 이별하고 짝을 만난다. 또한 보통 인간들이 태어나 성장해서 겪는 것을 신화 속 영웅들 역시 대부분 겪는다. 이처럼 신화를 보면 한 개인의 심리를 이해할 수 있다.

신화를 보면 인간이 보이고 거기에 속한 내가 보이기 때문에, 내담자들이 가진 어떤 문제에 대해서 조금 더 시야를 확장할 수도 있다. 신화에 빗대어 보면 나만 병을 앓고 있고 내게만 문제가 있는 것이 아님을 알 수 있다는 뜻이다. 인간도 신도 모두 성장통을 겪으며 커 나간다는 것을 신화는 알려준다. 우리는 신화 속의 여러 이야기들을 접하면서 나와 주변의 상황과 견주어보고, 상황을 객관적으로 살펴볼 수 있는 눈을 키울 수 있으며, 고통스러운 상황에서도 다시 회복할 수 있는 에너지를 얻을 수 있다.

특히 지금 당장 너무 힘든 나머지 자신만이 세상에서 가장 불행하다고 생각하는 사람이 있다면 민담이나 신화 읽기를 권한다. 인류의 공통 이야기를 다시 읽다 보면 사람이라면 누구나 겪는 보편적인 질곡이 내게도 닥쳤을 뿐이라는 것을 깨달을 수 있다. 내 고통이 인간이라는 존재의 어쩔 수 없는 근본적인 조건들 때문에 보편적으로 겪게 되는 경험이자 발전의 단계라고 생각하면, 어려운 일에 부딪혔을 때 견딜 힘이 생긴다. 또 주변 사람들, 내 부모나 선조들은 그 고난을 어떻게 견디었나를 되돌아보면서 영감을 얻고, "나만 힘든 게 아니라 내 조상들도 어려움을 겪었고, 또 내 자손들도 어려움을 겪을 수 있다"라고 위로받으면 어두운 혼란의 상황을 헤쳐 나갈 수 있다.

불교식으로 말하면, 인간이면 누구나 팔고(八苦) 즉 생로병사의 고통과 더불어 사랑하는 사람과 이별해야 하는 고통(愛別離苦), 미운 사람과 만나야 하는 고통(怨憎會苦), 구하지만 얻을 수 없는 고통(求不得苦), 몸이 갖고 있는 본능이 성해서 생기는 고통(五蘊之苦)을 견뎌야 한다. 그리스도교식으로 말하면, 인간이기에 지니고 나오는 원죄이고, 신과 멀어졌기에 받는 죗값이다.

하지만 인간의 상처에 대한 고등 종교의 설명은 지나치게 권위적이다. 예컨대 그리스도교에서는 원죄로, 불교에서는 업으로, 유교에서는 도를 모르는 소인배의 행실로 모든 상처를 일반화 한다면 상처받은 사람들은 자신들의 억울한 마음을 하소연할 길이 없다. 상처는 그대로 남아 있는데 적지 않은 사람들이 그 앙금들을 그냥 참고 억압하려 한다. 그러나 무작정 억압을 하는 것이 그리 쉽겠는가.

보통 사람들에게는 도덕과 윤리로 상처나 본능을 제어하는 것이 그리 쉬운 일이 아니다. 이때 필요한 것이 종교적 제의이다. 종교적 제의를 통해 우리는 억울한 감정과 분노, 고통에 이별해야 했던 사람들에 대한 그리움, 원망 등 사람들이 살다 보면 겪는 질곡들을 승화시킨다. 한데 조선 시대 이후 우리나라 사람들에게 많은 영향을 미쳤던 유교는 평범한 사람들의 현실이나 꿈과는 거리가 먼 지나치게 형이상학적인 세계만 강조한 측면이 있었다. 유교가 지배하던 조선 시대 많은 사대부집에서 굿을 한 이유이다.

왕가라고 다르지 않았다. 조선의 마지막 황후인 명성황후도 굿을 했다는 이유로 사대부의 비판을 받았다는 이야기는 지금까지 회자된다. 하지만 역사가 기록하는 그녀의 속사정을 들여다보면 어미의 입장에서 굿에라도 매달리고 싶지 않았을까. 황후건 일개 평민이건, 씻김굿이라도 해서 상처를 보듬고 싶다는 뜻이다. 혹세무민(惑世誣民)을 한다 하여 안 좋게 보는 양반들이 대부분이었지만, 무속이 한을 풀어주는 순기능이 있다는 것을 사대부들도 알았기에 슬쩍 넘어가 주었을 것이다.

서양 전통이나 종교도 일반 민중에게는 뭔가 부족한 것이 있어 보인다. 서양 철학자들에게 영향 받은 지식인들은 그리스 신화의 '시시포스(Sisyphos)'나 '프로메테우스(Prometheus)'에게서 인간 존재의 끊임없이 반복되는 고통을 읽는다. 하지만 서양 이름의 신들에게 가슴 밑바닥부터 공감을 느끼는 일은 쉽지 않다. 그리스도교가 들어온 이후 알게 모르게 무속과 결합해 기복신앙을 강조하는 그리스도교 아닌 그리스도교가 세를 넓히는 배경에는 보통 사람들이 몸속에 체화시켜 지니고 있는 무속의 추억이 있는 게 아닐까.

그리스도교 교리에 충실한 이들에게 그런 무속적 사고방식은 때론 하등한 것으로 보일지 모른다. 자신과 가족의 부귀영달만 빌고 있는 사이비 그리스도교를 경멸하거나 우려하는 이유 중 하나이다.

그러나 과연 무속이 전하는 우리 신화에는 자신과 가족이 잘 되라고만 비는 가족주의, 혹은 이기주의만 있는 것일까? 어쩌면 우리는 부지불식간에 우리 신화의 부정적인 점만 강조해서 자신의 문화, 정체성에 대한 냉소주의와 패배주의에 빠지고 있었던 것은 아닐까?

과거 한국의 평민들은 '바리데기' '당금애기' '영감' '반쪽이' 같은 이들에게서 인간 존재의 비극을 읽었다. 운명이나 신이 인간에게 부여한 고통과 또 그를 극복해야 하는 존재의 원형적 조건들은 공부를 많이 한 철학자나 어떤 글도 읽지 못했던 무지한 민중들에게 어쩌면 똑같이 작용했을 수 있다.

이 책은 지나치게 물질지향적인 과학주의와 서구 중심적 사고방식의 틀을 깨서 우리의 신화라는 새로운 세계로 눈을 확장했을 때, 과연 우리가 무엇을 만날 수 있을까 하는 의문으로부터 출발했다. 그 와중에 참으로 우리에게 실질적인 도움이 되는 흥미로운 주인공들과 이야기를 만날 수 있었다. 필자가 우리 신화에서, 이른바 고등종교나 고상한 철학 혹은 엄밀하고도 철저하다고 스스로 주장하는 과학적 관점이 주지 못하는 새로운 재미를 느꼈듯이, 독자들도 이 책 속의 우리 신화들을 자유롭게 즐길 수 있으면 좋겠다.

끝으로 이 책을 만들기까지 도움을 준 KBS 라디오 〈이주향의 인

문학 산책〉의 박유정 작가, 민노형 PD, 이주향 교수, 그리고 도서출
판 이랑의 이영희 대표에게 깊은 감사를 드린다.

이나미

심리학으로
만난
우리
신화

1

나를
돌아보다

mythology
psychology

원천강본풀이

\ 오늘의 삶에 충실하라

어느 날 마을에 옥처럼 고운 여자아이가 나타났다. 아이는 들에서 태어나 살았으며, 가끔 학이 날아와 날개를 깔아주거나 덮어주고, 먹을 것을 가져 다주어 살아왔다고 말했다. 이 얘기를 듣고 사람들은 오늘 만났으니 오늘을 생일로 삼고 이름을 오늘이라고 하자고 하였다.

그러던 어느 날 외롭게 살던 오늘이를 보살펴주던 백씨부인이 꿈에서 오 늘이 부모를 만났다며 오늘이에게 부모를 찾아가라고 말하였다.

오늘이는 남쪽으로 걸어가 흰모래 별천강에서 글을 읽고 있는 도령을 만 났다. 도령에게 오늘이는 부모를 찾아 원천강으로 가는 중이니 길을 알려달 라고 말하였다. 푸른 옷을 입은 그 도령은 자신의 이름이 장상이라며, 서쪽 에 있는 연화못을 찾아가 연못가에 있는 연화나무에게 길을 물어보라고 하 였다. 덧붙여 그는 원천강에 가서 자신이 집밖으로 나가지도 못하고 여기서 글만 읽는 연유를 물어봐 달라고 했다.

서쪽으로 길을 떠난 오늘이는 연못가에 서 있는 연꽃나무에게 원천강 가 는 길을 물었다. 연꽃나무는 아랫길로 쭉 가면 청수바닷가에 큰 뱀이 하나 구르고 있으니 그에게 말하라고 한 뒤, 자신의 몸 맨 윗가지에만 꽃이 피고, 다른 나뭇가지에는 꽃이 피지 않는 이유를 물어봐 달라고 하였다.

오늘이는 다시 한나절을 걸어 푸른 물 넘실거리는 청수바다 모래밭에 이 르렀다. 큰 뱀은 원천강 가는 길을 일러줄 테니 자신의 사연도 알아봐 달라 고 하였다. 그는 다른 뱀은 여의주 하나만 물고도 용이 되어 올라가는데 자

14

신은 여의주를 셋이나 물고 있는데도 용이 되지 못하는 이유를 알아봐 달라고 부탁하였다.

오늘이는 다시 매일이라는 처녀를 만나 길을 물었다. 매일이는 자신이 항상 글만 읽어야 하는 이유를 알아봐 달라고 부탁하였다. 마지막으로 옥황의 세 시녀를 만나 길을 묻자, 시녀들은 자신들이 우물에서 물을 푸고 있는데 바가지에 구멍이 뚫려 있어 물을 퍼낼 수가 없다며 도와달라고 부탁하였다. 오늘이는 바가지 구멍을 막고 물을 대신 퍼주었다. 시녀들은 기뻐하며 오늘이에게 길을 알려주었다.

이렇게 해서 원천강에 도착했지만 정작 문지기가 오늘이를 가로막았다. 오늘이가 소리 내어 서럽게 울자 급기야 문지기가 동정의 눈물을 흘리며 오늘이의 부모에게 가서 누가 찾아왔다고 고하였다. 오늘이를 부른 부모는 왜 여기에 왔는지 묻고 자기들의 딸이 분명한지 확인한 뒤, 오늘이를 낳은 날에 옥황상제로부터 원천강을 지키라는 명을 받아 이곳에 오게 되었다고 말하였다.

부모는 오늘이에게 원천강 구경을 시켜주었다. 원천강에는 높은 담장에 문이 네 개 있었다. 첫번째 문을 열자 봄바람이 불며 개나리, 매화, 진달래, 영산홍 같은 봄꽃이 피어 있었다. 두번째 문을 열자 뜨거운 햇살이 내리쬐며 곡식과 채소 등이 가득했고, 세번째 문을 열자 너른 들판에 누런 벼가 황금빛으로 물결쳤다. 네 번째 문을 열자 찬바람이 불며 흰눈이 세상을 뒤덮고 있었다. 구경을 마치고 오늘이가 원천강에 오기까지 만났던 일을 이야기하자 부모는 하나씩 답을 말해주었다. 부모는 장상이와 매일이는 부부가 되어 만년 영화를 누릴 것이고, 연꽃은 윗가지의 꽃을 따서 처음 만나는 사람에게 주면 다른 가지에도 꽃이 만발할 것이며, 큰 뱀은 여의주 두 개를 처음 만나는 사람에게 주면 용이 되어 승천할 것이라고 알려주었다.[1]

---

1. 서정오(2007), 『오늘이』, 서울, 봄봄

새로 태어나는 자아

오늘이가 등장하는 〈원천강본풀이〉는 중국에서 온 신화가 아니라 제주도 무가이다. 오랜 시간 제주도에서 구전되어 왔는데 관상과 풍수풀이를 잘하던 실존 인물인 당나라 초기 인물 원천강(袁天綱)의 이름과 합쳐져 길흉과 점술문화를 반영하는 신화로 굳어졌다. 이 원천강 신화에는 계절에 관한 철학적 성찰을 할 수 있는 여러 가지 상징이 등장한다.

우리의 원형 안에는 자기 이름이나 성, 부모에 대한 의심이 자리잡고 있다. 저 사람이 내 부모일까? 내 성씨는 왜 이런 것일까? 유전에 대한 저주와 불만도 많다. 반면에 오늘이는 적막한 들에서 홀로 태어났다. 부모와 근본을 부정하고 새로 태어난 자아이다. 홀로 솟아올랐다는 것은 실존주의에서 말하는 '던져진 존재'와 같다. 근원적 고독의 상황이며, 부모도 이름도 모르는 상태이다. 또한 오늘이는 옥처럼 고운 아이이다. 우리의 탄생은 이처럼 슬프지만 아름답고, 근본을 모르는 데서 필연적인 그리움이 생긴다.

오늘이는 부모를 찾아갈 때 다른 영웅담과 마찬가지로 단계적으로 길에서 여러 사람을 만난다. 만나는 사람을 돕기도 하고 그에게 지혜를 구하거나 속임을 당하기도 한다. 일종의 로드무비이다. 처음에 오늘이를 돌본 사람은 백씨부인인데 그녀의 이름이나 나이에서 떠올릴 수 있는 것은 흰모래, 할머니의 이미지이다. 그리고 할머니는 꿈을 통해 융의 분석심리학에서 무의식을 만나는 공간 즉 신성성의 공간과 조우하며 오늘이에게 부모를 찾아가라고 권한다. 길을 떠난 오늘이는 자신의 부모를 찾아가는 여정을 하는 동시에 다른 사람의 궁금증을 풀어주는 메신저 역할을 한다. 그 사람이 원하는 것을 그보다 높은 현자에게 물어보는 메신저 역할 즉 그리스 신화의 헤르메스(Hermes) 역할이다.

　푸른 옷을 입은 도령이 집밖으로 나가지 못하고 책만 읽고 있는 것은 공부가 그에게 디딤돌인 동시에 저주의 상황임을 알려주는 상징이다. 한편 연꽃은 더러운 늪에서 피는 아름다운 꽃이다. 연꽃은, 뿌리와 잎도 버릴 것이 없고 근처 물을 정화시키는 작용도 한다. 자신만 아름다운 꽃을 피우는 게 아니라 주변을 밝히는 역할이다. 오늘이의 신화는 이처럼 나 혼자만의 완성을 보여주는 게 아니라 연결된 네트워크에서 우리가 어떤 역할을 해야 삶을 보다 풍요롭게 살수 있는지 메시지를 던져주고 있다. 지금 사는 세상에서 비록 오늘이처럼 외롭고 고단하다 하더라도 높은 목표를 찾아가며 역경을 이겨낸다면 큰 성장을 이룰 수 있다는 것을 이야기하고 있다.

너무 많이 가진 보물이 우리의 발목을 잡는다

　겉으로 보기엔 아름다운 연꽃에게도 고뇌가 있다. 연꽃은 맨 윗가지에만 꽃이 피는 이유를 알아봐 달라고 한다. 꽃이 피지 않는다고 해서 의미가 없는 가지는 아니다. 그리고 꽃을 피우려면 제일 아름다운 부분을 따주어야 꽃이 제대로 열린다. 위에서부터 아래까지 모두 예쁜 꽃을 피우려고만 하고 자신을 내놓지 않는다면 어느 한 가지에도 꽃이 필 수 없다. 욕심이 너무 많으면 꽃이 제대로 열리지 않는다. 우리도 머리만 쓰면 몸이 건강하지 않고, 몸만 쓰면 머리가 굳듯이, 신체를 골고루 사용해야 한다.

사회에서도 마찬가지이다. 리더만 중요한 게 아니라 낮은 곳에서 묵묵히 일하고 조직을 받쳐주는 사람이 있어야 제대로 조직이 굴러간다. 위의 가지에 꽃을 피우기 위해서는 보이지 않는 곳에서 다른 가지가 힘들게 일해야 한다. 또한 맨 윗가지는 가닥가닥 잘라줘야 새 가지가 올라온다. 원시 사회에서는 새 부족장이 선출되면 전 부족장을 죽이는 경우가 종종 있었다. 현대에서도 그 상황은 반복된다. 맨 위의 꽃을 꺾거나 우두머리를 바꾸고 대통령을 바꾸는 일련의 일들이 조직을 새롭게 하고 건강하게 한다. 내가 맨 위의 꽃이라면 얼마 있지 않아 바닥으로 떨어질 운명이라는 것을 깨닫고 겸허한 마음을 가져야 한다.

나를 바꾸려고 노력하였는가

청수바다는 이름 그대로 푸른 물의 바다이다. 심리분석을 하다 보면 꿈에서 바다가 자주 등장한다. 바다는 무의식과 세계, 우주 등을 상징한다. 반면에 우물은 좀 더 개인적인 것, 깊이감을 상징한다. 우물은 여러 가지 기능을 한다. 우물물은 사람들의 갈증을 달래주며 우물가는 정담을 나누는 장소로 사용된다. 그런데 우물가에서 선녀가 물을 긷는데 자꾸 물이 빠진다. 두레박의 밑이 빠졌기 때문이다. 해도 해도 끝나지 않는 노동이 연상되는 대목이다. 과거의 어르신들은 그런 반복적인 일이라도 해서 먹고 살았지만 요즘 젊은이들은 창조적 재능을 쓸 수 없는 단순노동에는 미래가 없다고 생각한다. 그래서 더 좋은 직장을 찾아 취업난이 벌어지고, 실업상태에 꿈마저 잃은 젊은이들은 지금 사는 세상에 갇혀 오도 가도 못한다. 그러나 창조적 작업과 직업에도 단순노동과 지루한 과정이 들어가 있다는 것은 모르고 하는 소리이다. 또 밑 빠진 두레박처럼 보이는 것이 실은 그렇지 않을 때가 많은 경우도 있다. 만에 하나, 밑 빠진 두레박이면 내가 구멍을 때우면 된다. 그렇게 하나하나 바꾸는 수밖에 없다. 언제가 될지 모르지만 버티게 되면 세상은 조금씩 바뀐다. 아니 좋은 세상을 어떻게 하든 꼭 오게 해야 한다. 가만히 있을 때 세상이 바뀌는 것이 아니라, 내가 달걀로 바위치기를 해서라도 바위를 깨야 한다. 30년 전이나 50년 전 젊은이들 중에도 똑같은 생각을 하며 온 몸을 던진 이들이 있었고, 30년 후나 50년 후의 젊은이들 중에도 그런 이들이 나타날 것이다. 세상은 그런 젊은이들 때문에 발전한다.

한편 이 신화에 등장하는 뱀 역시 이무기가 아닌 용을 꿈꾼다. 한데 뱀은 그 상황 자체로만 보면 본능적으로 움직이는 동물이다. 아직 고상한 이상의 단계로 진입하지 못한 동물이다. 고대인들은 뱀의 모양이 성기와 비슷하다고 생각했으며 성적인 힘을 내포하고 있다고 믿었다. 이렇듯 뱀은 본능의 상징이지만 한편으로는 치유의 힘을 감추고 있다. 의사의 지팡이에도 뱀의 문양이 있고, 예수의 상징물 밑바닥에도 뱀이 그려져 있다. 본능적이지만 치유의 힘을 감추고 있는 뱀을 지혜롭게 변화시키는 게 오늘이의 과제이다. 뱀은 여의주를 3개나 물고 있기 때문에 승천하지 못하고 있다. 해가 10개가 뜨자 하나만 남기고 해를 쏴서 떨어뜨리는 상징과 비슷하다. 사공이 많으면 배가 산으로 간다. 또 내가 갖고 있는 보물이 너무 많아도 결코 도움이 되지 못한다. 재주 많은 사람이 굶는 것과 마찬가지이다. 뱀도 자기가 가진 본능의 과잉, 혹은 유아적 이기심을 버려야 용이 될 수 있다. 어쩌면 우리를 승천하지 못하게 하는 건 우리가 너무 많이 가진 보물과 자아에 대한 집착 때문이 아닐까.

지금의 삶에 충실하라

오늘이는 천신만고 끝에 원천강 문 앞에 이르지만 문지기가 문을 열어주지 않는 난처한 상황에 맞닥뜨린다. 지금 젊은이들이 겪고 있는 여러 가지 벽이 이와 비슷할 것이다. 좋은 일자리는 막혀 있고, 대출도 안 되는 현 상황에 빗댈 수 있다. 이때 오늘이는 원천강 앞에서 통곡한다. 자신의 억울함을 당당하게 표출한 것이다. 이처럼 문제가 생기면 자기 목소리를 내야 한다. 세상을 바꾸려면 인터넷에서 악플만 달지 말고, 투표하고 서명하고 행동해야 한다. 자조만 할 게 아니라 나를 둘러싼 세상을 바꾸기 위해 노력해야 한다.

또한 이 신화는 시간의 철학적 의미에 대해서 여러 가지 생각거리를 던져주고 있다. 오늘이라는 이름은 오늘이라는 뜻, 오늘의 시간성이다. 신화는 과거의 이야기라고 말하는 사람이 있지만 여기서 보듯, 신화는 오늘도, 지금도 되풀이되고 있다.

우리의 미래는 오늘의 연결이다. 미래는 머릿속 관념이며, 과거는 기억으로 존재하는 것이다. 실재하는 것은 오로지 오늘 현재뿐이다. 원천강 문 앞에서 오늘이가 운 것은 실재하는 존재에 대한 일깨움이라고 할 수 있다. 자기 방에 갇혀서 나오지 않는 사람들에게 오늘이는 문밖으로 나서라고 외치고 있다. 지금 여기에 충실하라고 외친다. 또한 매일이와 장상이를 결합시키면서 자신의 그림자를 하나씩 만나 화두를 풀고 성장한다. 동행이 없지만 그래서 오늘이의 삶은 외롭지 않다.

부채귀신 잡은 이야기

\ 유연한 물처럼 타협하라

옛날 어느 깊은 산 굴속에 귀신이 살았다. 귀신은 어떤 물건이든 크기를 키웠다 줄였다 하는 신통력을 지닌 부채를 이용해 마을 사람들을 괴롭혔다. 마을 사람들은 해마다 그에게 소, 돼지, 닭, 떡, 예쁜 처녀를 희생제물로 바칠 수밖에 없었다. 그러던 어느 날 다섯 살 배기 개똥이가 귀신에게 맞서기 위해 찾아왔다. 개똥이네 누나가 제물로 바쳐질 차례였기 때문이었다.

귀신이 사는 굴을 지키는 문지기는 개똥이를 내쫓으려 하였다. 이 둘이 옥신각신하는 소리를 듣고 부채귀신이 개똥이를 불러 들였다. 부채귀신은 개똥이의 몸집이 작은 것을 보고 그를 하찮게 여겼다. 개똥이는 이를 틈타 귀신에게 그의 몸을 얼마나 크게 키울 수 있는지, 또 얼마나 작게 변신할 수 있는지 물었다.

으쓱해진 부채귀신은 자신의 몸을 한없이 키웠다가 다시 엄청나게 작은 크기로 몸을 줄였다. 귀신이 작아진 틈을 타 개똥이는 귀신을 삼켜버렸다. 이어 굴을 나와서 부채를 이용해 문지기도 작게 만든 뒤 삼켜버렸다. 개똥이는 귀신과 문지기를 모두 물리친 후 집에 돌아와 부채를 태워 버리고 식구들은 물론 마을 사람들과 행복하게 살았다.[2]

---

2. 이현주 · 권정생(2000), 『부채귀신 잡은 이야기』, 서울, 사계절

창조의 신은 희생제물을 필요로 한다

〈부채귀신〉 이야기에는 귀신이 등장하지만 명백히 신화로 간주되지는 않는다. 하지만 희생제의와 신령이 존재하기 때문에 신화의 범주에 포함시켜도 무방할 것이다. 부채귀신은 사람을 죽이고 먹을 것을 빼앗아가는 나쁜 존재지만, 자신의 몸을 자유자재로 바꾼다는 점에서 신적인 존재로 볼 수 있다. 문지기는 마을에서 해마다 예쁜 처녀를 뽑아서 귀신에게 바치라고 종용한다. 이것을 저지하기 위해 등장하는 인물이 다섯 살 배기 개똥이이다.

"개똥밭에 굴러도 이승이 좋다"는 이야기가 있다. 개똥이라는 이름은 하찮아 보이지만, 그래서 가장 자유로울 수 있는 존재이기도 하다. 개똥이가 귀신을 물리친 방법도 영민하기 그지없다. 개똥이는 귀신에게 다음과 같이 질문한다. "몸을 얼마나 키울 수 있지?" "몸을 얼마나 작게 만들 수 있는 거야?" 부채귀신은 개똥이의 질문에 으쓱해서 한 번은 몸을 한없이 키우고 또 한 번은 자신의 몸을 작게 만드는데 그 틈에 개똥이가 부채귀신을 삼키고 만다. 이 이야기의 플롯은 매우 간단하지만, 그 속에 들어 있는 상징성은 매우 많다. 특히 '부채'의 의미를 되짚어볼 필요가 있다.

무당들에게 부채는 굿을 할 때 꼭 필요한 도구이다. 그들은 굿을 할 때 부채와 함께 방울과 칼 등을 손에 쥔다. 외줄타기 광대놀이를 할 때도 부채로 균형을 잡고 판소리를 할 때도 부채를 든다.

한편 부채는 바람을 일으키는 도구이기도 하다. 바람의 신은 어느 나라에서나 모든 신의 으뜸으로 꼽힌다. 제우스도 천둥과 바람을 일으키고, 이집트 신 아문-레(Amun-Re, 아몬신과 라신의 결합)도 바람을 일으킨다. 창조의 신은 바람을 일으키는 능력을 가지고 있다. 여호와(Yahweh)라는 이름에도 '바람'이라는 뜻이 들어 있으며, '프네우마(Pneuma)'라고 기를 불어넣는다는 뜻도 가지고 있다. 영어의 스피릿(Spirit)은 히브리어에서는 '바람'이라는 뜻이다.

신이 되려면 스스로를 버려야 한다

이 신화에서는 부채가 나쁜 의미로 쓰였지만, 부채가 좋은 의미로 등장하는 경우도 있다. 부안에 가면 '수성당'이라는 곳이 있는데 그곳에 〈마고할미〉 신화의 이형 〈개양할미〉 신화가 전해지고 있다. 눈 먼 어머니와 아들 둘이 살고 있었는데, 아들 둘이 나가서 돌아오지 않자 눈 먼 어미가 아들들을 찾아다니다가 당골이라는 곳으로 간다. 골짜기에 메아리가 치자 어미는 아들들이 그곳에 있는 줄 알고 메아리치는 골짜기로 갔다가 빠져 죽고 만다. 아들들이 돌아와서 어머니의 죽음을 알고 슬픔에 잠기자, 도사가 나타나 부채를 주면서 "어머니는 돌아가셨지만, 신적인 존재가 되었다"는 이야기를 해준다. 아들들은 도사에게 받은 부채로 서해바다의 수호신이 된다. 왜구가 나타나면 쫓아버리고 폭풍이 오면 그 지역 사람들을 보호해주는 역할로, 일종의 부채귀신이라고 할 수 있다. 개똥이와 싸우는 부채귀신은 나쁜 측면을 가지고 있지만, 부안 쪽에 있는 〈개양할미〉 신화 속에 나오는 부채귀신은 이처럼 좋은 측면을 가지고 있다.

여기에서는 부채귀신을 단순화하여 사람을 잡아먹는다고 표현했지만 사실은 신성성을 다르게 표현한 것으로 보인다. 신성성은 항상 희생제의를 필요로 한다. 아브라함이 아들 이삭을 바친 것은 희생제물을 이용해 번제를 하는 당시 중근동 지방에서 유행한 풍습을 따른 것이다. 그리스도교 이전의 미쓰라교에서는 황소를 잡아서 제물로 바쳤으며 우리나라에서도 굿을 할 때 돼지머리를 희생제물로 바쳤다.

희생제물을 바친다는 것은 신성성에 도달하기 위해서는 무언가 중요한 것을 내놓아야 한다는 뜻이다. 설렁탕도 선농단에서 소를 잡는 행위에서 유래하였다. 이 신화에서 굴에서 사는 부채귀신에게 돼지, 닭, 떡, 예쁜 처녀를 바친 것도 그런 제의와 연결이 된다. 부채귀신이 사실은 신이라는 이야기이다.

개똥이가 귀신이 사는 굴에 가서 귀신을 물리치는 행위는 영웅 신화의 익숙한 원형이다. 영웅은 항상 괴물을 물리친다. 그리스 신화의 페르세우스(Perseus)는 메두사(Medusa)를 죽인다. 테세우스(Thesus)도 미노타우로스(Minotauros)라는 반인반수를 죽인다. 그리스도교에서는 신성을 대단히 좋은 것으로 해석하며 신은 항상 선하고 착하다고 묘사하지만, 그리스 신화나 우리나라 샤머니즘, 다른 지역의 신화에서는 신이 항상 착한 모습으로 묘사되지는 않는다. 대표적으로 조로아스터교에서 신은 선한 면과 악한 면을 모두 갖고 있다. 그리스 신화나 우리나라 샤머니즘에서도 신에게는 선함과 악함이 혼재되어 있다고 말한다. 그렇기 때문에 신 안에 있는 악한 측면을 죽여야 진정한 영웅으로 거듭날 수 있다.

자신에게 질문하라

신이 되려면 스스로를 희생해야 한다. 제물을 바치는 것도 중요하지만 자신을 내어놓아야 신이 될 수 있다. 예를 들어 북유럽의 신 오딘(Odin)은 자신의 눈을 바치고 지혜를 얻는다. 오딘은 자신의 눈을 지혜의 우물에 빠뜨리는데, 동굴과 우물은 비슷한 이미지이다. 동굴 속에 들어가든 우물 속에 들어가든 빛으로부터 차단되는 공간에 들어가는 것이다. 오딘은 눈이 하나만 남아서 잘 안 보이게 된다. 이집트 신화 오시리스(Osiris)의 아들 호루스(Horus)의 눈도 하나이다.

이처럼 영웅이 되기 전에는 세상이 캄캄해지는 시기가 있다. 영웅이 아니더라도, 우리가 살다 보면 손쓸 수 없이 캄캄해지는 시기, 한 점 희망도 보이지 않는 시기가 있다. 그 시기에 좌절하는 사람이 있는가 하면 깨치고 나오는 사람이 있다. 요즘 사람들이 "터널의 끝이 보이지 않는다"라는 말을 자주 하는데 그것과 비슷한 의미라고 해석해도 좋다.

한데 "답이 보이지 않는다, 답이 없다"는 이야기를 하는 사람에게 필자는 이런 이야기를 들려준다. "답이 없다"라고 이야기하지 말고 다시 돌아가서 "질문이 무엇이냐?"라고 물어보라고 말이다. 자신에게 필요한 질문을 하지도 않고 답이 없다고 하면 그 질문이 풀리겠는가. 제대로 된 질문을 해야 답을 풀 수 있는 실마리가 보인다. 그런데 그런 과정은 겪을 생각 없이 결과물이 없다고 말하며 터널 끝을 스스로 막아 버리는 경우가 얼마나 많은가. 영웅이 되기 전에는 캄캄한 우물로 빠지는 시기가 있다는 것을 기억해야 한다.

괴물이 우글거리는 동굴에 들어가야만 하는 시기가 우리 인생에는 있다. 분석심리학에서는 그것을 입문식(Initiation), 임무의식 또 성인으로 가는 과정이라고 말한다. 옛날에는 공동체에서 통과의례가 있었다. 요즘은 그런 것들이 사라진 시대라서 젊은 세대는 상대적으로 모험을 두려워한다. 이 신화 속의 주인공 개똥이처럼, 개인에게 주어진 과제가 무엇인지 스스로 찾아가는 것도 필요하다.

물처럼 유연하게, 물처럼 타협하며

개똥이는 상대방의 허점과 자만심을 자극해서 부채귀신을 잡을 줄 아는 지혜로운 영웅이었다. 이와 유사한 '마술사 원형'은 전 세계적으로 여러 신화에서 발견된다. 우리나라 신화에서도 해모수와 하백이 싸울 때에 잉어와 독수리로 자유자재로 모습을 바꾼다. "나는 이런 사람이야" "내 스타일은 이거야" "나는 이런 원칙주의자야" 이렇게 자신을 고착화하고 타인의 생각을 받아들이지 않고 고집만을 강요한다면 변신의 과정을 거치지도 못하고, 지혜로운 영웅이 될 수 없다는 것을 이 신화는 알려준다. 이런 사람은 새로운 세계를 만날 수 없다. 원칙을 지키는 것도 좋고 자신의 스타일을 확고히 주장하는 것도 좋지만, 때로는 유연하게 자기 모습을 바꿀 줄도 알아야 한다. 융통성이나 타협이 없으면 자기 발전을 하기 어렵다.

융통성이나 타협은 외부에서 쇼핑하듯이 선택하는 것이 아니라, 힘든 과정 속에서 새로운 나를 찾아 발견하는 것이다. 새로운 나를 발견할 때 과거의 원칙을 도그마 믿듯 고수해서 오히려 퇴행하는 사람도 있고, 물살 타듯이 자유자재로 여행하면서 자기 자신을 새롭게 변신해 내는 이들도 있다.

우리는 고정불변의 변하지 않는 것을 원칙이라고 알고 있는데 사실은 자신에게 불필요하고 해로운 것을 언제든 비우고 더 좋은 것을 받아들이는 것을 원칙으로 삼아야 한다. 불교에서 공(空)을 말하는 것은 아무것도 하지 말라는 것이 아니라, 부처의 좋은 말씀을 받아들이기 위해 과거의 내가 얼마나 공허한 존재인지 깨달으라는 뜻이다. 예수가 "네가 가진 것을 다 버려야 내 제자가 될 수 있다"고 주문한 것과 같은 맥락이며, 노자가 "지혜로운 사람은 물처럼 많은 것을 품을 수 있다"고 말한 까닭이기도 하다. 물이 흘러가는 것을 지켜보라. 물살이 센 물이 되었다가 약한 물이 되었다가, 얕아졌다 깊어졌다 하지만, 물이라는 그 본질은 변하지 않는다. 또 물속에는 많은 것이 들어 있어서 때론 그 모습을 드러내고 때론 그 모습을 감추지만, 물은 항상 거기에 있다. 흘러가는 물은 많은 것을 포용해준다는 원칙, 어쩌면 인생의 원칙은 그거 하나면 족한 게 아닐까.

물은 용기에 따라 모습을 바꾸지만 물이라는 본질은 바뀌지 않는다는 점을 잊지 않으면 된다. 물과는 달리 바위나 자갈은 큰 생명력을 가지고 있지는 않다. 하지만 또 세상에는 바위나 자갈도 있어야 한다. 생명력을 품어주는 물 같은 존재가 되는 것도, 또는 바위나 자갈이 되는 것도, 시간과 공간에 따른 인연의 결과일 수 있다. 어쩌면 자신이 선택할 수 있는 부분은 생각보다 그리 많지 않을 수 있다. 다만 인연에 의해 물처럼 살 수 있는 기회가 왔는데도 무색무취하고 특별하지 않으니 가치없다고 말한다면 문제이다. "돈을 물처럼 쓴다"고 이야기하듯, 가장 소중한 것을 하찮게 보는 잘못을 매일 범하고 있는지도 모른다. 그래서 자기 자신이나 주변의 가까운 사람들, 혹은 낮은 자리에서 묵묵히 일하는 사람들이 초라한 것처럼 보일 수도 있다. 그런데 장기적으로 보면 그 대단하지 않은 것처럼 보이는 평범한 삶의 방식이 우리에게 가장 필요한 덕목일 수 있다.

당금애기 이야기
\ 내 안에 영성이 있다

하늘나라에서 스님(석가 시준님, 세존, 세준, 서인 등으로도 불린다)이 조선에 내려왔다. 그때 조선에는 아들을 아홉 낳은 후 명산대처에 빌어서 얻은 귀한 딸 당금애기가 있었다. 그날 아버지는 천하공사 가고 어머니는 지하공사 가고 아홉 오빠는 글공부 가느라 나가서 방문이 잠겨 있었다. 시준님이 당금애기 집에 다다르니 집에는 당금애기와 몸종 옥단춘(금단춘 또는 단단춘)뿐이었다. 시준님이 집 앞에서 주문(정구엄진언 수리수리 마수리수리사바 오방내외 안외지신 진언 나모사 만다나 옴도로도로 지마사바하)[3]을 외우니 문이 열렸다.

당금애기는 시준님에게 아버지 쌀, 어머니 쌀, 오빠들 쌀을 갖다 주었으나 시준님은 꼭 당금애기 몫의 쌀을 받아야 한다고 했다. 이때 시준님이 터진 바랑에 쌀을 받는 바람에 쌀이 땅에 떨어졌다. 당금애기는 후원에 올라 싸리나무를 꺾어 젓가락을 만든 후 땅에 떨어진 쌀을 주워 담았다. 그러다 보니 해가 지고 시준님은 이 집에서 묵고 갈 것을 청한다. 당금애기가 아버지가 자던 방을 주자 담뱃내가 나서 못 잔다 하고, 어머니가 자던 방은 누린내, 비린내가 나서 못 잔다 하고, 오빠들이 자던 방은 숫총각내가 나서 못 잔다며, 당금애기가 자는 방 한구석을 빌려 달라고 했다. 당금애기는 자기방 윗목을 시준님에게 내어주었다. 그리고 징경(그릇)에 물을 떠놓고 가운데

---

3. 김헌선, 『한국의 창세신화 : 무가로 보는 우리의 신화』, 서울, 길벗, 372쪽

를 막고 잤지만, 결국에는 두 몸이 한 몸 되어 깊은 잠에 들었다. 그날 당금애기는 꿈을 꾸었다. 오른쪽 어깨에 달을 얹고 왼쪽 어깨에 해를 얹고,[4] 맑은 구슬 3개를 얻어 옷고름에도 넣어보고 허리춤에도 넣어보다가 결국 입으로 꿀꺽 삼키는 꿈이었다.

시준님이 떠난 후 당금애기의 배는 점점 불러왔다. 딸의 임신 사실을 알게 된 부모는 노발대발했다. 아홉 오빠들 역시 칼로 당금애기를 내리치려 하였지만 칼날이 뚝 부러졌다. 이에 어머니가 나서서 당금애기를 뒷산 돌구멍으로 보낸 뒤 하늘이 벌을 내리든 구하든 알아서 하게 하자고 한다. 아홉 오빠가 당금애기를 굴속으로 밀어 넣자 천둥번개가 치고 흙비와 돌비가 쏟아지기 시작했다. 어머니가 가보니 당금애기는 그곳에서 아이 셋을 낳아 젖을 먹이고 있었다.

당금애기는 삼형제를 키워 사서삼경을 가르쳤는데, 열다섯 살이 되니 글동무들이 아비 없는 자식이라 무시한다. 당금애기는 품안에 있던 박씨를 아들들에게 주고 심게 한다. 박씨가 자라자 아이들은 박순 따라 은하수를 건너 옥황상제 일월성신을 만나고 시준님을 만난다.

시준님은 "만약 너희들이 내 자식이라면 뒷동산에 올라가 죽은 지 3년 된 소뼈를 주워 살려내어 거꾸로 타고 오너라"라고 말했다. 그 시험에 통과한 삼형제를 보고는 "내 자식이 분명하다"며 세 아이 이름을 형불, 재불, 삼불이라고 지어주었다. 그렇게 해서 삼형제는 삼불 제석신이 되었다. 또 당금애기는 아이를 점지하여 순산하도록 도와주고 병 없이 자라게 돌보아주는 삼신할머니가 되었다.[5]

---

4. 진영 · 김준기 · 홍태한 편저(1999), 『서사무가 당금애기 전집 1 : 한국무가총서』, 서울, 민속원, 47쪽에서 547쪽까지 여러 이형들이 구술하는 사람에 따라 다양하게 존재한다. 마치 재즈와 같이!
5. 진영 · 김준기 · 홍태한 편저, 같은 책, 38~39쪽

자신의 인생을 시작하려면 부모로부터 분리가 필요하다

〈당금애기〉 무가는 전국에 걸쳐 채록되고 있는 서사이다. 강계에는 〈성인노리푸념〉, 함흥에는 〈셍굿〉, 평양에는 〈삼태자풀이〉, 동래에는 〈세존굿〉, 양평에는 〈제석본풀이〉, 화성과 부여, 전북 광주에는 〈제석굿〉, 청주에는 〈제석풀이〉, 제주에는 〈초공본풀이〉의 형태로 전해진다.[6] 또 강릉에서는 〈당고마기 노래〉, 동해에서는 〈동해안 무가〉가 당금애기 형태로 전승된다.[7]

〈당금애기〉는 불교에서 말하는 제석천왕에 대한 얘기가 아니라 무교의 제석, 즉 세존에 관한 이야기이다. 하늘에서 내려온 세존과 정을 맺어 아이를 가진 뒤 가족들에게 쫓겨났다가 나중에 무조가 되는 이야기이다. 〈당금애기〉는 신화의 한 양식으로 채록되어 책으로도 나와 있다. 이런 것을 보면 불교와 샤머니즘이 통합되어 우리 신화의 밑바탕을 이루고 있음을 알 수 있다. 세존이나 제석은 불교적인 인물이라기보다는 이름만 따온 것으로 보인다. 깊게 들어가면 불교적인 세계관이 녹아 있기는 하지만 꼭 불가의 이야기라고는 볼 수 없다. 당시 그리스도교가 우리나라에 전래됐으면 예수라고 붙였을 수도 있을 것이다.

채본에서는 시준님이 깨달음을 얻고자 인간세상을 두루 찾아다닌다고 나와 있다. 다른 구전에 보면 시준님 자체가 부모를 일찍 여읜 인물이다. 일곱 살에 버려져 혼자서 여기저기 걸인으로 세상을 떠

---

6. 위 책, 23쪽
7. 김헌선, 같은 책, 356~381쪽

돌다가 해동조선으로 오는 판본도 있다. 즉 이 신화는 〈단군신화〉나 〈해모수신화〉처럼 국가에서 관리하는 신화와는 다른 양상이다. 국가에서 관리하는 신화는 시작부터 사방에서 광채가 나는 가운데 신하들을 여럿 대동하고 장엄하게 신이 땅으로 내려오는 반면에 이 신화는 구걸이나 버려짐, 고독하고 힘든 상황을 이야기하고 있기 때문이다.

〈당금애기〉를 〈단군신화〉의 이본으로 추측하고 있는 학자들도 있다. '단'이 성황단이나 조경단처럼 제사를 지내는 곳을 의미한다는 것이다. 좌절이나 고난을 이겨내는 '담금질'이라는 말이 변형되어 '당금애기'로 쓰였다고 말하는 사람도 있다. 그 두 가지 이야기가 〈당금애기〉 속에는 다 들어 있다.

당금애기는 아홉 명의 아들을 낳고 얻은 귀한 딸이다. 융의 분석심리학으로 보면 남성성이 과잉인 상태에서 얻은 귀한 딸이자 여성성의 마지막 교두보이다. 당금애기는 공자와는 정반대 상황이다. 공자의 어머니는 전처에게 이미 아홉 명의 딸을 얻은 집에 16세에 시집을 가, 막내아들로 공자를 낳았다.[8] 즉 공자는 아홉 명의 과잉된 여성성 후에 나온 한 명의 남성이다. 공자는 살아생전에 "다루기 힘든 대상은 아이와 여자"라고 말한 바 있다. 공자의 아버지가 죽었을 때 그리고 어머니가 죽었을 때 제사를 지내거나 묘지를 찾아갈 때마다 그에게 간섭과 어깃장을 놓은 이들이 전처의 딸들이었을 것으로 추

---

8. Crow, Carl.(1938), 『Master Kung』, New York & London, Harper and Brothers Publishers, pp45~70

측된다.

이 신화는 앞부분에 당금애기의 부모나 오빠들이 모두 집을 비운 상태임을 암시한다. 다른 채본에는 오빠들이 귀향을 가고 부모는 죽은 상태로 나오기도 한다. 원래 무가의 판본은 재즈의 변주처럼 내용이 약간씩 다르다는 것을 참고하기 바란다. 여기서 참고하는 판본에는 오빠들이 나라 일을 하러 떠났고, 부모는 산천유람을 떠나 당금애기 혼자 집을 지키는 상황이며 몸종으로 금단춘 하나만 등장하지만 다른 판본에는 옥단춘이라는 몸종도 등장한다. 즉 당금애기를 보필하는 옥단춘과 금단춘 두 명의 보조 여성이 있는 셈이다.

당금애기는 처음에 시준님을 외면한다. 요즘 젊은 사람들처럼 밀고 당기는 모양새이다. 그러다가 시준님이 주문을 외우니 와장창 하고 대문이 열린다. 이 상황은 여성이 남성과 접촉할 때 가슴이 떨리는 크러쉬(Crush)를 다른 말로 표현한 듯하다. 과거에 내가 갖고 있던 자아의 기반이 모두 흔들리는 느낌이었을 것이다!

이런 때는 심신이 그야말로 미약한 상태가 된다. 철통 같은 방어벽이 무너지고 맨살이 드러나는 상황이므로 상처를 받기도 쉽다. 첫사랑은 다른 사랑보다 상처가 크고, 첫사랑은 깨진다는 말도 이런 상황에서 파생되었을 것이다. 그런 방벽이 와장창 소리를 내서 깨지거나 마법의 주문에 걸려 무너지면 우리의 속마음과 맨살이 드러난다. 이런 아픔을 몇 번씩 되풀이 하다 보면 그 다음 "사랑은 만났다 헤어질 수도 있는 거지 그게 별거야" 이렇게 될 수도 있다.

무감각해짐은 안전하기는 하지만, 가장 좋은 순간을 놓치게 만드는 큰 병이 될 수도 있다. 무감각해지는 것도 일종의 자기보존 본능이지만 그 때문에 치르는 대가도 있다는 뜻이다. 당금애기는 진짜 어른이 되기 위해 이렇듯 와장창 자신을 깨뜨리고 내 안의 새로운 자아에 눈뜨게 된다.

당금애기는 집에 혼자 있었기 때문에 새로운 자기 인생을 시작할 수 있었다. 마가렛 말러(Margaret Mahler)라는 심리학자는 "사람은 분리를 통해 성장한다"고 말한 바 있다.[9] 혼자 있어야 만남이 시작되고 개성화가 시작된다는 뜻이다. 어렸을 때는 엄마와 자신을 구별하지 못하고 내가 배고프면 엄마도 배고프다고 생각하는 아이들이 많다. 그 상황은 엄마도 마찬가지이다. 자신이 추우면 아이들도 춥다고 생각하고 자기가 공부를 못한 한이 있으면 아이들도 공부를 못하는 한이 있을 것이라고 생각하는 나머지 아이와 공생관계를 갖는다. 그러나 이런 상태일 때는 개성화를 이룰 수가 없다. 아이가 만 세 살 정도 되면 부모와 서로 다른 개성이라는 걸 깨닫고 아이를 독립된 개체로 인정하고 존중하는 게 아이의 교육에도 도움이 된다. 아이를 엄마의 또 다른 나라고 생각하면 그 아이는 제대로 성장할 수 없다.

떠나보내야 독립할 수 있다

신화나 민담에는 "문을 연다"라는 상징이 자주 등장한다. 문을 여는 것은 내 인생의 새로운 문을 연다는 뜻이다. 여기서 시준님 역시 당금애기를 만나기 위해 자기의 과제를 수행하고 있음을 알 수 있

---

9. Mahler,M.S., with Furer.(1968), 『On Human Symbiosis and the Vicissitudes of Individuation』, New York, International Universities Press

다. 그는 당금애기를 만나 당당하게 "시주를 하라"고 말한다. 연애를 할 때는 이처럼 상대방과 많은 에너지를 주고받는다. 어떤 면에서는 비합리적으로 오고 갈 때도 많다. 임상에서도 보면 연애할 때 무조건 퍼주는 사람도 있고, 또 무조건 상대방 것을 착취하는 사람도 있다. 두 경우 모두 건강한 상태는 아니다. 상대방과는 에너지를 적절하게 주고받는 것이 필요하다. 마음은 돈이나 물건이 아니기 때문이다.

시준님은 당금애기에게 시주를 부탁하면서도 아버지 쌀, 어머니 쌀, 오라버니 쌀 말고 너의 쌀을 가져오라고 말한다. 그는 사랑의 기본을 아는 사람인 듯하다. 비현실적인 판타지를 갖고 있는 사람은 재벌가 사위나 재벌집 며느리를 꿈꾸기도 하지만 그것은 진짜 사랑이 아니다. 어느 시기가 되면 이용당하고 버려질 가능성도 많다. 반대로 누구의 딸, 누구의 아들이라는 직함이 아니라 진실한 사랑으로 이루어진 관계는 어느 누구도 침범할 수 없는 약속이기 때문에 헤어지기 힘들다. 시준님이 당금애기에게 "나는 너의 쌀을 받고 싶다"라고 말한 것은 진짜 너의 사랑을 받고 싶다는 뜻이다.

당금애기는 쌀을 바랑에 넣어주는데 바랑에 구멍이 나서 넣으면 넣는 대로 다 쏟아지고 만다. 이 또한 심리적으로 이해할 수 있다. 어떤 사랑은 아무리 주어도 아깝지 않을 때가 있다. 하지만 사랑이 식어갈 때는 상대에게 사랑을 주면서도 밑 빠진 독에 물 붓기 같을 때가 있다. 동일한 상황인데 생각이 달라지는 것이다. 그리고 정신적인 에너지가 고갈된 사람은 받아도 항상 더 많은 것을 갈구하고 상대에게 집착한다. "나 하나만 바라봐. 다른 것은 보지 마. 다른 행동은 절대 하지 마. 취미 생활도 나랑 해" 이런 식이다. 이것도 구멍 난 독이나 구멍 난 바랑에 쌀을 붓는 것과 같은 상황이다.

시준님과 당금애기는 이 난관을 어떻게 풀었을까. 당금애기는 흘린 쌀을 젓가락으로 하나하나 주워 담으며 사랑을 지킨다. 프시케(Psyche)의 알곡 고르기나 콩쥐의 상황과도 비슷하다. 이런 상황은 영웅이 되기까지는 아주 작은 일들, 또는 시시한 일들을 참을성 있게 견뎌야 한다는 의미로 받아들일 수 있다. 덧붙여 이 이야기에서는 쌀에 대한 존중도 엿볼 수 있다. 이 신화는 '본풀이'이기 때문에 그 집안에 큰 경사가 있다든지 농사를 짓기 시작할 때 등장하는 무가이므로 농경신에 대한 공경이 드러난 것으로 보인다. 당금애기 역시 농경신의 일종으로 생각할 수 있다.

원형적 경험, 그와 그녀의 냄새

정신과 의사로서 재미있게 본 지점은 그 다음에 등장하는 냄새에 대한 이야기이다. 시준님은 아버지 방은 누린내가 나고 어머니 방은 비린내가 나고 오빠 방은 땀내가 나서 잘 수 없다고 말한다. 임상에서도 이 사람과 정말 사랑에 빠질 수 있는지, 평생 같이 살 수 있는지 시험할 때 냄새 이야기를 거론할 때가 있다. 그와 함께 있을 때 편안한 느낌이면 서로 코 박고 잘 수 있지만, 냄새가 서로 맞지 않으면 같이 못 산다. 냄새는 이처럼 원형적인 경험이다. 갓난아기 때 처음 느낀 경험 중의 하나가 엄마젖 냄새이다. 눈도 뜨지 못하는 아이가 엄마젖으로 얼굴을 돌릴 수 있는 것은 냄새에 끌렸기 때문이다. 뇌에서 정신분열이 일어났을 때 이상한 냄새를 맡는 사람도 많다. 이처럼 냄새는 많은 사람들의 기분과 인지를 좌우한다.

시준님이 냄새로 이런저런 핑계를 대는 통에 그와 당금애기는 같은 방에 머물 수 있었는데 당금애기는 같은 방에서 동침한 후에 꿈을 꾼다. 오른쪽 어깨에 달이 있고 왼쪽 어깨에 해가 있고 맑은 구슬 3개가 있는 꿈이다. 일종의 태몽이다. "무언가를 삼킨다"는 것은 성교를 은유적으로 표현한 말일 수 있다. 달과 해는 원초적인 에너지이자 창조신화에서 제일 중요한 근원이다. 아이를 갖고 낳는 것은 어떤 면에서는 우주적인 창조 행위에 동참하는 것이다. 당금애기는 이런 꿈을 통해 세 명의 아이를 얻게 된다.

시준님은 당금애기에게 아들을 낳을 것이니 잘 키우라고 말하고 그녀를 떠난다. 매우 무책임한 행동이지만 당금애기가 무책임한 남자를 만난 것 역시 인간으로써 독립하고 성장하는 일련의 과정에서 꼭 필요한 것이었다.

대부분의 사람들이 자신의 부족한 부분을 채워주고 죽을 때까지 자신을 지켜주는 배우자를 만나고 싶어 한다. 하지만 그런 사람 외에는 쳐다볼 생각도 하지 않는다면, 그는 평생 짝을 찾지 못할 것이다. 그런 사람은 세상에 없기 때문이다. 당금애기 신화에서 시준님은 보통 사람과 비슷한 면을 보인다. 결혼해서 손 붙잡고 잘 살지만 결정적인 시기에 배우자가 내 편이 되어주지 않아서 마음 상하고 속상했던 기억이 기혼자에게는 있을 것이다. 이럴 때 남편을 마음속으로부터 떠나보내면 오히려 결혼생활이 튼튼하고 건강해지는 부분이 있다. 어려움을 혼자 감내할 때 인간으로서 성숙해지는데 당금애기는 남편을 떠나보냄으로써 어른이 되었다고 볼 수 있다.

자궁을 상징하는 동굴에 갇히다

시준님이 떠난 후 당금애기의 부모와 오빠들이 돌아온다. 당금애기는 불러오는 배를 숨겼지만 가족들에게 들키고 만다. 무가를 들어보면 당금애기가 아이를 가진 뒤 몹시 앓는 장면이 나온다. 그렇다면 그녀는 임신을 하였을 뿐 아니라 무속인이 되기 위해 입무식(入巫式)을 한 것일 수 있다. 이 장면 때문에 당금애기를 치유의 원형으로 말하는 사람들도 있다. 당금애기가 굴에 들어가는 장면은 성경을 읽는 사람들에겐 익숙한 장면으로 보일 것이다. 요셉도 형들에 의해 구덩이에 묻혔고, 나자로도 나병 때문에 굴속에 들어갔으며 예수 역시 죽은 후 굴속에 묻혔다가 부활하는 등 성경에는 '굴'이 치유의 상징으로 종종 등장하고 있기 때문이다.

당금애기가 시준님과 아이를 가진 것은 어떤 면에서는 성령의 잉태라고 볼 수 있다. 해모수와 유화부인의 사례에서 보듯 당금애기는 신과의 교접을 통해 아이를 잉태했다. 신성이 만드는 임신은 창조신화의 원형인 동시에 보통 사람들의 임신 역시 매우 신성하다는 것을 상징한다. 모든 아이는 신성하며 창조의 결정체이다.

지금은 아이를 낳으면 돈이 얼마가 들 것인지부터 계산하는데, 사실 아이는 돈으로는 계산할 수 없는 큰 기쁨을 준다. 조상들의 원형적인 신성성이 이런 면에서도 회복되어야 할 당위가 있다. 옛날 어르신들은 "아이는 먹고 살 것은 가지고 나온다"고 했는데 경제적으로 환원시켜 이해하기보다는 아이가 주는 기쁨과 보람이 이미 아이 안에 있다는 것을 알고 있기 때문이 아니었을까 싶다. 아이는 동네 전체를 넘어서 하늘도 참여해 키우는 것이다. 아이는 살아 있는 생명으로서 우리에게 기쁨과 에너지를 주는 존재이지 투자를 해서 결과와 돈을 뽑아내는 기계나 주식이 아니다.

다른 채본에서는 당금애기가 아이를 가진 뒤 가족들과의 갈등을 매우 상세하게 묘사하고 있다. 정상적인 연애를 하면 부모나 형제들과는 멀어지는 것이 사실이다. 이를 받아들이지 못하고 부모나 형제들이 연애하는 당사자를 방해하기도 하는데 이렇게 휘둘리다 보면 영원히 결혼할 수 없다. 결혼을 통해 부모와 분리가 되어야 하고, 결혼한 다음에도 처가나 시가와는 일정 정도 거리를 두어야 한다. 처가나 시가에 휘둘리다 보면 진짜 사랑을 할 수 없다. 진짜 사랑을 하려면 부모에게 버림을 받아야 한다는 이야기이다. 즉 당금애기처럼 동굴의 시간, 홀로 있는 시간이 필요하다.

한데 당금애기를 동굴에 데려다 놓고 그녀와 가족을 중재하는 인물은 어머니이다. 토굴이나 동굴은 여성이나 여성성, 자궁을 상징하며, 인큐베이션, 부화의 장소라고 할 수 있다. 어머니의 모성적이고 초자연적인 자아는 부성적인 초자아와는 다르게 기능한다. 부성적인 초자아가 사회적인 체면에 좌우된다면 모성적인 초자아는 일단 내 자식을 생존시키는 일에 주력한다. 아버지가 당금애기를 가문에서 축출했다면 가문의 일원으로 다시 잘 보듬는 게 모성이다.

그리고 당금애기가 낳은 세 아이는 창조성의 숫자, 삼태자를 의미한다. 성삼위 즉 요셉, 마리아, 예수의 성가족과도 비슷한 이 세쌍둥이는 본격적으로 세상에서 창조적인 의례를 할 수 있는 무조가 된다. 무조의 탄생은 이렇듯 험난한 과정을 거친다.

우리 속의 영성

당금애기가 낳은 세 명의 아이들은 다른 영웅 신화의 주인공처럼 아버지를 찾아간다. 그 전까지는 금단춘, 은단춘이라는 여리고 여성적인 두 명의 보조자와 어머니 당금애기가 있을 뿐 남성적인 자아는 완성되지 않은 단계이다. 아버지로부터 에너지를 얻어야 진짜 어른이 될 수 있다.

아이들이 아버지를 찾자 당금애기는 세 아이에게 박씨 세 알을 심어서 키우라고 말한다. 쌀을 잘 담거나 박씨를 심는 것은 농경민족이 갖는 신화적인 화소인데 여기서도 그 이미지가 여지없이 나타난다. 아이들이 박씨를 심었더니 하룻밤에 싹이 돋아서 출렁출렁 뻗어가고, 아이들은 박 넝쿨을 따라서 어머니와 함께 아버지를 찾아간다. 현실에서도 가끔 아버지들은 집안에서 소외당하는 경우가 있는데 동서양을 막론하고 신화에 이런 코드가 등장하는 것이 흥미롭다. 아버지하고 이야기를 하려면 산 넘고 물 건너야 가능한 경우가 있다. 말이 통하지 않는다고 돌아서는 아이들도 많다. 또 거꾸로 아버지가 아이들에게 가려면 박씨를 여러 번 심어야 할 수도 있다.

그런데 그렇게 고생해서 찾아간 아버지는 선뜻 아들들을 인정하지 않는다. 시준님은 아들들에게 말한다. "만약 너희들이 내 자식이라면 뒷동산에 올라가 죽은 지 3년 된 소뼈를 주워 살려내 거꾸로 타고 오너라." 삼형제가 소뼈를 주워 정성껏 쓰다듬으니 살이 불쑥불쑥 돋아나서 소가 살아나는데 이 장면은 아버지가 시험한다기보다는 아들들을 담금질 하는 의미로 읽을 수 있다.

농경에서 목축으로 변하는 과정이 이 신화에 담겨 있다고 해석하는 학자들도 있다. 또 다른 측면에서 보면 소나 닭은 우리가 농사지을 때 꼭 필요한 동물들이다. 소는 전혀 버릴 데가 없고 닭도 똥집부터 껍질까지 하나도 버릴 게 없는 고마운 짐승이다. 뼈를 주워 다시 모으는 것을 '형해(形骸)'라고 말한다. 시베리아 샤먼들은 형해의 과정을 거친다. 몸의 뼈가 마디마디 끊어지는 환각을 보고 나중에 그것을 다시 맞출 때 진짜 무당이 된다. 이집트의 신 오시리스도 세트(Set)에 의해 뼈가 마디마디 끊겨 열네 조각으로 끊어지지만 그걸 다시 주워 모아 호루스로 재탄생하였다. 당금애기의 세 아들도 이런 과정을 겪었을 수 있다.

당금애기의 세 아들은 형불, 재불, 삼불이라는 이름을 아버지에게 부여받는다. 불교에서는 부처가 대오각성 하는 여러 가지 계기가 있는데 그 중에서도 타락죽을 먹고 깨달음을 얻는 장면이 잘 알려져 있다. 예수도 엘리야라는 선지자를 만나서 신성으로 변모한다. 모세가 불타는 덤불에서 여호와를 보고 얼굴이 변하듯, 삼형제는 시준님을 보면서 삼불로 변해 화불이 된다. 신을 보아야 변화가 일어나고 내 마음속의 신성도 깨닫게 된다는 의미이다.

인간도 발달 과정 중에 여러 축이 있는데 신체나 정서, 지적인 축 이외에 가장 중요한 것이 영성적인 발달이다. 영성적인 체험이 없으면 인간은 자신의 깊은 자아로 들어갈 수가 없고, 자아를 넘어선 자기로 들어갈 수가 없다. 영성을 신비체험이나 SF소설 등 실현 불가능한 어떤 이상향으로 생각하는 사람들도 있지만, 자아를 초월하면 그게 바로 신비체험이고 영성을 깨닫는 것이다. 좁은 의미의 생활의 가치가 아니라 우주와 한 몸이 된 확장된 내가 바로 나라는 개념, 개성화와 유사하다.

그런데 다른 판본에 보면 그런 과정을 거치기 위해서 아주 이상하고 시시한 경험을 해야 한다. 물고기를 먹고 토한다든가, 소뼈로 산소를 다시 만든다든가 하는 식이다. 물고기는 융의 분석심리학에서 나를 상징하는 아이콘이다. 예수의 상징에도 물고기가 그려진 아이콘이 있다. 물고기가 나의 상징이 된 이유는 물고기가 무의식의 바다에서 자유롭게 헤엄치는 동물이기 때문이다. 물고기는 알을 낳아 번식을 잘하는 종족이기도 하다. 따라서 물고기로 깨달음을 얻는 것, 소뼈로 산소를 만든다는 것은 모두 영성적인 체험이라고 할 수 있다. 우리는 보통 죽음을 멀리하고 경원시하지만 사실은 죽음과 가까이 해야 한다. 소크라테스도 철학을 죽음의 연습이자 준비 과정이라고 말하지 않았던가. 영혼은 다만 죽음이 공격할 때 소멸하지 않는 유일한 존재이다.[10]

여기서 시준님이 세 아들에게 형불과 재불, 삼불이라고 이름을 지어준 것은 이미 하나의 독립된 개체로써 인정한다는 뜻이며 자기 속의 완전한 어떤 것들이 태어나기 시작했다는 뜻으로 해석이 가능하다. 그래서 당금애기의 아들들은 삼불이 되고 당금애기도 삼신할머니가 되거나 무조가 되는 것이다. 이처럼 당금애기는 우리 속의 영성을 무조의 탄생 과정을 통해 깨닫게 해주는 이야기이다.

---

10. 플라톤 지음, 전현상 옮김(2015), 『파이돈』, 서울, 이제이북스, 145쪽

바리데기 이야기

\ 버림받아야 어른

　오구대왕은 열여섯 살이 되는 날 "올해 결혼하면 일곱 명의 딸을 낳고, 내년에 결혼하면 세 아들을 낳을 것"이라는 점쟁이의 이야기를 듣는다. 점쟁이의 말을 믿지 않은 오구대왕은 그 해에 혼례를 올려 예언대로 딸만 일곱을 낳고 말았다. 왕과 왕비는 실망하여 일곱 번째 딸을 뒷산에 버리라고 명한 뒤 아이 이름을 '바리데기'라고 지어준다. 혹시라도 그 딸이 살아날까 봐 여름에는 솜바지를 입혀 땡볕에 내어놓고, 겨울에는 삼베옷을 입혀 음지에 두었지만 하얀 학과 푸른 학이 내려와 아이를 보호해주는 바람에 아이는 생명을 이어 간다.

　바리데기가 살아 있다는 소식을 들은 왕은 아이를 함에 넣어 바다에 버리라고 한다. 그러나 물속에서 올라온 거북이가 함을 등에 지고 헤엄치기 시작하더니 지나가던 가난한 할아버지 할머니 앞으로 데려다 준다. 할아버지 할머니가 그 함을 열었더니 아이의 몸에는 개미가 붙어 있고 함에는 구렁이도 잔뜩 들어 있었으나 아이는 아랑곳하지 않고 우렁찬 목소리로 울고 있었다. 아이는 결국 할아버지와 할머니 밑에서 영특하게 자란다.

　세월이 흘러 바리데기가 열다섯이 되었을 때, 딸을 버린 오구대왕과 왕비가 큰 병이 들었다. 왕을 살리려면 저승의 수양산 큰 바위 밑 샘물(혹은 신선세계의 약수)을 길어와야 한다는 이야기를 들었으나 아무도 길을 나서지 않았기 때문에 자신이 버린 막내딸을 찾게 되었다. 오구대왕은 바리데기를 수소문해 찾아낸 뒤 자신의 병을 고칠 약을 구해오라고 말한다. 바리데기는 스스로 수양산으로 가겠다고 말한 뒤 무쇠 창옷, 지팡이, 패랭이, 석죽을 달라고 한다.

그녀는 길을 가던 도중 신선을 만나는데, 신선은 꽃 세 송이를 건네며 위급할 때 쓰라고 말한다. 바리데기는 바다에서 난파당했을 때, 가시밭길을 헤맬 때, 귀신들이 득시글거릴 때마다 신선이 준 꽃을 던져 위기를 모면한다.

마침내 산중에 들어간 바리데기는 무섭게 생긴 무장승을 만난다. 무장승은 바리데기가 약값, 길값, 산값을 지니지 않고 생명의 물을 받으러 왔으니 뒷동산 꽃밭 밑 빠진 독에 3년 동안 물을 길어 넣고, 불씨 없는 불을 3년간 때어야 한다고 말하였다. 그 다음에는 자신과 부부가 되어 일곱 아기를 낳아 달라고 명한다. 바리데기는 무장승의 명을 다 들어주고 약수를 얻은 뒤, 붉은 피살이꽃, 살이 돌아오는 노란 살살이 꽃을 꺾어 궁으로 돌아온다.

오구대왕과 왕비는 이미 모두 죽고 없었으나 바리데기는 약수와 피살이, 살살이 꽃으로 죽은 부모를 모두 살려낸다. 살아난 왕은 무장승에게 벼슬을 주고(혹은 산신이 되게 하고), 바리데기의 일곱 아이들은 저승의 십대왕이 되게 하였다(혹은 죽은 다음 하늘로 올라가 북두칠성이 되었다).[11]

11. 조현설(2006), 『우리 신화의 수수께끼』, 서울, 한겨레출판, 156~163쪽

버림받은 아이

〈바리데기〉 이야기는 우리의 대표적인 무조신 즉 창조신화이다. 지역마다 여러 이형이 있고 채록한 기록이 다양하게 존재하기 때문에 이 책에서는 거를 것은 거르고 새롭게 재구성했다(어쩌면 이나미본!). 북한에서는 오구대왕이 아니라 수차랑 선배와 덕주아가 죄를 짓고 천상에서 지상으로 귀양을 왔는데, 여섯 아이를 낳고 자식을 그만 낳기로 합의했다가 술에 취해 약속을 어긴 바람에 일곱 번째 아이를 잉태하고 수차랑 선배는 하늘로 올라가고 덕주아는 용늪에 아이를 버리는 이야기로 바뀌어 구전되고 있다. 수궁용왕 부인이 아이를 구출해 키우다 친딸이 아니라는 사실을 들킨 뒤 아이는 친어머니를 찾아갔으나 언니들에게 조롱을 당한다. 어머니가 병이 들자 서천서역국으로 가다가 신선인 남편의 집에서 약꽃과 약수를 발견하고 귀가해 어머니를 회생시키고 재산을 다투는 여섯 딸을 어머니가 모두 죽이자 바리데기도 따라 죽는다. 어머니는 바리데기의 제사를 지내러 가다가 스님에게 속아 죽는다.[12]

우리나라 모든 무당의 조상이자 무조신인 바리데기 이야기를 통해 융의 분석심리학에서 나오는 원형 개념을 이해해보자. 원형(Archetype)이라는 개념은, 모든 인간이 가지고 있는 원형판(Template)을 말한다. 〈바리데기〉 이야기에는 그중에서도 '버림받은 아이'라는 원형이 들어 있다.

바리데기는 '버림받은 공주'라는 뜻의 '바리공주'라고도 불린다.

---

12. 서대석(2010), 『한국 신화의 연구』, 서울, 집문당, 271~287쪽

그녀는 오구대왕의 일곱 번째 딸이었으니 존재만으로도 가부장제 사회에서는 설움 받을 확률이 매우 큰 인물이었다. 바리데기를 신화가 아닌 유교의 잔재라고 보는 사람도 있지만 원시적인 심성, 원형적인 심성은 종교와 관계없이 모두 갖고 있는 것이기 때문에 바리데기 이야기를 유교 문화의 잔재로만 볼 것이 아니라 일곱 번째 딸이자 버려진 존재라는 것에 초점을 맞추어 해석하는 것이 신화를 더욱 풍성하게 보는 법이라고 말하고 싶다.

버림받은 원형을 내 안에서 발견할 때, 우리는 그 속에서 새로운 에너지를 확인할 수 있다. 임상에서 필자는 이런 이야기를 자주 한다. "버림받은 아이의 기분을 느끼고, 고아 원형을 만나야 진짜 어른이 된다"라는 이야기이다. 내 부모가 나를 절대로 버리지 않고, 계속 나를 지원해준다고 생각하는 사람, 즉 아직까지도 내게는 든든한 뒷 배경이 있다고 생각하는 사람들은 아직 어른이 되지 못한 것이다.

신화에 '버림받은 아이' 이야기가 자주 나오는 이유가 무엇인지 생각해보자. 서양으로 눈을 돌리면 〈헨젤과 그레텔〉도 버림받은 아이이다. 우리나라에도 〈문전본풀이〉라는 신화에서 버림받은 아이 원형을 만날 수 있다. 〈녹두생이〉라는 아이도 버림받아서 비참하게 되며, 〈조리와 속리〉라는 신화에서는 버림받은 아이가 나중에 관세음보살이 된다. 융의 분석심리학에서 말하는 고아적 상황, 즉 자신을 도와줄 수 있는 든든한 부모가 사라지고, 오로지 혼자 세상을 헤쳐 나가야 하는 외로운 처지가 되었을 때 우리는 비로소 자신이 어른이라는 사실을 깨달을 수 있다.

바리데기가 부모에게 내침을 받고 조그마한 함에 넣어져 강물에 버려지는 상황으로 돌아가 보자. 이스라엘의 모세 역시 버림받고 강에 띄워져 이집트 공주에게 발견된다. 그는 한동안 유대인으로서의 자신의 정체성을 잃고 이집트인으로 살아간다. 바리데기도 자신이 공주라는 사실을 모른 채 이름 모를 가난한 할머니 할아버지에게 발견되어 키워진다. 그리고 그녀 역시 모세처럼 무적의 아이로 성장한다. 함에는 개미와 구렁이가 들어 있었지만 그녀의 목숨을 앗아가지 못했다. 이것은 그녀가 신의 가호를 받는 특별한 존재라는 점을 시사한다. 그리고 이 험한 세상에서 살아남아 어른이 되어 가는 모든 아이들은 어떤 면에서는 모두 바리데기처럼 운명의 특별한 가호를 받고 있는 것이 아닐까 생각해본다. 고구려의 시조 주몽도 버림받았지만 누군가 도움을 주었기 때문에 생명을 유지할 수 있었다.

신성이 도와주는 인간 원형은 〈오세암〉 전설에서도 발견된다. 오세암이라는 절에는 버림받아 동자승이 된 아이가 있었다. 큰스님이 식량을 구하기 위해 아랫마을로 내려간 사이에 갑자기 심한 눈보라가 일어 절로 올라가는 길이 모두 막히고 아이는 겨우내 혼자 절에서 지내야 했다. 아랫마을에서 애를 태우던 스님은 날이 풀리자 산길을 올라갔는데, 죽었으리라 생각한 아이는 관세음보살의 보살핌으로 살아 있었으며 마침내 관세음보살의 화신이 되었다는 전설이다. 순수한 영혼을 키워주고 보살펴주는 신성이 우리 안에 있음을 시사하는 이야기이다.

오구대왕은 자신이 병들자 바리데기에게 자신을 고칠 약을 구해오라고 요구한다. 바리데기는 자신을 버린 부모에게 원한도 없는지 약을 구하러 먼 길을 떠난다. 자신을 버린 부모가 늙고 병든다는 것은 인간의 원형적 조건의 하나이다. 어린 시절에는 큰 산 같던 부모, 절대로 반항할 수도 거역할 수도 없던 부모가 나이 들면서 조금씩 병약해지고 유순해지는 것은 세월을 거스를 수 없는 이치이다. 호랑이 같던 아버지, 장인어른, 시아버지, 너무 무섭고 까다로워서 그 앞에선 말문이 막히고 가슴 답답했던 시어머니, 친정어머니, 장모 들이 늙어 가면서 작아지고 또 작아지는 것 같은 착각을 하게 된다.

일단 어른이 되려면 내 부모가 병들고 늙어가며 무기력한 존재라는 것을 알아야 한다. 부모가 완벽하고 능력이 있어서 나는 평생 부모 도움만 받고 살겠다고 생각한다면 평생 어른이 되지 못한다. 오구대왕이 병드는 상황은 인간의 조건을 이해하게 해주는 상징이다. 임상에서 어머니 아버지 흉을 보는 사람을 만날 때면 필자는 "당신이 성장했기 때문에 부모의 약점을 볼 수 있는 것"이라고 말해준다. 부모의 약점, 부모의 병든 측면이 보일 정도로 내가 성장했다는 뜻이다.

현자의 원형을 만나다

바리데기가 먼 길을 떠나면서 무쇠 옷을 입고 무쇠 지팡이를 지고 나서는 부분을 살펴보자. 무당들이 씻김굿을 하거나 굿판을 벌일 때 칼을 착용하고 장군 옷을 입는 것을 생각해보면 바리데기가 무당들의 무조신이라는 사실을 눈치 챌 것이다. 무속인들이 여자인데 장군 옷을 입는 이유가 있다. 유교적인 가부장제 사회에서 여자의 모습은 무기력하며 의존적인 것으로 묘사되지만 무가의 세계에서 여성이 장군처럼 씩씩하고 멋지게 변하는 이유는, 무조신화가 현실 상황을 완전히 전복해 보여주기 때문이다.

바리데기는 든든한 옷을 입고 마음 무장을 단단히 하고 길을 가다 가 백발노인을 만난다. 버려진 바리데기를 키워준 사람도 할머니 할 아버지인데, 그다음에 또 백발노인을 만나는 상황은 어떻게 해석해 야 할까. 이 백발노인은 '현자의 원형'이다. 현자 원형, 즉 스승이나 멘토를 만나야 제대로 된 자기를 찾을 수 있다는 뜻이다. "나는 좋은 스승을 만난 적이 없고 그냥 내가 책 보고 자립 갱생했다"라고 말하 거나 "나는 스승이 없다"라고 이야기하는 사람들에게는 큰 문제가 있다. 자기가 살면서 배운 많은 것을 제대로 인지하지 못하거나, 거 만한 아집 때문에 자신이 과거에 얼마나 초라하고 미숙했는지 잊어 버렸다고 볼 수 있다. 우리는 지금도 세상 곳곳에서 끊임없이 스승 을 만난다. 꼭 공부를 많이 한 사람만이 스승이 아니라, 나를 도와주 는 사람은 모두 스승이 될 수 있다. 농부나 주차관리인, 공장 근로자 도, 크게 보면 나를 먹이고 입히고 가르치는 스승이다.

바리데기가 만난 '스승 원형'이 그녀에게 꽃을 건넨 이유는 꽃이 생명의 상징이기 때문이다. 돈과 물질만 원하는 사람은 "꽃을 갖다 준다고 돈이 생겨 뭐가 생겨"라고 이야기할 수 있지만, 꽃이 가지고 있는 아름다움이나 생명, 꽃이 가진 생육성은 특별한 가치를 지니고 있다. 바리데기는 고비를 만날 때마다 꽃을 던져 난관을 헤쳐 나간 다. 바다를 만나면 꽃을 던져 육지로 만들고, 가시밭을 만나면 꽃을 던져 아름다운 꽃밭으로 만들고, 철옹성을 만나면 꽃을 던져서 무지 개다리를 만든다. 아름다운 마음, 아름다운 행동을 갖는다면 고통스 런 경험과 기억도 결국은 기쁨으로 변환되고 큰 자원으로 만들 수 있다는 의미이리라.

정조가 수원 화성을 만들 때 전설처럼 전해지는 이야기이다. 수원 화성이 유난히 아름답다고 소문나자 신하들이 나서서 "성을 이렇게 아름답게 만들면 어떡하느냐"고 말한 적이 있다. 그때 정조의 대답이 인상적이었다. "아름다움이 적들을 공포에 떨게 할 것이다." 아름다움이야말로 세상의 모든 폭력과 맞서 싸운다. 피카소의 〈게르니카〉, 엘 그레코의 혁명화, 억압받고 가난한 농부들의 삶을 가감 없이 보여준 밀레의 그림들을 보라. 아름다운 그림이 주는 강렬한 메시지는 그 어떤 정치가의 달변보다 위대한 힘을 지닌다.

누가 나를 많이 괴롭힐 때에도 같이 악다구니하면 추해지지만, 그 사람이 나를 아무리 억압하더라도 '나의 아름다움이 저 사람을 감동시킬 것'이라고 생각하면 내가 승자가 될 수 있다. 『파우스트』에도 비슷한 구절이 나온다. "아름다움이 우리를 구원할 것이다."

유감스럽게도 바리데기의 시련은 여기서 끝나지 않는다. 바리데기는 생명수를 찾으러 가다가 지하 세계에 있는 무장승을 만나서 아이 일곱을 낳을 때까지 꼼짝없이 그에게 붙들려 있어야 했기 때문이다.

우리 안의 바리데기

바리데기 신화를 많은 여성들이 페미니스트적 시각으로 해석하고 있지만, 실제 바리데기 원형은 여성에게만 해당되지 않는다. 남성 안에 있는 무의식 속에도 여성성이 존재하며, 남성도 바리데기 같은 처지에 충분히 처할 수 있다. 남성도 부모에게 버림받을 수 있고, 아내에게 버림받을 수도 있기 때문이다.

바리데기가 무장승에게 아이를 일곱 명 낳아주었을 뿐만 아니라, 인간의 힘으로는 불가능한 임무들을 차례로 수행한다는 점에서 그녀는 여성적 상황에만 갇혀 있지 않았다. 〈콩쥐팥쥐전〉에도 나오는 것처럼, 바리데기는 밑 빠진 독에 물 붓기를 하고, 불씨 없는 불에 계속 불을 붙이고 이어서 무장승과의 사이에서 아이를 낳는다. 사랑하지 않는 배우자와의 사이에서 아이를 일곱이나 낳아 키우는 과정은 여자뿐 아니라 남자들에게도 감동을 준다.

이런 과정을 겪은 다음에 바리데기는 무장승에게 받은 꽃을 들고 다시 길을 떠난다. 그녀가 지닌 꽃은 '피살이 꽃' '살살이 꽃' '약수' 이렇게 세 가지 종류이다. '피살이'는 피를 살리고, '살살이'는 살을 살리는 것이다. 굿판에 가보면 무당들이 거의 꽃을 들고 있는데 이는 바리데기 신화를 그대로 구현한 것으로 보인다. 바리데기는 그 과정을 다 거친 뒤 약수를 손에 얻는다.

약수는 관세음보살의 그림에 보면 호리병에 담겨 있는 생명의 물이다. 천주교에서도 루르드 성지 같은 곳에서 물을 먹고 치유의 기적을 체험하는 사람들이 많다. 예언자 엘리야는 물에 소금을 넣어서 성수를 만들기도 했다. 물은 치유와 정화의 힘을 가졌다. 바리데기는 그 약수로 부모를 살렸으며 무장승과의 사이에서 낳은 아들 일곱을 북두칠성으로 만들고 자기는 무조신이 된다. 이처럼 바리데기 신화에는 현대를 사는 우리를 움직이는 중요한 원리가 담겨 있다.

세경본풀이 이야기

\ 내 인생의 주인공은 나

　김진국 대감과 자지국부인(조진국부인)은 나이 마흔(혹은 오십)이 되도록
자식이 없었다. 어느 날 동개남 은중절 화주승(소사중)이 시주를 청하러 와
서, 절에 와서 공을 드리면 아들 자손을 볼 수 있을 것이라고 말했다. 부부
는 공물을 챙겨 들고 은중절로 향하던 도중 서개남 무광절 스님을 만나 마
음을 바꿔 서쪽 절에 시주를 한다. 그 후 조진국이 아기를 낳았다. 부부는 '자
청하여 낳은 자식'이라며 아이 이름을 자청비라 붙였다. 같은 날 같은 시에
하녀 정술데기도 아들을 낳아서 이름을 정수남이라 하였다. 자청비는 열다
섯 살이 되어 주천강 연못가에서 빨래를 하고 있다가 거무선생에게 글공부
를 하러 가는 하늘 옥황 문곡성의 아들 문도령과 마주친다. 문도령이 공부
하러 가는 길이라 하자 자청비는 집에 돌아가 남장을 한 뒤 자신을 쌍둥이
남동생인 척 속이고 문도령과 함께 글공부를 하러 길을 떠났다.

　문도령과 자청비는 거무선생 밑에서 글공부를 시작하며 한 방에서 지내
게 되었다. 하루는 자청비가 문도령과의 사이에 물대야와 은젓가락, 놋젓가
락을 걸쳐놓고 잠을 자려 했다. 문도령이 의심하자 자청비는 숫가락이 떨어
지지 않게 해야 공부가 잘된다고 둘러대었다. 문도령은 은젓가락과 놋젓가
락이 떨어질까 봐 깊은 잠을 잘 수 없었다. 그러다 보니 잠이 부족해 자청비
에게 공부를 뒤지게 되었다. 화가 난 문도령은 달리기 시합을 하자고 했다.
하지만 자청비가 이기자 씨름을 하자고 말했다. 역시 문도령은 자청비를 당
하지 못했다. 마지막으로 오줌발을 멀리 보내는 시합을 하자 말했는데 이

또한 자청비가 이기고 말았다.

공부를 시작한 지 3년이 되던 날, 푸른 새 한 마리가 문도령에게 날아와 서수왕아기와 결혼하라는 내용의 부모님 편지를 전했다. 문도령이 글공부를 그만두고 돌아가겠다고 말하자 자청비 역시 부모님께 돌아가겠다고 길을 나선다. 둘이 주천강 여울에 이르렀을 때 자청비는 여기서 묵은 때를 씻고 가자고 하였다. 목욕을 하던 자청비는 버드나무 잎에 "눈치 없고 멍청한 문도령아, 3년간 한 방을 쓰고도 남녀구별도 못한 문도령아"라고 써서 보내고는 먼저 길을 나서니 문도령이 따라 왔다.

자청비는 부모에게 3년간 같이 공부한 문도령이 함께 왔는데 집에서 하루만 머물게 해달라고 부탁한다. 그 밤 자청비는 마침내 문도령의 사랑을 들어주고 인연을 맺었다. 동이 트자 문도령은 떠날 차비를 하며 박씨를 주더니 박이 열려 딸 때가 되면 돌아오겠다고 하였다. 그리고는 상동나무 머리빗을 꺾어 둘이 한쪽씩 나눠가진 후 노각성자부줄을 타고 옥황으로 올라갔다.

문도령이 떠나고 자청비가 심은 박씨의 열매가 맺었지만 그에게선 아무 소식이 없었다. 자청비는 정수남에게 나무를 해오라고 했다. 숲으로 들어간 정수남은 숲속에 말과 소를 매어두고 낮잠을 자는데, 깨어 보니 말과 소가 목이 마르고 배가 고파 쓰러져 죽은 뒤였다. 정수남은 그 소 아홉 마리를 다 먹어치우고, 내려오는 길에 잠뱅이마저 도둑맞았다. 정수남은 집에 돌아와 깊은 산속에 들어가 연못가에 이르러 보니 옥황 문도령이 선녀들과 신선놀음을 하고 있어서 그걸 지켜보다 소와 말이 없어졌다고 둘러댄다. 또 연못의 오리를 잡으려다가 도끼를 잃어버리고 잠뱅이까지 잃어버렸다고 거짓말을 하였다. 자청비가 의심하자 정수남은 숲으로 자청비를 유인한 뒤 겁탈하려 했다. 자청비는 정수남에게 자신이 머릿속 이를 잡아줄 테니 무릎을 베고 누우라고 했다. 그러곤 정수남이 잠이 들자 옆에 있던 청미래 넝쿨로 귀를 찔러대어 정수남을 죽이고 말았다. 집에 돌아온 자청비가 사실대로 말했지만 아버지는 화를 내며 그녀를 쫓아내었다.

자청비는 남자 옷으로 갈아입고 떠돌다 어느 마을에 이르렀다. 마을 한가운데 있는 사라장자 뒷동산에 정수남이 환생한 부엉이가 나타나 울기 시작한 뒤로 흉한 일이 반복된다는 이야기를 들었다. 자청비는 죽은 새의 눈에 화살을 꽂아 사라장자 집안에 던져 놓고 자신이 나는 새도 떨어뜨리는 사람이라고 자랑했다. 사라장자는 자청비에게 부엉이를 잡아주면 원하는 것을 모두 들어주겠다고 말했다. 그날 저녁 자청비는 뒷동산에 올라 "정수남아 네가 나 때문에 원한이 맺혔구나. 내 가슴에 앉아라"고 말한다. 그러자 부엉이가 내려와 자청비 품에 안겨 숨을 거두었다. 다음날 죽은 부엉이를 들고 사라장자 앞에 가서 자청비는 환생꽃을 달라 하였다. 자청비는 그 꽃으로 정수남을 살려내어 함께 집으로 돌아갔다. 하지만 집에서는 자청비가 꺼림직하다며 다시 내쫓았다.

이제 자청비는 주모할머니의 수양딸이 되었다. 주모할머니는 문도령과 서수왕아기 혼인에 쓸 비단을 준비하고 있었는데 자청비는 비단에 "가련하다 자청비"라고 자기 이름을 수놓았다. 다음날 주모할머니가 노각성자부줄을 타고 하늘에 올라 옷감을 바치니 문도령이 깜짝 놀라 누가 짰느냐고 묻는다. 이에 주모할머니가 내 수양딸 자청비가 짰다고 말하자 문도령은 자청비가 보고 싶은 마음에 땅으로 내려온다. 자청비는 반갑지만 원망스런 마음에 문도령에게 손가락을 하나 내밀어 보라고 하더니 손가락을 바늘로 찔렀다. 피가 한 방울 떨어지자 화가 난 문도령은 하늘로 올라가 버렸다. 다음날 주모할머니는 화를 내며 자청비를 내쫓았다.

홀로 떠돌게 된 자청비는 길거리에서 옥황 궁녀들이 울고 있는 모습을 보게 된다. 문도령이 그들에게 "자청비와 함께 만났던 연못의 물을 떠오라"고 시켰는데, 그곳이 어딘지 몰라서 울고 있었던 것이다. 자청비는 시녀들을 주천강 여울로 데려가 목욕물을 떠주었다. 그리고 함께 노각성자부줄을 타고 옥황으로 올라가 문도령이 살고 있는 곳으로 가 문도령과 재회한다.

자청비와 함께 밤을 지새운 문도령은 부모를 찾아가 자청비가 일러준 대로 "묵은 옷이 따뜻합니까, 새 옷이 따뜻합니까?"라고 물었다. 아버지는 "새 옷은 남 보기는 좋지만 따뜻한 건 묵은 옷이지"라고 대답했다. 다시 문도령이 물었다. "새로 만든 장이 답니까 묵은 장이 답니까?" 문도령의 부모가 다시 답했다. "묵은 장이 더 달지." "그럼 새 사람이 좋습니까? 묵은 사람이 좋습니까?"라고 묻자 "새 사람은 재빨리 움직이지만 그래도 오래된 사람만 못하다"라고 답했다. 그러자 문도령은 "저는 잘 아는 자청비와 살겠습니다"라고 말한다. 자청비 역시 문도령의 부모가 내어준 여러 과제를 풀고 그와 살게 되었다. 이를 알게 된 서수왕아기는 화가 나 물 한 잔을 들이키고 드러누웠다. 석 달 열흘 백일이 지나 방문을 열었더니 서수왕아기는 새의 몸으로 환생한 뒤였다. 한편 문도령과 백년가약을 한 자청비는 문도령에게 자신인 척하고 사라장자의 딸과 보름만 살고 오라고 했다. 그러나 문도령이 한 달이 되어도 돌아오지 않자 자청비는 까마귀에게 편지를 써 보내고, 문도령은 옷도 제대로 입지 못한 채 돌아와서 핀잔을 듣는다.

한참의 세월이 흘러 옥황에서 난리가 났는데 자청비가 이를 수습하였다. 자청비는 옥황상제에게 오곡의 씨앗을 달라 해서 문도령과 함께 인간세상에 내려왔다. 집에 이르렀을 때 그녀는 배가 고파 휘청거리는 정수남을 만난다. 머슴 아홉에 소 아홉을 거느린 집에 가서 밥을 얻어먹고 오라고 했으나 정수남은 욕만 먹고 왔다. 자청비는 벌로 그 밭에 대흉년이 들게 했다. 다시 두 노인이 쟁기도 없이 농사하는 밭에 가보라고 했는데 노인들은 정수남을 정성스럽게 대접을 했다. 이에 그 밭에는 대풍년이 들게 했다. 문도령은 상세경, 자청비는 중세경, 정수남은 하세경이 되어 칠월에 마불림제를 받아먹게 되었다.[13]

---

13. 장주근 (1998), 『풀어쓴 한국의 신화』, 서울, 집문당, 128~142쪽

농경신을 위해 지내는 굿

〈세경본풀이〉는 '한국의 오디세우스'라 부를 만큼 긴 신화이자 제주도의 큰 굿 중 하나이다. 2월 영등제, 10월 심안곡제와 더불어 7월 백중에 지내는 마불림제(백중제)는 제주도의 큰 제사 중 하나이다. 마불림제는 음력 7월 14일부터 15일까지 밤에 제사를 지낸다. 제주에서는 큰 굿의 마지막 절차로 농경신(農耕神)인 세경을 위하여 〈세경본풀이〉를 지내고 있다. 여기서 '세경(世經)'은 '밭을 경작(耕)한다'는 뜻이며, 이 신화의 주인공들은 상세경(문도령), 중세경(자청비), 하세경(정수남)의 칭호를 받고 있다.

〈세경본풀이〉에서 김진국 부부는 공들여 기도해 자청비를 갖는다. 우리나라 고대 소설이나 신화는 거의 태몽으로 시작하는데 이 이야기도 그 관습을 따른다. 태몽 전에는 절이나 도인이 아이를 점지해주는 얘기가 등장한다. 신화적인 인물들이 우주와 교감해 태어났다는 것을 강조하기 위해서이다.

김진국 부부는 아이만 없을 뿐 가진 게 많은 부자라고 소개되어 있다. 중년기는 김진국 부부처럼 물질적으로는 가진 게 많지만 에너지는 고갈된 상태인 경우가 많다. 돈을 많이 벌고 이름이 높아져도 그 나이가 되면 창조적인 에너지가 소실되기 마련이다. 마흔이 넘도록 자식이 없다는 것도 발달학적으로 보자면 부부의 창조적인 에너지가 고갈된 상태이기 때문이다. 그런 의미에서 창조적인 에너지가 고갈된 상황을 인식하는 게 새로운 삶의 출발점이 되며 신화의 시작으로서 알맞다.

이름에 숨겨진 의미

신화는 오랫동안 구전되어 왔기 때문에 누가 어떤 의도로 등장인물의 이름을 지었는지는 정확히 알 수 없고, 그 뜻을 보고 짐작할 뿐이다. 김진국의 부모는 천황제석, 지황제석이라 불렸는데 언뜻 불교식 이름 같지만 실제로 불교에서 쓰는 용어는 아니며, 샤머니즘의 기가 막힌 포용을 보여주는 사례로 보인다. 김진국의 '김'은 금과 연관이 있어 보인다. 우리나라의 가장 흔한 성씨 중 하나라는 점도 주목할 만하다. 부인 성은 조씨인데 경작물인 '조'를 차용한 것으로 보아 곡식과 관련된 이름일 가능성이 많다. 또 자지국부인이라는 이름은 여성의 성기를 의미하는 것으로 보인다. 유교적 관점으로 보면 여성의 성기에 대해서는 언급해서는 안 되지만, 근원적인 자연의 입장에서 보면, 곡식이나 금, 여성의 성기 모두 생성과 창조, 풍요로움과 관련이 있다.

동개남 은중절과 서개남 무광절은 무엇일까. 개남은 고귀한 뜻으로 들리지는 않는다. 다만 은중에서 은은 금과 조응하는 은의 개념이며, 서개남 무광절보다는 상위 개념으로 쓰인 것 같다. 김진국 부부는 은중절 스님의 말을 무시하고 무광절 스님의 말을 따랐다가 아들 대신 딸을 두게 되었는데 여기서 무광이라는 말이 의미심장하다. 빛이 나지 않는 무광절 스님의 말을 들었기 때문에 아들을 낳지 못하게 되었기 때문이다. 창조신화에는 이처럼 무언가를 잘못하거나 하나가 부족해서 완성이 되지 못하고 어긋나는 경우가 종종 등장하는데, 김진국 부부 역시 은중절 스님의 말을 따르지 않고 무광절 스님에게 시주를 하는 바람에 자신들이 기다리던 아들을 낳지 못하게 된 것으로 해석해본다.

김진국 부부와 정술데기(정수남의 어미)가 각자 꿈을 얘기하는 대목도 재미있다. 정술데기가 꾼 꿈에는 붉은 송낙이 나온다. 송낙은 승려들이 쓰는 뾰족한 삼각형 모자로, 정수리가 뚫려 있고 소나무에 기생하는 '송나'라는 재료로 만드는 고깔 같은 모자이다. 가운데가 뚫려 있는 이런 모자는 독일 신화나 민담에도 자주 등장한다. 그쪽에서는 엘프들이 뾰족한 삼각형 모자를 쓰고 등장한다. 그러고 보면 뾰족한 삼각형 모자는 인류 공통의 상징인 듯하다. 새로운 것을 만들어 내거나 새로운 것이 탄생할 때, 그러나 아직은 완성되지 않을 때 뾰족한 삼각형 모자를 쓰는 것을 동서양 모두 신화나 민담에서 관찰할 수 있기 때문이다.

자청비란 이름이 붙여진 유래에는 여러 가지 설이 있다. 그 중 하나가 '비를 스스로 청한다'고 해서 자청비라고 붙여졌다는 설명이다. 씨앗을 뿌린 다음에 곡식이 잘 영글려면 비가 적절하게 내려야 한다. 그런 의미에서 자청비는 비를 관장하는 신, 곡식을 위한 신이기에 그런 이름이 붙여졌다는 이야기이다.

또 하나는 '자기 인생을 스스로 결정한다'라는 뜻에서 그런 이름이 붙여졌다는 주장이다. 자청비 신화를 처음부터 끝까지 보면 주인공이 자기주장이 강하고 모험심 있는 도전적인 여성이라는 것을 알 수 있다. 이런 성격은 우리나라 신화나 민담에 자주 등장한다. 〈바리데기〉라든지 〈감은장아기〉, 〈당금애기〉 모두 여기에 속한다. 부모님 덕으로 사는 게 아니라 내 스스로 개척해서 인생을 산다는 뜻이다. 제주도의 대표적인 신화인 자청비의 모습은 현실의 제주도 여성의 모습과도 겹쳐진다.

　제주도 여성들은 강하고 독립적이다. 제주도 해녀는 경제적으로도 능력 있으며 생활력도 강하다. 제주도에서는 시어머니가 며느리 인생을 간섭하는 일도 거의 없을 정도로 독립적이다. 고부가 같이 살아도 윗집, 아랫집으로 나누고 부엌을 철저하게 분리한다는 점에서 본토 사람들의 생활방식과 다르다. 해녀들의 공동체는 민주적으로 운영되고 있으며 원칙을 철저하게 지킨다고 알려져 있다. 이런 곳에서 리더십 있는 여성이 나올 수밖에 없다. 자청비는 해녀들이 모범으로 삼을 만큼 자립심과 독립심이 강한 여성이다. 이처럼 〈세경본풀이〉에는 이름을 통해 시대적 상황과 주인공의 성격을 말해주는 많은 복선이 깔려 있다.

우물은 무의식이 이루어지는 공간

　김진국의 외동딸 자청비는 성격이 씩씩하고 이 일 저 일 참견하기를 좋아했다. 비단 짜는 솜씨가 남달랐을 정도로 여성적인 특징이 있지만 활달한 남성성도 가지고 있다. 베 짜고 실 잣는 묘사는 여성성을 상징하며 많은 민담과 신화에서 등장한다. 〈견우직녀〉 이야기의 직녀, 〈잠자는 숲속의 공주〉의 공주, 〈오디세우스〉의 아내 페넬로페는 모두 옷감을 짜며 고초를 겪는다. 여성성을 묘사하는 장치가 자청비에도 드러나 있지만 활달하고 독립적인 성격을 지녔다는 점에서 자청비 이야기는 다른 신화와는 달리 입체적이다.

　자청비의 종인 정수남은 낮잠을 즐기고 눈뜬 시간에는 먹을 것만 찾는 게으른 인간이다. 주인과 종의 성격이 극명하게 대비된다. 현실에서라면 주인과 종의 성격이 반대로 나타나야 하지만 신화의 세계에서는 얼마든지 반대 상황이 가능하다. 현실에서도 스스로를 노예로 생각하는 이들의 노동생산성은 높지 않다. 어렸을 때의 성격이 둘의 앞날을 결정짓는다고 하면 자청비와 정수남의 대비는 앞으로 일어날 파란만장한 일의 예고편이다. 열심히 일하는 신을 라틴어로 듀스 파버(Deus Faber, 대장장이 혹은 기술자의 신)라고 한다. 그 대척점에 듀스 오티오소스(Deus Otiosus, 게으른 신)가 있다. 앞의 신이 일하는 사람들의 이미지라면, 뒤의 신은 그냥 놀고 쉬는 이들의 이미지이다. 열심히 세계를 창조하는 신이라도 지쳐서 쉬고 싶을 때가 있을 것이다. 성경에도 천지를 창조하고 일곱 번째 날 여호와가 쉰다. 여호와는 부지런한 신인 동시에 쉴 줄 아는 신이다.

자청비는 활달하고 씩씩하지만 세심한 면모도 갖추고 있다. 문도령에게 물을 주면서 갈댓잎을 띄워주는 대목에서 이 장점이 드러난다. 물을 떠달라는 남자에게 갈댓잎이나 버들잎을 띄워주는 설정은 태조 왕건, 이성계의 이야기로도 잘 알려져 있지만 고전 소설 『양산백전(梁山柏傳)』에도 나타나 있다. 이 소설에서 추영대는 양산백을 우물가에서 처음 만나 그에게 물을 주면서 갈댓잎을 띄워준다. 어쩌면 현명한 여성들이 급하고 충동적인 남성들을 대할 때 필요한 여유 있는 자세일 수 있다.

남성과 여성이 만나는 공간으로 우물가를 그린 것은 그곳이 무의식이 이루어지는 곳, 성적인 교섭이 이루어지는 곳이기 때문이다. 버들잎이나 갈댓잎을 물에 띄워준 의미는, 처녀총각이 만나 금세 불붙듯 사랑하지 말고 갈댓잎을 호호 불면서 천천하고 뭉근하게, 서서히 사랑을 키워가라는 의미일 수도 있다.

자청비는 왜 남장을 했을까

문도령과 자청비는 거무선생에게 글공부를 하러 간다. 거무라는 말은 고대어로 가마, 신(거머)이다.[14] 단군신화에서 웅녀는 곰 토템인데 단군신화 말고 우리나라 전설이나 신화에는 곰이 등장하는 경우가 거의 없다. 그래서 웅녀가 곰이 아니라 거머 또는 신녀인데 이 글자를 이두로 표현하다 보니 '곰'이 되었다는 주장이 설득력 있게 다가온다. 일본에도 가미(가미가제)라는 말은 신을 가리킨다. 즉 거무선생에게 간다는 의미는 문도령과 자청비가 스스로 신이 되기 위해 신에게 가서 글공부를 한다는 뜻으로 해석할 수 있다.

거무라는 말은 다르게 생각할 수도 있다. 즉 남성과 여성의 음부가 거뭇해지면서 사춘기가 시작되듯 거무선생은 사춘기의 시작을 의미하는 단어일 수 있다. 여기서 길게 다루지 못하지만 〈가문장아기〉 신화에도 거무란 말이 나온다. 가문장아기에게 "너는 무슨 복으로 사느냐" 했을 때 그녀가 "내 배꼽 밑에 거무선으로 산다"고 하는 바람에 집에서 쫓겨나는 이야기이다. 배꼽 밑의 거무선은 임신선인데, 여기서 가문장아기는 자신이 부모나 타인 덕으로 살지 않고 임신을 해서 내 여성적인 능력으로 산다 즉 내 힘으로 산다는 의미로 이렇게 말한 것으로 해석할 수 있다.

글공부를 하러 가면서 자청비가 남장을 한 까닭도 여러 가지로 해

---

14. 한국문화상징사전편찬위원회(1996), 『한국문화상징사전』, 서울, 동아출판사, 63쪽

석이 가능하다. 우선 가부장제 사회이다 보니 남장을 해야 제대로 된 공부를 할 수 있었을 것이다. 또 심리학적으로 보면 여성들도 사춘기 직전 잠복기에 남성보다 씩씩하고 독립적인 시기가 나타나는데 자청비가 바로 그 시기일 수 있다.

다른 해석은 자청비가 신이 되기 위해 자신의 남성성과 만난다는 주장이다. 여기서 남성성은 집에서 쫓겨나 길을 떠나고, 부모에게 버림받지만 고난을 통해 영웅으로 태어나고, 죽었다가 살기도 하고, 자신의 운명을 거스르는 영웅적인 태도, 도전적 정신과 진취성을 말한다. 자청비는 오랜 고난 끝에 스스로의 힘으로 그것을 쟁취하는데, 그러기 위해서는 남성성을 드러낼 필요가 있다. 자청비뿐만 아니라 우리 모두는 남성성이 반드시 드러나야 할 시기가 있다. 그 점에서 자청비 이야기는 남성과 여성 모두에게 필요한 양성성의 발현을 요구하고 있다.

자신을 절제하고 다스리다

글공부를 하러 떠날 때 자청비와 문도령의 나이는 열다섯 살이었다. 현실에서 이 나이에 자기 스스로 공부를 하겠다고 마음먹는 사람은 많지 않다. 자청비는 삼년간 거무선생 밑에서 문도령과 함께 공부하며 자신을 절제하고 다스린다. 여기서는 공부라고 하지만 실은 둘이 첫 만남 이후 혼인을 해서 사랑이 싹트는 시기를 공부하는 시기라고 표현한 것으로 보아도 무방하다. 둘이 처음 만나 사랑이 폭풍처럼 휘몰아치는 상황에서 자청비는 문도령이 행여 성급한 사랑을 시작할까 봐 물가에서 물도 빨리 먹지 말라고 갈댓잎을 띄워준 지혜로운 소녀였다. 그다음 3년간도 자청비는 둘의 관계를 조였다 풀었다 주도권을 잡고 조정할 줄 아는 똑똑한 면모를 보인다.

자청비는 문도령과 한 방에서 같이 자면서도 둘 사이에 물대야와 은젓가락, 놋젓가락을 놓고 잔다. 이 시기는 첫눈에 반한 열정이 시들고 서로의 친근감과 헌신, 참을성이 쌓여야 하는 시기이므로 완급 조절이 필요하다. 첫눈에 서로 반한 상대라 할지라도 참을성이 없으면 연인의 관계가 지속되지 않는다. 자청비와 문도령의 상황은 갓 결혼한 신혼부부와 여러 가지 면에서 닮았다. 결혼하고 처음 3년간 신혼부부들은 많이 싸운다. 혼인은 융의 분석심리학에서 보면 영과 육이 결합하는 상황이고 융합과 통합의 상황이지만 그만큼 서로가 서로에게 맞춰나가면서 어려움을 극복해야 인연을 지속할 수 있다.

자청비와 문도령은 혼인해서 부부의 인연을 이어가기까지 여러 우여곡절을 겪지만 그 중에서도 한방에서 서로 경쟁하는 상황은 이 이야기의 백미라 할 수 있다. 실제로 갓 결혼한 부부가 이들처럼 싸우고 경쟁하다가 갈라서는 경우가 많다. 많은 남성들이 결혼한 후 자기 아내가 여자라는 것을 잊는다. 그런데 여자는 남자가 여자로 봐줘야 여자로 거듭난다. 자청비 역시 문도령이 아직 그녀의 가치를 알아보지 못했기 때문에 여성으로 활짝 꽃피지 못한 상태이다.

둘 사이에 걸쳐놓은 젓가락에도 상징이 있다. 금과 은, 놋으로 각각 짝이 맞춰져 있는 젓가락의 금은 '김진국' 대감의 외동딸 자청비를 상징한다. 젓가락은 차례차례 은젓가락과 놋젓가락 순으로 낮아진다. 이렇게 아래로 내려오는 상징은 자청비가 이들 모두를 소중히 섬겨야 더 큰 사람이 될 수 있다는 뜻으로 해석할 수 있다. 은젓가락도 소중하지만 놋젓가락도 열심히 닦지 않으면 녹이 슬게 되므로 늘 단련하고 열심히 돌봐야 한다.

문도령과 자청비가 겨룰 때 씨름이나 오줌발이 나온 것은 이것들이 남성의 상징이기 때문이다. 남성은 사냥을 잘하고 싸움도 잘해야 하며, 오줌발도 중요하다. 오줌발은 성적인 능력의 바로미터이며 성적인 상징이다. 이런 남성성을 두고 여성인 자청비가 문도령과 싸워 이겼다는 것은 자청비의 내면에 남성보다 큰 기개가 있음을 암시한다. 현실에서도 내 안의 남성성을 키워야 할 때가 있다. 그런 고민을 하는 사람에게 자청비 신화는 위로와 힘이 될 것이다. 한편 삼천선비 중에 으뜸이 되었다는 말은 유교적 용어보다는 거무선생한테 내적인 힘을 배웠다는 뜻으로 보는 것이 바람직하다.

자청비의 경우에서 보듯 남성과 여성의 역할이 무속세계에선 현실과 다르게 나타나는 경우가 많다. 현실이 남성 중심 가부장제 사회일 경우 무가에서는 오히려 여성의 위치를 남자 위에 두고 강조한다. 그런 사회일수록 무가에서는 현실과 다르게 여성이 가장이고 박수(남편)가 그녀를 보조하는 경우가 많다.

이별해야 건강한 관계를 만들 수 있다

문도령과 자청비는 문도령이 서수왕아기와 혼인하게 되어 글공부를 그만둔다. 서수왕아기는 서천 서역국의 공주로 자청비와 달리 천상의 공주이다. 서쪽은 흔히 저승의 개념으로 쓰인다. 오행으로 봤을 때 동쪽은 푸른색, 서쪽은 흰색, 남쪽은 붉은색, 북쪽은 검은색(동토), 가운데는 황토색을 의미한다. 서쪽이 흰색인 것은 중국을 중심에 두고 중국의 서쪽에 사막이 있기 때문이다. 서수왕아기는 태생부터 서쪽 사막 출신이므로 풍요나 경작의 신과는 거리가 멀다. 이 신화에서도 서수왕아기는 항상 실패하는 신, 모자라는 신의 개념으로 언급하고 있다.

문도령과 자청비는 헤어지기 전에 함께 목욕을 한다. 목욕은 정화의 의미이며, 정화는 과거의 해원(解寃)을 씻는다는 뜻이다. 부부 관계도 항상 좋을 수만은 없고 서로 증오하거나 원망할 수 있다. 이것을 계속 풀고 씻어나가야 좋은 관계를 오래 지속할 수 있다. 또한 헤어짐이 있어야 다른 만남을 할 수 있고, 진정한 의미의 백년가약을 이룰 수 있다. 문도령과 자청비의 관계에서 목욕과 헤어짐은 둘의 관계에서 하나의 전환점으로 이해해야 한다. 연금술에서도 목욕은 새롭게 태어남을 의미한다. 정화와 이별은 이처럼 중요하다. 심리학적으로도 공생적 관계보다 이별해야 건강한 관계가 될 수 있다.

목욕을 하다 자청비가 여자임을 알아챈 문도령은 자청비의 집으로 가 백년가약을 맺고 진정한 부부가 된다. 그리고 둘은 잠시 헤어지는데 이때 문도령은 "박이 열리면 다시 돌아오겠다"면서 자청비에게 박씨를 주고 간다.

박은 동그랗기 때문에 어디로 굴러갈지 방향을 짐작할 수 없게 한다. 서양 동화 〈개구리 왕자〉에서 개구리 왕자는 금으로 만든 동그란 공을 빠뜨리고 우여곡절 끝에 공주와 결혼한다. 박은 자청비가 자기를 찾아가는 과정을 의미한다. 동그란 박이 지금은 어디로 굴러갈지 몰라 혼란스럽지만 자청비는 그래도 부지런히 쫓아갈 수밖에 없다. 이 과정에서 자청비는 어려움을 극복하고 자신이 모르는 것은 하나씩 배우면서 점점 더 어른으로 성숙한다. 그런 과정을 거쳐야 진정한 남편 문도령을 자신의 힘으로 만날 수 있기 때문이다. 자청비는 우리 속의 여성성을 상징하고 문도령은 우리 속의 남성성을 상징한다. 이 둘을 따로 생각하지 말고 내 안의 남성성과 여성성, 즉 문도령과 자청비가 되어 이를 융통성 있게 결합해야 한다는 뜻으로 읽을 수 있다.

정수남의 죽음과 자청비의 위기

박이 열렸지만 문도령이 나타나지 않자 자청비는 초조해진다. 자청비는 하릴없이 바지춤을 추스리며 이를 잡고 있는 정수남을 야단친다. 그런데 정말 야단을 친 것일까? 오랑우탄이나 고릴라가 나오는 다큐멘터리를 보면 바지춤에서 이를 잡으면서 서로 애정 표현을 하는 동물들을 볼 수 있다. 정수남의 행동은 현실에선 갑갑하기 이를 데 없지만 결국 사랑의 한 표현이자 성적인 상징으로 읽을 수 있다. 사랑하는 사람들끼리는 이를 잡아줄 수도 있기 때문이다.

자청비의 성화에 못 이겨 나무를 하러 떠난 정수남은 게으르지만 잔꾀를 부리는 사람이다. 그의 역할은 신화 속의 꾀쟁이 신, 속이는 신이다. 그는 나무를 해오겠다면서 말을 타고 가는데 말은 육적인 에너지를 뜻한다. 종마는 실제 성적으로도 활발하며 움직이는 상징이다. 남자들이 가져야 할 힘의 상징이 종마이다. 그런데 정수남의 실제 성격은 게으르다. 영어 표현에 '카우치 포테이토(Couch Potato)'라는 것이 있다. 남자들이 일하고 집에 돌아오면 움직이지는 않고 마치 감자처럼 소파에 딱 붙어 군것질이나 하며 뒹군다는 뜻으로,

일과가 끝나면 집안에 틀어박혀 TV나 영화 등을 즐기는 생활 습관을 일컫는 말이다. 정수남이 딱 그렇다. 자청비도 그게 미워서 정수남에게 나무를 해오라고 했을 것이다.

정수남은 나무 밑에서 실컷 자다가 말과 소가 죽어 버리자 자청비에게 소가 없어졌다고 거짓말을 한다. 소는 힌두 신화에서 모성을 상징하는 동물로, 힌두교를 믿는 사람들에게 쇠고기를 먹으라고 하면 엄마를 잡아먹는 것처럼 힘들어 한다고 한다. 그 소를 정수남은 앉은 자리에서 다 잡아 먹고 가죽껍질까지 벗긴다. 가죽이란 껍데기이다. 융의 분석심리학으로 보자면, 이를 여성성과 껍질, 혹은 페르소나(Persona)가 분리되는 과정으로 설명할 수도 있을 것 같다.

한술 더 떠서 정수남은 자청비가 내어준 도끼까지 잃어버린다. 자청비의 남성성의 상징인 도끼를 잃어버렸다는 것은 자청비가 갖고 있는 에너지를 그가 모두 고갈시켰다는 뜻이다. 또한 그는 못가에서 문도령이 선녀들과 놀고 있다는 거짓말로 자청비를 자극한다. 정수남의 거짓말 때문에 자청비는 문도령에 대해 갖고 있던 한 가닥 믿음마저 깨지는 것을 느낀다. 멀리 떨어져 있지만 문도령에 대한 신뢰만큼은 잃지 않고 있던 자청비에게 이 이야기는 청천벽력과 같았을 것이다. 서로 통합을 하기 위해 나아가는 여정 중에 가장 큰 위기가 다가온 것이다.

자청비는 결국 정수남의 거짓말에 속아 그가 소와 말, 도끼를 잃었다는 숲속으로 함께 떠난다. 여기서 정수남은 자청비를 꼬드겨 자기 사람으로 만들려고 하지만, 자청비는 기지를 발휘해 정수남을 죽이고 위기 상황을 모면한다. 현실에서는 정수남을 죽인 자청비가 몹

쓸 죄인 같지만, 신화의 세계에서는 꼭 한 번 거쳐야 할 과정을 자청비가 치르고 있는 것이다. 그를 죽여야 자청비는 제대로 된 어른이 되고 제대로 된 신으로 거듭날 수 있다. 정수남으로서도 게으른 신에서 일하는 신으로 거듭나려면 죽음을 통한 부활의 과정이 필요하다. 정수남의 죽음과 이로 인한 위기는 자청비에게 새로운 갈등과 새로운 시련, 그리고 단련을 요구한다.

잘못은 진심으로 사과하라

자청비는 자신을 겁탈하려는 정수남을 죽이고 집에 돌아오지만, 그녀를 맞는 것은 오히려 비난과 멸시이다. 이런 상황은 현실에서도 종종 벌어진다. 오히려 피해자인 여성에게 그 화살을 돌리는 경우가 얼마나 많은가. 자청비의 아버지는 자청비를 위로하지 않았으며 "정수남이 죽었으니 집안일은 누가 하느냐"며 대노하더니 자청비를 집에서 쫓아낸다.

여기서 아버지와 딸의 관계를 돌아보게 된다. 딸이 최선을 다하는 과정을 돌아보지 않고 결과 하나만 확대해 자식을 나무라는 아버지의 모습이 여기에 투영돼 있다. 요새 '딸바보 아버지' 얘기를 많이 하지만 실제 임상에서는 아버지와 딸의 관계가 어렸을 때 좋았다가 아이가 커나갈수록 엇나가는 경우를 많이 본다. 아이에 대한 기대치가 커서 어렸을 때는 아이를 예뻐하지만 아이가 자신의 기대치에 조금이라도 미치지 못하면 그 반대급부로 증오를 더 키우는 아버지 유형이다. 예전에는 고부 관계로 상담하러 오는 사람들이 많았지만 요즘은 장인장모와 사위가 서로 불편한 관계를 호소하러 오는 경우도 많다.

어쨌든 자청비는 늙은 아버지에게서 벗어나 자유로워져야 하기 때문에 쫓겨남은 그녀에게 좋은 기회이다. 상징적으로 이해하면 아버지는 늙은 남성성, 정수남은 타락하고 왜곡된 남성성이다. 오래되고 낡은 남성성은 새로운 남성성이 오기 전까지만 필요할 뿐 곧 사라져야 할 존재이다. 자청비는 아버지로 대표되는 늙은 남성성, 정수남으로 대표되는 타락한 남성성과 헤어져야만 한다. 즉 자청비가 집을 쫓겨나는 상황은 그녀가 어른이 되기 위해 필요한 과정이다.

자청비는 사라장자가 사는 마을에 흉조 부엉이 때문에 대흉이 들었다는 것을 알고 부엉이를 쏘아 죽이겠다고 한다. 사라장자는 불경 『자바함경』에 나오는 「사라경」에서 따온 말인 듯하다. 그 경전에 석씨 사라의 이야기가 나오기 때문이다. 여러 번 언급했듯이 우리나라 무가는 불교와 유교를 통합하고 있기 때문에 불교와 유교의 이름자, 상황, 모티프가 가리지 않고 등장한다(아니면 '살아'란 말의 변형일까?).

자청비는 자신의 능력을 입증하기 위해 이미 죽은 새의 눈에 화살을 꽂는다. 거짓말이자 잔꾀를 부린 것이긴 하지만, 정수남과 달리 자청비의 거짓말은 비난받지 않는다. 왜냐하면 그녀가 실제 능력이 있었기 때문이다. 여기서 자청비가 정수남을 달래는 부분이 무척 아름답게 묘사되어 있다. 그녀는 이렇게 말한다. "정수남아 네가 나 때문에 원한이 맺혔구나. 내려와 내 가슴에 앉거라." 그러자 부엉이가 내려와 자청비 품에 안겨 퍼덕이다 숨을 거둔다. 자청비는 원한을 안고 죽은 정수남에게 제대로 사과를 함으로써 원한을 풀어주었다. 사과의 기술이 부족한 오늘날, 어떻게 해야 진심을 담아 사과를 하는 것인지 자청비가 제대로 보여주고 있는 것이 고맙다.

자청비가 다음날 죽은 부엉이를 들고 사라장자 앞에 가니 사라장
자는 반색을 하며 자신의 셋째딸과 살아 달라고 말한다. 그러나 자
청비는 거절하고 그에게 환생꽃을 달라 한다. 자청비는 그 꽃으로
정수남을 살려내어 그와 함께 집으로 돌아가지만 부모는 끝내 자청
비를 받아들이지 않는다. 그리고 자청비는 다시 집에서 쫓겨나 길을
떠난다.

제주도 신화라서 그런지 자청비는 시종일관 남성보다 강한 모습
이다. 반면에 죽었다 되살아난 정수남은 매우 고분고분해진다. 그러
나 자청비는 이런 정수남을 끝까지 받아들이지 않는다. 정수남은 자
청비가 진짜 짝을 만나기 전에 잠시 만난 남성성이기 때문이다. 즉
징검다리 역할일 뿐, 자청비의 진정한 짝이 될 수는 없다.

부모가 자청비를 좇아내는 것은 자청비의 영웅으로서의 여정이
완성되지 않았음을 뜻한다. 쫓겨나야 진짜 자청비가 될 수 있다. 말
잘 듣는 데릴사위 정수남과 함께 살면 진짜 삶이 아니다. 장기적으
로 봤을 때는 자청비가 쫓겨나는 것은 필요한 여정이며, 부부의 자
식이 아니라 자기로 살기 위한 여정으로 읽을 수 있다.

정수남의 죽음과 부활에서 알 수 있는 것은, 원한이 맺혔다면 이
를 스스로 풀어야 한다는 점이다. 우리는 죽음 뒤에 다시 태어난다
는 믿음이 있기에 이승에서 열심히 살고 있다. 불교에서도 열심히
기도하면 좋은 자궁을 만나 윤회에서 좋은 자리를 차지한다고 말한
다. 그리스도교에서도 예수가 재림하면 부활한다고 말한다. 정수남
의 죽음과 부활은 신체적인 부활만을 의미하는 것이 아니다. 신체적
인 부활보다는 심리적으로 자청비가 어른이 되어가는 과정에서 끊

임없이 다시 태어남을 보여주기 위한 장치이다. 그러기 위해서는 자기 안에 맺힌 것을 풀어야 하는데 자청비는 끊임없는 시련 속에 담금질하면서 계속 새로 태어나는 과정을 보여주고 있다.

다시 만난 문도령

자청비는 주모할머니를 만나 그녀의 수양딸이 된다. 그리고 그녀를 도와 문도령이 서수왕아기와 혼인하는 날 쓸 베를 짠다. 수양딸과 수양어머니는 대모의 관계이며, 베 짜고 옷 만드는 것은 여성성과 관계가 있다. 그리스 신화 〈오디세우스〉의 부인 페넬로페도 그녀에게 구인하는 사람들을 물리치기 위해 옷감을 짰다 풀었다가를 반복했다. 〈그림형제〉의 민담에도 백조 오빠들을 사람으로 변신시키기 위해 깃털 옷을 짜는 여인이 등장한다. 〈마고할미〉 신화에도 할미가 속곳을 만드는데 한 필이 모자라 섬과 뭍을 연결하지 못한다. 〈잠자는 숲속의 공주〉에서도 공주가 물레를 만지다가 피를 본다. 이처럼 물레와 여성성, 옷감과 여성성은 관련이 깊다.

주모할머니는 자청비와 함께 짠 옷감을 들고 하늘 옥황에 가기 위해 노각성자부줄을 타고 올라간다. 그리고 자기 딸이 짠 옷감을 여러 군데 보여주고 자랑하다가 의도치 않게 문도령에게 자청비의 존재를 들키고 만다. 이처럼 자식을 곤경에 빠뜨리는 상황은 여러 민담과 신화에 등장한다. 그리고 할머니가 타고 올라간 노각성자부줄은 하늘과 땅을 연결하는 줄로, 〈해와 달이 된 오누이〉에 등장하는 동아줄과 같은 의미이다. 땅의 여성성, 하늘로 상징되는 남성성과 연결하는 줄로, 일종의 축이라고 할 수 있다. 멩진국 따님 애기들이 우열을 가리러 옥황상제에게 올라갈 때도 노각성자부줄이 등장한다. 이런 동아리는 탯줄의 이미지를 품는다. 탯줄은 어머니와 아이를 연결하는 줄이며, 탯줄을 잘라야 진정한 독립 개체가 되며 어른이 될 수 있다. 새로운 배우자를 만나지만 동시에 각자의 모성과 부성으로 회귀하는 과정이다.

자청비는 늦게 나타난 문도령이 괘씸해 그가 창구멍으로 들이민 손가락을 찌르고 마는데 피가 나자 놀란 문도령은 다시 하늘로 도망치고 만다. 이 부분은 성적인 상징으로 읽을 수 있다. 서로 완전한 합일이 이루어지기 전 전희처럼 보이기도 한다. 한편 여기서 보면 자청비도 준비가 안 되었지만 문도령 역시 어른으로서의 준비가 덜된 상태라고 볼 수 있다.

수양어머니는 문도령을 하늘로 쫓은 자청비를 나무라며 부모와 마찬가지로 그녀를 내쫓는다. 자청비로서는 서글픈 상황이지만 진짜 자기로 독립적으로 살기 위해서는 징검다리인 수양어머니와의 관계에서 벗어나야 하기 때문에 필요한 여정이기도 했다.

오래된 관계의 아름다움

자청비는 밀당을 하다가 문도령도 놓치고 주모할머니 집에서도 쫓겨나 절로 간다. 그리고 비구니가 되는데 여기서도 가만히 있지 않고 마을 곳곳 시주를 받으러 다닌다. 그러다가 길가에서 문도령의 시녀가 울고 있는 것을 본다. 보통 자기 설움에 사로잡히면 남이 우는 것에는 관심을 갖지 않는 사람들이 대부분이다. 하지만 자청비는 통이 큰 여자여서 자신도 힘들지만 시녀를 달래주는 것도 잊지 않는다. 시녀가 울고 있는 것은 자청비와 공부할 때 목욕했던 시냇물을 떠오라고 문도령이 시켰는데 그녀가 할 수 없는 심부름이었기 때문이다. 종을 부리는 것을 보면 문도령이 아직 어른이 되기엔 멀었다는 것을 알 수 있다. 자청비 역시 정수남에게 일을 시키다가 고초를 겪은 적이 있다. 문도령 역시 시녀에게 쉽게 할 수 없는 심부름을 시킨 것으로 보아, 진짜 어른이 되지 못한 상태임을 알 수 있다.

자청비는 시녀의 고충을 들어주고 시녀와 함께 물을 떠 하늘로 올라간다. 그런데 걸림돌이 있다. 문도령은 서수왕아기와 혼인을 앞두고 있지 않은가. 하지만 문도령과 자청비의 관계도 만만치 않았다. 그들은 서로 사랑하기 이전 오랫동안 공부하고 우정을 나눈 일종의 파트너였기 때문이다. 문도령이 진짜 어른이 되려면 집안에서 정해준 짝이 아니라 자기 마음에 맞는 짝을 찾아야 한다. 그래야 진정한 남성성과 여성성이 통합할 수 있다. 결국 문도령과 자청비는 우여곡절 끝에 진정한 부부가 된다.

그렇다면 정수남과 서수왕아기는 이 신화에서 그냥 사라지고 마는 조연인가? 그렇지는 않다. 문도령이 곧 정수남이고, 자청비가 곧 서수왕아기라는 점을 잊어서는 안 된다. 정수남은 문도령에 미치지 못하고, 서수왕아기는 자청비에 이르지 못했기에 서로 원하는 짝을 만날 수 없었지만 그들은 떼려야 뗄 수 없는 서로의 그림자이다. 내 안의 나와 진정 결합하려면 우리는 각자 내 안의 그림자를 봐야 한다. 나의 그림자는 정수남처럼 악할 수도 있고, 서수왕아기처럼 소심하거나 무기력할 수 있다. 하지만 우리 안의 그런 측면까지 받아들여야 진짜 자신을 만날 수 있다.

자청비는 이 신화에서 끝까지 자신의 삶을 스스로 개척해 간다. 그러나 문도령은 부모에 의해 좌지우지 되고 결혼 승낙까지 부모에게 받는 나약한 모습을 보인다. 제주도는 가부장제 흔적이 뭍보다 약한 곳이다. 세속적인 측면으로 보면 문도령의 집안이 자청비보다 훨씬 좋지만 무가의 세계에서는 다르다. 무가의 세계에서는 문도령보다는 자청비가 신이 되기 더 좋은 조건이다. 문도령의 상황은 안온하지만 자청비의 도움 없이는 신이 될 수 없다. 가부장제는 무가에서는 방해가 되고 극복해야 할 상황이기 때문이다.

문도령은 부모에게 묵은 것이 좋으냐 새 것이 좋으냐고 여러 번 질문한 끝에 묵은 것의 소중함을 확신시키고 자청비와 결혼에 이르게 된다. 이 질문이 품고 있는 뜻을 되새겨보자. 한동안 우리는 묵은 것을 버리고 새 것만 좋아하였다. 그러나 요즘은 버려진 가구, 버려진 거리를 되살리는 사람들이 늘고 있다. 테크놀로지의 발전 이면에 아날로그적 네트워크를 발전시키는 사람들도 많다.

온고지신(溫故知新)이란 말이 있다. 낡은 것에서 진리를 찾자는 이야기이다. 자기 배우자가 좀 못나고 괴씸해 보여도 묵은 장이 더 좋을 수 있다는 진리를 되새기고 배우자를 돌아보기를 바란다. 그럼 과거에 둘이 나눴던 좋은 감정이 되살아날 것이다. 묵은 장뿐만 아니라 세상만사가 다 그렇다. 친구도 마찬가지이고 고전도 그렇다. 100년이나 200년 후에도 읽히는 게 진짜 책이지 않은가. 오래된 것에서 미래가 보인다. 내가 가진 오래된 것을 점검해보고 거기에서 답을 찾기 바란다.

자청비의 그림자 서수왕아기

　결혼한 뒤에도 시련은 이어진다. 부모가 자청비에게 일종의 테스트를 했기 때문이다. 현실에서도 "우리 며느리는" "우리 사위는" 하는 식으로 조건을 내거는 부모들이 많다. 부모 입장에서는 내 아들, 내 딸은 특별해 보이는데 상대방은 그에 미치지 못한다고 생각하여 요구가 많아지는 것이다. 그러지 않아도 결혼하기 싫은 젊은 사람들은 이런 상황에서 결혼을 해야 하는지 고민이 깊어질 것이다. 그런 상황에서 주눅 드는 젊은이들도 많고 엇나가다 부모와 원수가 되는 경우도 있다. 전적으로 부모의 잘못이다. 결혼해서 이혼하더라도 그건 자식의 인생일 뿐이며, 시행착오도 본인이 겪고, 결정도 본인이 해야 한다. 그런데 일부 부모들은 마치 과외할 곳을 결정하듯 자식의 결혼마저 자신 마음대로 결정하려고 한다. 자식이 어른이 된 것을 인정하지 않고 자기 맘대로 휘두르려는 부모의 무의식의 발로이다.

　여기서 문도령의 부모가 내건 테스트도 일종의 그런 심리인데 자청비는 용감하고 지혜롭게 이를 헤쳐 나간다. 무녀들이 칼춤을 추고 작두를 타며 고비를 하나하나 넘기듯 자청비는 입무식을 통과한다. 무녀의 입무식은 시베리아나 아프리카, 호주 원주민에게도 나타나는 통과의례이다.

　칼 역시 마찬가지이다. 분노하게 되면 "칼을 세운다" "칼을 겨눈다"는 표현들을 하지 않는가. 만약에 자청비가 고난의 여정과 역경에도 불구하고 문도령과 결혼하지 못하게 되면 가슴은 까맣게 탈 것이고 원한이 칼처럼 변할 것이다. 하지만 자청비는 그런 상황을 실제로 경험하고 극복하였기 때문에 문도령과 결혼할 수 있었다.

반면에 문도령의 아버지가 낸 숙제를 서수왕아기는 극복하지 못한다. 서수왕아기는 문도령의 아버지가 낸 숙제에 "그 다리를 탈 수 없다"라고 거부하며 "가슴이 까맣게 타 숯처럼 되었다"는 식으로 자신의 분노와 억울함을 표현한다. 그러면서도 자신의 의지로 역경을 헤쳐나갈 행동은 취하지 않는다. 그것은 서수왕아기가 '아버지 콤플렉스'에 사로잡힌 사람이기 때문이다. 그녀는 자신의 의사와는 상관없이 아버지가 시키는 대로 결혼을 결정하였으며 가만히 앉아서 상황을 받아들일 뿐 역경을 극복하려는 어떠한 노력도 하지 않는다. 문도령의 아버지 역시 그런 서수왕아기를 아무 이유 없이 좋아하는데 이 또한 아버지 콤플렉스의 일면을 보여준다. 이런 상황이니 서수왕아기는 결코 문도령에게 매력적인 여성이 될 수 없었을 것이다.

서수왕아기는 편지를 비벼서 불에 태운 뒤 물에 타 먹는데 이 행동에도 연금술적인 상징이 드러나 있다. 연금술에서는 불과 물이 합쳐져 새로운 금이 탄생한다. 이 과정에서 불도 물도 연단과 정화를 거친다. 그런데 서수왕아기는 인내심을 갖고 그런 과정을 거치지 못했을 뿐 아니라 자신의 분에 못 이겨 그걸 먹어버림으로써 승화를 할 수 없었다. 그녀는 결국 두통새, 흘깃새, 악심새, 해말림새로 변하고 만다.

한편 자청비는 재치를 발휘하며 고비고비 테스트를 통과한다. 불구덩이를 건널 때 그녀는 바로 그 속으로 걸어들어 가는 것이 아니라 "옥황상제님, 저를 살리려거든 비를 한줄기 내려주소서" 하면서 하늘에 기도를 한다. 불과 물이 만날 수 있도록 신께 기원한 것이다. 이는 신들의 불과 신들의 물이 만나는 성스러운 통합이다. 성스런 통합에서 가장 필요한 것이 본인의 노력이다. '천지인(天地人)'에서도 '인(人)'이 없으면 천지가 아무리 화합을 해도 새로운 것을 만들 수 없지 않은가.

이때 자청비에게서 피가 나는데 이 상황은 문도령 손끝이 바늘로 찔렸을 때 피가 난 것이나 발뒤꿈치를 베어 피가 난 것과는 상황이 매우 다르다. 피가 나도 멈추지 않아 치맛자락으로 쓸어됐다는 것은 여성의 월경을 상징한다. 월경을 해야 진짜 여성이 될 수 있다는 것은 잘 알 것이다. 그런데 여성에게 있어서 월경은 어떤 면에 있어서는 다리를 잘라야만 되는 절체절명의 위기로 다가온다. 여성이기 때문에 겪어야 하는 질곡, 요새 흔히 말하는 임신출산으로 인해 경단녀(경력단절여성)가 되는 것도 여성에게는 다리 잘림과 유사한 상황이다. 하지만 이 다리를 건넌 자청비는 여성으로서 자신이 얻고자 하는 바를 얻었으며, 서수왕아기는 이 다리를 건너지 못하고 분노의 에너지만 남은 채 머리에서 두통새, 눈과 코에서 악심새, 입에서 해 말림새가 나오는 상황에 이른다. 입에서 혀가 말리면 악언, 입으로는 악업을 짓는다. 분노할 때 사람의 모습이 이렇다. 분노의 단계를 거치고 극복해야 성숙한 여성이 될 수 있었는데 서수왕아기는 이를 극복하지 못했다. 하지만 서수왕아기는 자청비의 다른 모습이기도 하다. 성숙한 여성이 되지 못한 자청비의 그림자, 우리 삶의 어두운 그림자를 서수왕아기는 보여준다.

남자와 여자를 오가다

자청비는 문도령과 만났다 헤어지기를 반복하면서 남자가 됐다 여자가 됐다 한다. 여성으로 성장하든 남성으로 성장하든 우리의 무의식에는 남성성이 있고 또 문도령의 무의식에도 여성성이 있다. 서로의 무의식끼리 혹은 무의식과 의식이 서로 만나는 상황이 신화의 세계뿐 아니라 현실의 세계에서도 많이 벌어진다. 내가 남자라고 해서 정말 마초 중에 마초 같은 남자로만 사는 것은 내 몸, 내 마음의 반쪽을 잃고 사는 것과 같다. 또 여성이라고 해서 너무나 수동적이고 의존적인 여성상만 고수하는 것도 역시 나란 정체성의 반을 희생하는 것이다. 양쪽을 다 갖고 사는 게 인생을 풍부하게 만든다.

우리 고대 소설의 지혜로운 여성 박씨 부인이나 서양 중세의 영웅 잔 다르크, 애니메이션으로도 만들어진 중국의 위대한 여장군 목란(뮤란)과 마찬가지로 자청비는 남성성과 여성을 동시에 지니고 있는 자존감 높은 인물이다. 자청비는 이름도 스스로 붙였으며, 결혼도 자신이 원하는 대로, 인생의 고난도 자신의 손으로 헤쳐 나가는 장수의 기질을 가진 사람이다. 사실상 고구려와 백제를 창건했다고 알려진 비류와 온조의 어머니 소서노도 여장군의 기질을 지녔다. 어찌 보면 우리나라는 삼국 중에서 두 나라, 고구려와 백제가 여왕에 의해서 만들어진 나라일 수도 있다.

마지막으로 자청비가 문도령을 사라장자의 딸에게 보낸 이유를 궁금해 하는 사람이 있을 것이다. 자청비가 남자인 척하고 사라장자의 딸과 3개월을 산 적이 있기 때문에 그녀에게 미안한 마음을 가지고 있었기 때문이 아닐까. 그곳에 문도령을 보낸 것은 약한 여성에 대한 애틋한 마음을 지닌 관세음보살의 상징으로 읽을 수 있다.

심리학적으로 보면 문도령에게는 자청비 같은 강한 정신도 필요하고 사라장자의 딸 같은 지극히 수동적이며 수용적인 여성성도 필요할 것이다. 뒤에 보면 자청비 역시 정수남과 짝이 되는데 사실 정수남은 먹성은 좋지만 게으르고 잔꾀만 많은 남자이다. 그런데 부지런한 자청비에게 게으르고 먹성 좋은 남자는 또 하나의 짝이 될 수 있다. 서로 보조적인 역할을 할 수 있기 때문이다. 사실 게으르다고 해서 반드시 나쁜 것도 아니고 부지런하다고 해서 반드시 좋은 것도 아니다. 너무 부지런하면 자신도 힘들고 남들을 힘들게 한다. 자청비 같은 부지런하고 독립적인 여성에게는 정수남처럼 느긋하고 여유 있는 남성도 필요하고 문도령처럼 상황에 따라서 융통적으로 변신할 수 있는 남성도 필요하다. 이 판본에 보면 문도령이 돌아오지 않자 시부모가 죽었다는 거짓말로 문도령을 돌아오게 하는 장면이 나오는데 융의 분석심리학에서는 이런 꾀쟁이 신을 '트릭스터(Trickster)'라고 이야기한다.

　꾀쟁이 토끼나 여우가 부정적이지만은 않다. 살아가면서 우리에게는 꾀가 필요할 때가 많다. 정공법도 필요하지만 원칙적으로 모든 것을 풀어 나가면 재미도 없고, 강한 것과 강한 것이 부딪혔을 때 양쪽이 다칠 수 있다. 꾀를 내어 상대의 체면을 살리며, 줄 것은 주고, 받을 것은 받는 지혜로움이 인생을 사는 데 필요하다는 이야기이다. 자청비 신화에 많은 등장인물이 나타나는 이유를 개성의 통합 측면에서 이해해보면 더 흥미로워지는 이유이다.

혹부리영감 이야기

\ 열등감을 에너지로 전환하라

옛날에 얼굴에 큰 혹이 달린 영감이 살고 있었다. 그는 노래를 무척 잘했고 마음씨가 고운 사람이었다. 어느 날 나무를 하다 어두워져 숲에 있는 집에 들어가 잠을 청했다. 한참을 자던 그가 깨어 보니 도깨비들이 "금 나와라 뚝딱, 은 나와라 뚝딱" 하며 노래를 하고 있었다. 도깨비에게 잡힌 혹부리영감은 노래를 불러주겠다고 제안한 뒤 그들에게 아름다운 목소리로 노래를 불러주었다. 도깨비들은 무척 좋아하며 그 노래가 어디서 나오느냐고 물었다. 혹부리영감은 얼굴에 달린 혹에서 나오는 것이라 둘러댔다. 이에 도깨비들은 영감의 혹과 자신들이 방금 뚝딱 만들어낸 보물을 바꾸자고 했다. 도깨비들이 준 보물을 갖고 돌아와 부자도 되고 얼굴도 멀쩡해진 혹부리영감을 보며 건너편 마을의 거짓말쟁이 혹부리영감은 욕심이 났다. 그도 도깨비에게 혹을 떼어주고 보물을 받아야겠다 결심하고는 그 집에 가서 도깨비를 기다렸다. 밤이 이슥해 도깨비가 나타났다. 그는 도깨비를 보자마자 자신의 혹에서 노래가 나온다 하며 노래를 부르려 했지만 도깨비는 두 번 속지는 않았다. 이미 떼어간 혹에서 아무런 노래도 나오지 않는다는 것을 알았기 때문이다. 도깨비들은 화가 나서 그 영감에게 혹 하나를 더 붙여주고 그를 내쫓고 말았다.[15]

---

15. 임정진(2007), 『혹부리 영감』, 서울, 비룡소

우리 신화 속 친근한 도깨비

〈혹부리영감〉이야기는 일반적인 '귀신' '도깨비' 이야기와는 달리 매우 유쾌하게 전개된다. 혹부리영감이 나무를 하러 갔다가 비가 오는 바람에 길을 잃고 산속 외딴집에 몰래 들어가면서 이야기가 시작된다. 영감이 혼자 심심해서 노래를 부르고 있는데 도깨비들이 그곳에 들어온다. 도깨비들은 영감에게 "이 노래가 무슨 노래냐?" "노래가 어디에서 나오느냐?" 하며 묻는다. 영감은 얼떨결에 "이 혹에서 나온다"고 대답했는데 도깨비들은 얼씨구나 하며 "그 혹을 나에게 달라"고 하더니 혹을 떼어간다. 그리고 영감에게 도깨비 방망이를 건넨다. 영감은 도깨비방망이 때문에 큰 부자가 된다.

그것을 본 이웃집 다른 혹부리영감이 욕심이 나서 깊은 산속으로 들어가 도깨비들 앞에서 앞의 영감과 똑같이 "금 나와라 뚝딱, 은 나와라 뚝딱" 하며 노래를 부른다. 그런데 이게 웬일인가. 도깨비들은 화를 내면서 앞의 영감에게 떼었던 혹을 이 영감에 붙여줘서 그만 혹이 두 개가 되고 말았다. 영감은 부자는커녕 혹만 두 개 붙이고 쫓기듯 산을 내려온다. 요즘 젊은이들은 잘 모를 수도 있지만, 30~40대 이상 된 사람이라면 어렸을 적에 자주 들었을 이야기이다.

'귀신'하고 '도깨비'는 다르다. 일단 '도깨비'는 사람들에게 친근하다. '도깨비'는 부리부리한 눈매에 남성적인 얼굴로 묘사되며 뿔이 달려 있는 게 특징이다. 일부 사람들은 도깨비의 모습이 "일제강점기에 들어온 일본 도깨비를 모사한 것"이라고 얘기하는데 이는 틀린 말이다. 뿔 달린 도깨비는 이미 오래전부터 우리 문화 속에 자리 잡고 있다. 소치 허련은 1869년 『채씨효행도』라는 작품에 실린 〈귀화전도〉에 이미 뿔 달린 도깨비를 그린 바 있다. 이 그림은 아마 우리나라에서 유일한 문인화 속 도깨비일 것이다. 도깨비를 그린 문인화가들이 거의 없는데 반해, 허련의 그림이 존재한다는 것은 일본의 도깨비 교과서가 들어오기 전에 이미 뿔이 있는 도깨비가 우리 문화 속에 있었다는 증거이다.

지금도 경주에 가면 도깨비의 모습을 많이 찾을 수 있다. '귀면' 속의 도깨비 얼굴은 우락부락하고 광대뼈도 튀어나왔으며 눈은 왕방울만하다. 이스터 섬의 석상이나 제주 돌하르방과 비슷한 생김새이다. 도깨비는 이처럼 친근한 존재로 생각하는 사람이 많다. 〈혹부리영감〉에서도 도깨비는 인간의 삶에 재미있게 개입한다.

열등감을 에너지로 전환시키는 힘

'혹을 가지고 있다'는 것은 무슨 뜻일까. 현실에서도 얼굴에 작은 여드름 하나만 나도 사람들은 신경을 쓰는데 커다란 혹이 있다면, 바깥에 나가기도 힘들고 대인관계에도 큰 지장을 받을 것이다. 요즘은 융의 분석심리학이 대중화되어, '페르소나'라는 단어를 쓰는 사람이 많다. 혹이 난 얼굴로 외부 사람을 만난다면 자신감도 없어지고 위축이 될 것이다. 그런데 혹부리영감은 그렇지 않다. 절대로 기죽지 않고, 혼자 있어도 씩씩하게 노래를 부르는 사람이다. 도깨비를 만나 기죽지 않고 당당하게 이야기하는 여유도 가지고 있다. 그는 또한 기지가 있는 사람이라서 "내 노래는 혹에서 나온다"라고 둘러칠 줄도 안다.

'열등감'은 어떤 측면에서는 에너지가 되기도 한다. '한'이 맺히지 않으면 성공하기가 힘들기 때문이다. '원한'이 있어야 무언가를 하겠다는 추진력이 생긴다. 혹부리영감에게는 그동안 혹이 다른 사람들과의 대인 관계를 방해하는 존재였지만, 도깨비라는 원형적인 대상을 만났을 때는 도깨비와 소통하고 도깨비 방망이를 얻을 수 있는 중요한 모티프가 된다.

그렇게 본다면 도깨비를 신적인 것과도 연관 지을 수 있다. 도깨비나 귀신, 저승사자는 신과 인간을 연결시켜 주는 메신저 역할을 한다. 신과 인간의 중간 단계를 서양과 동양 모두 인정하고 있다. 서양에서는 중세 이후, 천국과 지옥의 중간에 연옥이 있다고 말했으며, 도교에서는 선계와 인간 사이를 연결하는 중간의 '회색지대(In Between)'라는 지역이 있다고 말한다. 그 지역은 때로는 깊은 산속이 되기도 하고, 용왕이 사는 바다가 되기도 하고 또 한적한 마을의 폐가가 될 수도 있다. 사람들은 그곳을 음부, 즉 어두운 곳이라 부르기도 한다. 그 지역을 일단 들어갔다 나오면 혼이 빠지고 얼이 빠지고 그러다 시름시름 앓다가 죽을 수도 있다. 이른바 '중간지대(Twilight Zone)'이다.

레테의 강이든 스틱스 강이든 그곳을 왔다 갔다 하는 뱃사공의 존재는 무당이나 신점을 치는 사람으로 치환할 수 있다. 그런 사람들은 귀신이나 도깨비, 저승사자를 섬기며 보통 사람보다 더 당당하게 저승사자와 소통한다. 원형적인 종교적 심성으로 본다면 그게 오히려 건강한 것일 수도 있다. 종교적인 가치관을 떠나서 심리학적으로 보면 가짜 무당들이 아닌 김금화 만신 같은 무당들은 확실히 인간의 영역을 초월하여 영적인 세계와 소통하고 그것을 받아들이며, 그 힘에 대해서 겸손하게 굴복하는 사람으로 보인다. 이처럼 도깨비나 귀신, 저승사자는 신과 인간을 연결하는 고태적인 중간자들이다.

그런데 현대로 들어오면서 중간자들이 타락하기 시작한다. 가짜와 사기꾼이 판을 치게 된 것이다. 똑같이 혹이 있지만, 앞의 혹부리영감은 "나는 돈을 벌어야겠다. 도깨비를 속여야겠다!"라는 의도를 가지고 있지 않았다. "노래를 통해 돈을 벌어야겠다!"라는 의도도 무심결에 나온 말이었다. 그러나 뒤에 나오는 혹부리영감은 나쁜 의도를 가지고 도깨비를 만났다. 비유를 하자면 우리가 노래를 하는데, 노래가 정말 좋아서 열심히 부르다가 어느 순간 나도 모르게 돈을 버는 경우와, "나는 이 노래를 통해서 많은 돈을 벌겠다"라고 생각하는 사람의 노래는 똑같은 기술이 있어도 영혼이 다르다고 말할 수 있지 않겠는가. 성공한 가수 중에서도 첫 번째나 두 번째는 괜찮지만 그다음부터 이상한 것을 자꾸 붙이다가 오히려 노래가 퇴보하는 경우를 종종 본다. 화가도 문인도 마찬가지이다. "나는 이걸 통해서 유명해져야지, 돈도 많이 벌어야지"라는 의도가 들어갈 경우 나락에 빠질 수 있다. 그러나 의도치 않고 열심히 하다 보면 생각지도 못한 것을 얻을 수 있다. 본말이 전도가 될 경우에는 뒤의 혹부리영감처럼 혹을 하나 더 붙일 수 있다.

나의 두 가지 모습을 인정하라

나중에 온 영감이 혹을 하나 더 붙이는 것은 인간 정신에 선과 악이 모두 존재한다는 사실을 보여주는 사례이다. 융의 자서전에도 나오지만 "선함만 보고 나에게는 악함이 없다"라고 이야기하면 오히려 그 인간은 대단히 악한 존재가 될 수 있다. 그렇게 되면 혹부리영감이 되어 혹을 하나 더 붙일 수 있다. 우리는 이미 혹을 하나 달고 있는데 나만 안 보이는 척하고 있을 수도 있다. 어쩌면 우리는 모두 불쌍한 혹부리영감이 아닐까.

인간은 크든 작든, 악하든 선하든 이 세상에 존재하는 이유가 있다. 연쇄 살인마 앙굴라마라를 불교에서는 최고의 악인으로 꼽는데 이 사람에게도 존재의 이유를 찾을 수 있다. 앙굴라마라는 무척 악한 존재로, 전설에 의하면 천 개의 해골을 목에다 걸면 성불할 수 있다고 믿고 사람들을 닥치는 대로 죽였다고 한다. 그런데 그가 사람을 죽인 이유는 나쁜 스승을 만나서 잘못된 가르침을 받았기 때문이다. 부처가 만류하자 나중에 그는 불도에 귀의해서 보살이 된다.[16] 사악한 사람, 말하자면 연쇄살인범이 도대체 우리 인류 사회에 있어야 하는 이유가 무엇인지 궁금해 하는 사람들에게 이 이야기를 들려주고 싶다. 사악한 연쇄살인범의 이야기를 들으면서 많은 사람들이 불교에 귀의할 수 있고, 심지어 연쇄살인범이라 할지라도 '자기반성을 통해 구원될 수 있다'는 교훈을 이런 이야기를 통해 깨달을 수 있기 때문이다.

다른 종교에도 이와 비슷한 이야기가 있다. 예수는 자신을 배신한 유다에게 최후의 만찬 때 "친구야"라고 말을 건넨다. 비록 자신을 배신했지만 예수는 유다를 자신과 같은 반열에 올린 것이다. 보통 사람은 "저 놈이 나를 배신했지! 너는 지옥에나 가라! 배신자! 너는 지

---

16. 『불설 앙굴마경』, 진현종 편저(1997), 『팔만대장경에 숨어 있는 108가지 이야기』, 서울, 혜윰, 76~78쪽에서 재인용

옥불에나 떨어져라!"라고 할 텐데 예수는 오히려 자신을 배신한 유다를 품어주었다. 그것이 진짜 신앙이다. 심지어 어떤 영지주의자들은 예수가 유다를 시켰다고 주장하기도 한다.

　가짜 혹부리영감도 내 안의 일부이다. 내 안에 있는 두 얼굴, 그리고 이 두 얼굴을 인정하고 받아들여야 다른 사람에 대해서도 넉넉한 태도를 가질 수 있다. 내 안의 두 가지 모습을 인정하는 일이 결국은 나를 알고 인간을 이해하는 일이다.

해와 달이 된 오누이 이야기

＼ 고난 없는 삶이 있을까

산골 가난한 집에 어머니와 남매가 살고 있었다. 어느 날 어머니는 이웃 마을 잔치집에서 일을 돕고 집으로 돌아오는 길에 호랑이를 만났다. 호랑이는 어머니가 이고 가는 떡을 하나 주면 안 잡아먹겠다고 했다. 어머니는 호랑이에게 떡을 주었다. 그랬더니 호랑이는 팔을 주면 또 안 잡아먹겠다고 했다. 어머니는 호랑이에게 자신의 팔을 내주었다. 호랑이는 다시 다리를 달라 했다. 그러다가 어머니는 떼굴떼굴 굴러서 결국 죽고 말았다.

어머니가 죽자 호랑이는 어머니 옷을 입고 오누이가 살고 있는 집으로 왔다. 호랑이가 어머니 흉내를 내자 아이들은 엄마 목소리가 아니라고 하였다. 호랑이가 손발을 보여주자 엄마 손도, 발도 아니라고 하였다. 그때마다 호랑이는 고뿔에 걸렸다, 손이 거칠어졌다, 발이 부었다고 아이들을 속이고는 집으로 들어왔다. 호랑이는 아이들을 잡아먹으려고 부엌으로 왔는데, 오빠가 호랑이의 치마 밑으로 튀어나온 꼬리를 보고 말았다.

깜짝 놀란 오누이는 마당의 나무 위로 도망쳐 올라갔다. 아이들을 찾던 호랑이는 나무 밑에 있는 우물에 오누이의 그림자가 비치자 우물 속에 오누이가 있는 줄 알고 뛰어들려고 했다. 여동생이 그런 호랑이를 보며 바보 같다고 웃어대자, 자신이 속은 것을 눈치 챈 호랑이는 오누이에게 나무 위로 어떻게 올라갔느냐고 묻는다.

꾀 많은 오빠는 참기름을 듬뿍 바르고 올라왔다고 했다. 그대로 따라한 호랑이가 자꾸 미끄러지자 여동생이 비웃으며 호랑이에게 말한다. "도끼로 나무를 찍으며 올라오면 돼." 결국 호랑이는 오누이를 잡으려고 나무 위로 올라오게 되고 절체절명의 위기에 처한 오누이는 기도를 한다. "하느님, 저희를 살리려면 새 동아줄을 내려 주시고 죽이려면 헌 동아줄을 내려 주세요."

하늘에서 새 동아줄이 내려와 오누이는 하늘에 올라갈 수 있었다. 그리고 오빠는 해가 되고 동생은 달이 되었다. 그것을 본 호랑이도 기도를 했다. 그러나 이번에는 헌 동아줄이 내려와 호랑이는 수수밭으로 떨어지고 말았다. 수수가 붉은 이유는 이때 호랑이가 떨어져 흘린 피 때문이다.[17]

---

17. 국립민속박물관(2013), 『한국민속문학사전 : 설화편』

어머니의 상반된 두 모습, 아버지의 부재

〈해와 달이 된 오누이〉 이야기는 한국인이 많이 알고 있는 옛날이 야기이다. 필자가 정신분석 공부를 시작할 때 국제 분석심리학회 회장을 지낸 필자의 미국인 분석가에게 이 이야기를 들려주었더니 매우 재미있는 이야기라고 감탄하며 오누이가 해와 달이 된 것에 깊은 인상을 받았다고 말했다. 우리는 이 이야기를 민담으로 받아들이지만 그리스 로마 신화에서 해와 별, 달이 신적인 존재로 그려진 탓에 서양 사람들은 신화로 받아들일 수 있겠다는 생각도 들었다.

남매와 함께 살던 과부 어머니가 이웃마을에 가서 일하고 떡을 이고 오는데 호랑이가 나타난다. "떡 하나 주면 안 잡아먹지"라고 말하는 호랑이에게 어머니는 계속 떡을 주고, 그러다가 팔다리를 주고 결국은 떼굴떼굴 굴러서 죽는다는 이야기는 사실 오싹하다. 엽기적이라고 할 수 있는 이 장면이 하지만 폭력적으로 느껴지지 않는 이유는 실제 일어난 일이 아니라 '상상'이기 때문이다. 요즘은 이런 것들을 '상상'이라는 매개체를 쓰지 않고 직접 저질러버리는 세상이라 무섭다. 상상하지 못하고, 상징화하는 기능이 쇠퇴했기 때문에 직접 살인하고 직접 때리고 직접 해치는 것이다. 상징과 은유를 잃은 현대인은 황폐한 삶을 살아가고 있다. 상징과 상상 대신 원형 그 자체에 함몰되면 이처럼 비극적인 일이 일어날 수 있다.

가해자 호랑이는 어머니로 모습을 바꾼다. 어머니를 잡아먹고 어머니 노릇을 하게 되는 것이다. 은유와 상징의 관계로 해석해보면 원형 콤플렉스에 사로잡힌 병적인 상황이라고 할 수 있다. 실제 우리 주위를 둘러보면 어머니 모습을 하고 있지만 호랑이 같은 사람이 많다. 우스갯소리로 "우리 어머니는 전화할 때는 정말 상냥하다가 전화를 끊고 나면 너무나 무서운 모습으로 변한다"라고 말하는 사람이 있는데, 비단 어머니에게만 이런 모습이 있는 것은 아니다. 아버지, 할머니, 할아버지, 교사, 리더들에게도 이런 이중적인 모습이 숨어 있다.

약한 아이들에게 잔인하게 폭력적으로 대하는 모습은 무의식 깊숙한 곳에 숨어 있는 인간의 악한 심성의 표출로 볼 수 있다. 예컨대 극심한 스트레스를 어디 가서 풀 수 없는 부모가 그 분노를 아이들에게 돌리는 경우이다. 우리 안에는 선한 부분과 함께 악한 부분이 함께 존재한다. 악한 부분이 내 안에 있는 모성을 먹어 버리면 아이들을 죽일 수 있는 게 부모의 위치이다(너무나 살기 어려운 예전에는 줄줄이 딸을 낳다 막내가 딸이면 태어나서 얼마 되지도 않았는데 죽이는 일이 다반사였다고 한다). 이 이야기에서 아이들은 무서운 호랑이를 피해 나무 위로 도망갈 수 있었지만 대부분의 가정폭력 피해자들은 갈 데가 없다.

호랑이가 나무 위로 쫓아오자 오누이는 하늘에 새 동아줄을 내려달라고 기도한다. 간절히 기도한 덕분인지 하늘에서는 새 동아줄이 내려온다. 그 줄을 타고 올라가서 오빠는 해가 되고 누이는 달이 된다. 반면에 호랑이에게는 헌 동아줄이 내려와 그 줄을 타고 올라가던 호랑이는 수수밭으로 떨어져 수수밭이 붉게 물들었다.

동아줄을 타고 하늘로 올라간다는 이야기는 우리나라뿐만 아니라 몽골, 일본에도 있고 동화 『잭과 콩나무』에도 나온다. 줄은 이승과 저승을 이으며, 간극을 메우는 역할을 한다. 〈진오기굿〉이라는 씻김굿에는 '고'라는 게 나온다. '고'는 이승과 저승을 잇는 다리인데 하얀 광목천으로 만든다. 레테의 강이라든지 초월적 세계와 현상 세계를 잇는 줄을 고라고 할 수 있다. 또한 어머니와 아이가 뱃속에서 하나로 이어지는 매개가 탯줄이다. 세속적인 의미도 있다. "내가 줄을 잘 섰어. 그 덕인지 이렇게 높이 올라왔어" "나는 헌 동아줄을 잡아서 신세가 이 모양이야."

〈해와 달이 된 오누이〉에서 오누이가 잡은 동아줄은 초월적 존재, 신성성과 연결된다. 악의 구렁텅이에 빠지지 않으려면 신성성의 줄을 놓지 않아야 한다. 만일 누군가를 괴롭히고, 왕따를 시키고, 누군가를 죽이고 싶은 마음이 들 때 아주 가늘지만, 하늘과 연결된 신성한 동아줄이 마음속에 있다면, 그렇게까지 잔인한 범죄를 저지르거나 비도덕적인 일을 하지는 않을 것이다. 그 줄이 없기 때문에 타락의 길로 떨어지는 것이다. 누구나 마음속에 신성한 공간을 마련해 놓아야 올바로 살 수 있다.

또 하나 중요하게 살필 것은 '부재'의 상황이다. 〈해와 달이 된 오누이〉에는 아버지가 등장하지 않는다. 아버지가 없다는 점은, 현대 사회에서 중요한 이슈이다. 아버지는 열심히 돈을 벌어다 주긴 하지만 존재감이 없다. 문화적으로나 심리적으로 또 육체적으로도 아버지는 회사일로 바쁜 존재여서 집에는 어머니의 존재만 가득하다. 『신데렐라』나 『콩쥐팥쥐』에도 아버지 때문에 계모가 들어오지만, 아버지가 어떠한 영향력도 발휘하지 못한다. 그 중요한 순간에 아버지는 존재감이 전혀 없다.

아버지의 권위가 있어야 질서가 생기는데, 아버지의 부재는 가정 내에 질서도 없고 권위도 없다는 뜻이다. '권위'를 억압적이고 나쁜 의미로만 생각하지 말라. 정상적이고 건강한 권위가 있어야 사회가 평화로워질 수 있다. 무정부주의자들의 주장처럼 리더도 없고 질서도 없는 경우에는 오히려 더 불안한 사회가 될 수 있다. 〈해와 달이 된 오누이〉에서도 아버지가 없기 때문에 호랑이가 손쉽게 침범할 수 있던 것처럼 말이다.

고난을 통해 영웅이 된다

아이들은 꾀를 내어 호랑이를 피해 나무 위로 올라간다. 우물가에 있는 나무 위로 아이들이 올라가자 호랑이는 우물에 비친 그림자를 보고 아이들이 우물 밑으로 내려간 것으로 착각하는 장면이 나온다. 여기서 그림자를 본다는 것은 대단히 중요한 상징이다. 그림자는 우리에게 반성의 기회를 주기 때문이다. 그리스 신화 속 '나르키소스 (Narcissos)'는 우물에 비친 자기 그림자를 보고 반해서 우물로 뛰어든다. 우리 역시 그림자를 보고 반할 수도 있고 반성할 수도 있으며 공포를 느낄 수도 있고 무서워 도망갈 수도 있다. 이처럼 그림자에는 여러 가지 상징이 들어 있다.

호랑이는 우물에 비치는 아이들을 보면서 우물로 내려가 아이들을 잡으려고 했지만 여동생이 까르륵 웃는 소리에 잘못을 깨닫는다. 호랑이가 다시 아이들을 잡으려고 나무를 기어오르자 오빠는 "참기름을 바르면 나무를 오를 수 있다"고 꾀를 낸다. 그러나 이때 다시 여동생이 산통을 깬다. "에이, 바보같이, 도끼로 찍고 올라와"라고 이야기한 것이다. 여기서 도끼는 성적인 상징이라고도 볼 수 있다. 미끈미끈하고 부드러운 것을 도끼로 탁탁 찍으면 제압할 수 있지 않은

가. 그 외에도 단번에 해치움, 잘라냄, 단호함 들을 떠올릴 수도 있다.

호랑이가 둘을 뒤쫓는 절체절명의 위기에서 이들을 구한 것은 하늘에서 내려온 동아줄이다. 오빠와 여동생은 하늘에서 내려온 줄에 매달려 위로 올라간다. 줄에 매달려 올라간다는 이미지는 위험해 보이지만 결국 영웅이 되기 위해 꼭 거쳐야 할 단계를 의미한다. 영웅이 되려면 위험을 감수하고 물리쳐 싸울 악한 대상이 있어야 한다. 나를 억압하는 존재는 결국 나를 강하게 만들어준다. 고난이 있어야 이겨 내는 맛이 있다.

〈해와 달이 된 오누이〉는 젊은 사람들에게 더 와 닿는 내용일 수 있다. 나이가 많은 사람들 중에도 불평할 때 주변 환경 탓을 하는 사람이 있기는 하지만, 성숙한 노인이라면 스스로 잘못 산 것에 대한 회한을 지니는 경우가 더 많다. 반면에 젊은 사람들은 실제로 그리 오래 산 것이 아니기 때문에 나이 많은 노인들에 비해 불만과 화가 많다. 또 아직까지 성장의 단계에 있기 때문에 불평의 화살을 부모를 포함한 자신의 교육 배경으로 돌리기도 한다. "나는 왜 이런 형편없는 부모에게서 태어났을까" "왜 가난한 집에 태어나서 이 고생을 하고 있을까" "왜 앞으로도 고생만 하다 죽을 수도 있는 이렇게 나쁜 사회에서 태어났을까"라고 생각할 수 있다. 그런데 바로 그 열악한 환경 때문에 궁극에는 내가 더욱 강한 영웅으로 거듭 날 수 있다는 사실은 아직 절감하지 못하는 것은 아닌지 짚어보아야 한다.

젊은 시절, 부모와 사회에 대한 원망과 아쉬움은 훗날 자신을 크게 일으키는 동력이 된다. 하늘을 오르는 동아줄에 매달려 있는 그림은 고생을 참고 견뎌나가는 젊은이들의 안간힘을 보여준다. 근육이 시원찮은 중년이나 노인들은 동아줄을 잡는다 해도 5분도 버티지 못하고 떨어질 수 있지만, 젊은이들은 건강한 정신과 건강한 몸으로 하늘로 올라가는 동아줄을 끝까지 포기하지 말고 잡아야 한다. 늙은 사람들은 떨어져 죽어도 크게 아쉽지 않을 수도 있지만, 젊은이들은 어떻게든 힘을 키워 자신만의 신화를 새로 써 나가야 한다.

해와 달의 상징성

이 이야기에서도 하늘로 올라간 아이들은 결국 해가 되고 달이 된다. 재미있는 것은 창조신은 세계 어느 나라를 봐도 해와 달과 관련이 있다는 점이다. 이집트의 '라'신도 그렇지만, 고구려 고분벽화에도 '해신'과 '달신'이 있다. 『삼국사기』는 고구려와 백제의 신화를 대부분 지워버리고 삭제했기 때문에 고대사 연구에 대단히 아쉬운 부분이 많은데, 신채호의 『조선상고사』를 보면 『삼국사기』보다 훨씬 더 자세하게 고구려와 백제 관련 신화를 찾을 수 있다.

그렇다면 신화에 자주 등장하는 하늘에서 빛나는 두 존재, 해와 달은 무슨 의미일까? 해는 그 자신 밝게 빛나는 에너지인 반면에 달은 해의 에너지를 받아 전달하는 존재이다. 그래서 동양에서는 전통적으로 해는 양이고 달은 음이라 했고, 밖으로 엄청난 열에너지를 뿜어내는 해는 건조하고 밖에서 에너지를 받아들이는 달은 습하다고 표현했다.

여자를 지칭할 때 '달 같은 존재'라고 말하는 경우가 많다. 특히 여자의 생리가 음력과 거의 주기가 비슷한 사실 때문인지 달과 여자를 연결시키는 문화가 많다. 여자가 호르몬의 영향 때문에 변하는 모습은 마치 달이 변하는 모습과 거의 일치하기도 한다. 사람들의 심리적 상황이 물질세계의 어떤 현상과 조응하는 일종의 동시성(Synchronicity) 현상일 수도 있다.

반면에 물리적 힘과 에너지가 우월한 남자는 종종 여자에게 '태양 같은 존재'가 된다. 굳이 태양왕이라고 불렸던 프랑스의 루이 14세나, 소피아 로렌이 수십 년 동안 전쟁통에 떠나간 남자를 마치 해바라기처럼 기다리는 여자로 그려졌던 오래된 영화 〈해바라기〉의 모티프는 시대가 바뀌어도 왕자님 같은 남자를 만나 순식간에 엄청난 부와 명예를 거머쥐는 신데렐라가 되는 희망으로 변형된다. 하지만 세상에는 그런 왕자님이나 아버지가 없는 여성들이 더 많다. '해'처럼 가족들을 먹여 살리고 비춰주는 가장 없이 약한 아이들과 어머니만으로 역경을 극복하다 자신들이 결국 그 '해'가 되는 변환의 기회는 사실 누구에게나 열려 있어야 한다. 이 이야기에서 과부 어머니는 죽지만 여동생은 달이 되어 하늘의 여신이 되지 않았는가.

그렇다면 처음에 해가 되겠다고 했다가 다시 달로 변하겠다고 말하는 여동생의 심리는 무엇일까. 물론 소로는 『월든』의 말미에서 '해'도 그냥 또 하나의 떠오르는 별이라 했고, 천체물리학에서 봐도 해는 역시 그저 무수한 은하계의 별 중 하나일 수 있다. 그러나 지구인의 입장에서 해는 우주 에너지의 중심인 별이다. 그저 그런 별 중의 하나가 아니다. 그렇다면 여동생이 감히 해가 되겠다고 나선 이야기가 삽입이 된 것은 어쩌면 아주 옛날, 지금보다는 훨씬 더 여성 중심, 모성 중심이었던 사회에 대한 기억이 반영된 것이 아닐까 추측해본다. 민담에서는 여동생이 너무 더워서 달로 바꾸었다고도 하고, 나중에는 다시 춥고 무섭다며 해로 몸을 바꾸려 했다는 식의 다양한 이형들이 있다. 이런 역할 바꿈을 통해 남성성과 여성성을 고착시켜 집착하지 말고, 무의식 안의 남성성과 여성성을 서로 관찰해 보고 역할도 때론 바꿀 수 있는 것이라고 생각을 확장시켜 보면 어떨까.

몸을 바꾸는 모티프는 〈세경본풀이〉의 주인공 자청비 이야기에도 실려 있다. 처음에 자청비는 여자였지만 중간에 남자로 모습을 바꾸었다가 다시 여자로 몸을 바꾼다. 어쩌면 여성성이나 남성성을 고착시켜서 "나는 여자니까" 혹은 "나는 남자니까"라는 생각이 나를 가두는 것이 아닐까. 남성성과 여성성에 대한 편협한 사고와 행동이 고착되어 버리면 그 누구도 진정한 영웅이 되기 힘들다. 남자지만 내 안에 있는 여성성을 제대로 인식해 계발하고, 여자지만 무의식 속에 숨어 있는 남자의 담대함을 키워야 진짜 영웅이다. 남성의 힘을 부각시킨다고 영웅이 되는 것이 아니다. 여성스러움을 존중하고 잘 키우는 동시에 자기 안에 있는 남성스러움을 잃지 않을 때 진짜 영웅이 될 수 있다고 이 민담은 얘기하고 있다.

영감본풀이 이야기

＼ 나의 악한 모습과 마주하라

(안사인본)

이 신들은 본래 칠형제로 서울 먹자고을의 허정승의 아들들로 태어났다. 이들은 성장하여 자신이 다스릴 나라를 나누었다. 큰아들은 서울 삼각산 일대를, 둘째는 백두산 일대를, 셋째는 금강산 일대를, 넷째는 계룡산 일대를, 다섯째는 태백산 일대를, 여섯째는 지리산 일대를, 일곱째 아들은 제주도 한라산 일대를 차지하여 각각 다스렸다. 이들은 한 손에는 연불(煙火), 한 손에는 신불(神火)을 든 우스꽝스런 모습으로 천리만리를 순식간에 날아 다녔다. 행동이 단정치 못하여 돼지고기나 수수범벅을 즐기고 술을 즐겨 마셨으며, 밤에 몰래 여자 방을 드나드는 망측한 행동도 했다.

(조술생본)

남대문 바깥에 사는 김치백의 아들 삼형제가 불량해 마을 처녀들의 몸을 더럽혔다. 이들은 만주 드른돌 거리로 귀향을 가게 된다. 삼형제는 가난하게 사는 송영감 집에 들어가 자신들을 잘 대접해주면 부자가 될 수 있게 도와주겠다고 말했다. 송영감이 그렇게 하자 그를 거부로 만들어주었다. 이웃들이 삼형제가 도깨비라고 수군거리자 송영감은 삼형제에게 안동 땅을 자기네 집 앞에 갖다 놓으면 잘 대접해 주겠다고 했으나, 삼형제는 그렇게 하지 못한다. 송영감은 도깨비임이 틀림없다고 생각해 삼형제를 묶어 네 도막으로 끊어 죽였는데 이들이 다시 열두 형제로 변한다. 송영감이 백마의 피를 뿌려 이들이 다시 들어오지 못하게 하였더니 도깨비들은 각각 서양, 일본, 서울, 제주로 들어온다. 이 신들은 낡은 도포와 행건을 입고 헌 버선과 신을 신고 짧은 곰방대와 흑사초롱을 들었지만, 천리만리를 잘 돌아다닌다.[18]

---

18. 현용준(1992), 『무속신화와 문헌신화』, 서울, 집문당, 228~229쪽

논리로 파악할 수 없는 우주의 신비를 만나다

〈영감본풀이〉에서 영감은 '야차'나 '도깨비'를 상징한다. 즉 도깨
비가 등장하는 무당의 신화를 〈영감본풀이〉라고 한다. 본풀이는 이
형본이 여러 가지가 있는데, 이중 제주도를 배경으로 하는 〈영감본
풀이〉의 의미에 대해 집중해본다. '본'은 무가를 이야기하는 화자에
따라서 사람 이름을 붙인 것이다. 여기서 〈영감본풀이〉 이야기 중에
서도 잘 알려지지 않은 '조술생본'을 소개하는 이유는 신화의 특별
한 재미 때문이다. 조술생은 박수무당의 이름인데 그가 소개한 〈영
감본풀이〉에는 융의 분석심리학에서 말하는 연금술적인 상징, 악의
문제, 인간의 어두운 측면에 대한 해학적인 관점들이 녹아 있어서
원형에 대한 많은 영감을 준다.

〈영감본풀이〉의 배경은 제주도지만 처음 시작할 때 '한양의 성
밖' 어디라고 나오는 점이 흥미롭다. 한양 사람들에게는 중국이나
서양이 타자이듯, 제주도 사람들에게는 한양이 또 다른 타자이다.
주인공은 김치백의 아들 삼형제인데, 서양 그리스도교적 신화론에
따르면, 이미 사람이 생활하고 있는 상황이니 신화가 아니라 민담이
라고 말해야 옳지 않냐고 지적하는 이들이 있을지 모른다. 하지만
'본풀이'는 성경에서처럼 태초에 아무것도 없다고 꼭 집어 이야기하
지 않는다. 그저 지금처럼 태초에도 이미 사람이 있었다는 식으로
인식하는 것, 즉 순환적인 세계관을 갖고 있는데 이는 동양적 샤머
니즘의 특징 중 하나이다. 근대 소설의 서사는 구조상 논리적으로
하나씩 무엇이 생겨야 하지만, 고대 이전의 우리 신화에는 이를 굳
이 갖다 붙일 필요가 없다.

성경의 서사 구조는, 태초에 혼돈이 있고 그다음에 하늘과 땅이 생기고 사람이 생기는 식이다. 그리스도교 근본주의자들은 이런 서술을 문자 그대로 믿는 데 반해 진화론에 입각한 과학주의자들은 구체적으로 자구 그대로 성경을 해석하는 입장에 반대한다. 하지만 여전히 근대의 서양 과학주의적 사고방식은 우주가 논리적으로 진화를 거듭해 온 것처럼 믿었다. 그러나 현대 물리학을 조금 맛본 이들은 빅뱅 이론부터 블랙홀까지 어떤 별들도 논리적으로 진화와 발전만 거듭한다고 이야기하지 않는다. 더구나 생명의 형성과 발전은 예측 불가능한 우연에서 비롯되었고 공간과 시간의 형성 및 생성은 이른바 불확실성 이론 없이는 이해하기 힘들다고 말한다.

그렇다면 동양의 서사구조는 갑자기 무언가가 튀어나온다는 점에서 어쩌면 현대 물리학자들에게 상상력을 불어넣을 수 있는 여지를 주지 않을까. 한때는 서양 선교사들에게 잘못된 미신처럼 간주되었던 힌두교나 북남미 인디오들의 신화, 우리나라의 무가들이 갖고 있는 강점을 다시 짚어보아야 한다는 뜻이다. 이 우주는 꿈처럼 혼돈 상태에서 우리의 논리로는 파악할 수 없는 원리로 움직이는 거대한 신비이다. 그리고 우리의 삶 역시 이성과 합리를 뛰어 넘는 혼돈과 우연, 불평등, 불공정의 원칙에 의해 펼쳐지는 아주 이상한 드라마이다. 〈영감본풀이〉는 바로 이런 삶이 갖고 있는 괴상함, 이해 불가능함을 적시하게 해주는 힘이 있다.

〈영감본풀이〉에는 분명 태초인데 삼형제가 등장한다. 그런데 주인공 삼형제는 다른 신화 속 인물과는 달리 행동이 단정하지 않다. 강간도 하고 성희롱도 하는 불량한 부류이다. 말은 태초라고 하지만 성적인 내용이 자주 등장하는 것도 놀랍다. 이 신화에 등장하는 단어들도 매우 노골적이다. 때문에 유교에서는 이런 이야기들을 금기시하고 혹세무민이라며 비판하기도 했다. 하지만 유교 역시 낮과 밤이 달라서, 낮에는 점잖게 행동하지만 밤에는 갖가지 무속행위를 하고 사대부가 첩을 두어도 풍속이라고 눈감아주었으니 누가 누구를 나무랄 입장은 아닌 듯하다.

〈영감본풀이〉의 주인공 삼형제는 앞서도 말했지만 행실이 좋지 않은 도깨비이다. 그런데 우리가 주목해야 할 것이 있다. 귀신하고 도깨비가 다르다는 점이다. 둘 다 음하지만, 귀신은 음기가 더 강하고 도깨비는 음허기라고 해서, 속이 텅 비었다는 점이 다르다. 도깨비는 또 인간세상에서 긍정적인 기능을 많이 하고 있다. 도깨비 방망이로 두드리며 "금 나와라 뚝딱 은 나와라 뚝딱" 하는 이야기는 모두 알 정도로 우리에게 도깨비는 친숙하다.

어떤 이들은 도깨비는 아버지를 상징하고 귀신은 어머니를 상징한다고 도식적으로 해석한다. 도깨비는 뿔이 있고 커다란 방망이가 있고 털도 부숭부숭 나 있는데 반해, 귀신은 머리카락을 풀어헤치고 피를 흘리고 하얀 소복을 입는 등 여성적인 측면이 강하게 묘사되었기 때문일 수 있다. 그렇다면 '도깨비 귀신'은 귀신의 여성적인 측면과 도깨비의 남성적인 측면을 똑같이 갖춘 음기의 존재라고 할 수 있겠다.

하지만 반드시 도깨비는 남성성, 귀신은 여성성으로 해석해야 하는지에 대해서는 의문이 든다. 영어에서 귀신을 뜻하는 'Spirit' 혹은 독일어의 'Geist' 남성에 가깝다. 그러나 우리의 도깨비는 신출귀몰

하고 변신에 능해서 절구, 사발, 종지, 쟁반, 달걀, 메주로도 변하는데 이들은 오히려 여성적인 면이 더 강하다.

다시 도깨비 삼형제 이야기로 돌아가면, 삼형제는 성희롱을 하다가 쫓겨나 만주로 간다. 여기서 이들의 공간 이동에 주목해보자. 삼형제는 제주도에 살지만 마치 한양 어느 공간에 사는 것처럼 '남대문 바깥'에 살다가 만주까지 가는 초월적인 존재들이다. 이 점은 신화가 가진 초월성 때문에 가능하다. 신화는 자기가 살고 있는 곳이 아닌 다른 곳을 이야기할 수 있다. 우리나라 고대 소설의 배경이 주로 중국인 것도 이 때문이다. 소설의 배경은 조선 시대지만, 소설 속에서 우리는 태산도 가고 어디든 갈 수 있다. 요즘 작가 하루키도 일본만이 아니라 전 세계를 배경으로 글을 쓴다. 하지만 그의 작품을 두고 일본 소설이 아니라고 하는 사람은 없지 않은가.

삼형제는 만주로 가서 송영감을 만나 극진한 대접을 받는다. 삼형제는 도깨비 방망이를 이용해서 송영감을 부자로 만들어준다. 그런데 동네 사람들이 수군거리자 송영감은 삼형제 도깨비에게 "안동 땅을 떼어내 우리 집 앞으로 가져오지 않으면 너희 셋을 죽이겠다"고 다그친다. 도깨비 신분에 사람에게 죽는다는 것이 말도 안 되지만 사실 송영감의 정체가 도깨비라고 한다면 수긍이 간다. 도깨비가 그일을 하지 못하자 송영감은 삼형제를 각각 네 조각으로 잘라 죽인다. 무척 끔찍하고 잔인하지만 신화에는 이런 잔인한 이야기가 많다. 오딘 신도, 디오니소스도, 예수도 비참하게 죽었지만 다시 태어나지 않았는가. 산종(Dissemination)과 해체(Dismemberment)의 모티프이다. 성스러움과 폭력성은 르네 지라르가 지적했듯이 같이 병행

하고 병존한다.[19]

온몸이 조각난 다음에 다시 재탄생하는 것은 잔인하지만, 신화의 모티프이기 때문에 신화에서는 꼭 필요한 장치라고 할 수 있다. 삼형제는 열두 조각으로 나누어졌지만 다시 살아나서 열두 형제로 바뀌고 그 중 셋은 서양으로, 다른 셋은 일본으로, 다른 셋은 한양, 또 다른 셋은 제주도로 가서 신이 된다. 그 열두 신은 일월산신, 가시아띠신, 오일본양신, 하르방신 등 다양한 모습으로 나타난다.

내 모습 그대로 나를 들여다보라

삼형제는 결국 제주도를 지키는 신이 된다. 그런데 신이 된 삼형제는 항상 헌 망건에 다 떨어진 갓을 쓰고 구멍 난 도포에 구멍 난 버선, 구멍 난 신에 짧고 해진 곰방대를 물고 다닌다. 말하자면 걸신이다. 그리고 청사초롱을 앞에 들고 뒤에는 어두운 흑사초롱을 들고 다닌다. 이들 신이 그리스의 제우스나 이스라엘의 여호와처럼 범접할 수 없는 광휘를 내뿜는 초월적 존재가 아니라, 어쩌면 인간보다 못한 저급한 존재처럼 보이는 대목이다. 샤머니즘 세계의 신들이 재미있는 이유가 여기 있다.

도깨비로 그려지는 〈영감본풀이〉의 주인공들의 연애사는 『삼국유사』에 나오는 〈도화녀〉 아들 이야기와 일정 부분 맥이 통한다. 도화녀는 매우 아름답다고 소문 난 여자였다. 진지왕이 살아 있을 때 그녀를 유혹하지만 "나는 남편이 있는 몸이라서 안 된다"며 왕의 청

19. 르네 지라르 지음, 김진석 · 박무호 옮김(1972), 『폭력과 성스러움』, 서울, 민음사

을 거절한다. 도화녀의 남편이 죽은 후, 진지왕 역시 죽어 귀신이 된 몸으로 도화녀와 동침을 하는데 그때 둘 사이에 태어난 아들이 비형이다. 비형의 도깨비 부하 중에 길달이라는 도깨비는 미션을 수행하지 못해서 여우로 변하니 비형이 귀신을 시켜 잡아 죽였다. 이때부터 신라 사람들은 잡귀를 물리칠 때 '비형의 집'이라는 내용의 글을 붙였다고 한다.[20] 어떤 이본에서는 "아주 성실하게 일했다"로 끝나고, 어떤 버전에서는 "그것을 못해서 그냥 쫓겨났다"로 끝난다. 구전이기 때문에 조금씩 다르기는 하다.

길달이 수행한 미션은 도깨비들에게 주었던 "안동 땅을 갖고 오라"는 미션과 다를 바 없다. 불가능한 것을 해보라고 시키는데 도깨비들은 왜 이처럼 당하기만 하는 것일까. 우리나라의 전설이나 민담에 흩어진 이야기들을 보면 도깨비들이 사람에게 당하는 장면을 부지기수로 찾을 수 있다. 수수팥떡을 뿌리면 도망가고, 혹부리영감의 속임수에 당하는 식이다. 여기서 알 수 있는 것은, 도깨비는 그리스의 신 헤라나 제우스, 그리스도교의 여호와와는 달리 대단히 인간적이며 어두운 측면을 가지고 있다는 점이다. 심지어 좀 모자란 면도 보인다. 그래서 도깨비는 옷차림도 헌 도포에 짧은 곰방대, 또 뒤에는 흑사초롱을 가지고 있는 것이다. 어두운 측면이 있다는 것을 그대로 보여주는 장치이다.

그런데 이런 걸신임에도 이들은 도깨비라서 천리만리를 가고 동에 번쩍, 서에 번쩍 한다. 그리스 신화의 헤르메스와 비슷한 경우이

---

20. 일연 지음, 이병도 책임 번역(1972), 『삼국유사』, 서울, 대양서적, 116~118쪽

다. 어떻게 보면 홍길동이나 처용도 일종의 도깨비가 아니었을까. 도깨비는 돌아다니다가 마치 불교의 아수라나 야차 같은 겉모습을 한 악신이 되기도 한다. 예전에 우두라는 병을 일으키는 역신의 시조를 마마신이라고 했는데, 마마신의 모습 역시 악신의 모습으로 그려지고, 이 마마신을 물리칠 수 있는 신을 처용이라고 말했다. 길달이라는 도깨비를 물리친 비형, 마마신을 물리치는 처용, 하나의 쌍이다. 무가에서 신을 섬겨야 역신을 물리칠 수 있다고 말하는 것도 이런 원리 때문이다.

악한 것을 악한 것으로, 비슷한 것을 비슷한 것으로 물리치는 것은 일종의 동종요법이다. 우리 안에 있는 악한 부분, 우리 안에 있는 비도덕적인 부분들을 제대로 직면해야 내 마음의 상처도 치료된다. "나는 악한 게 없는 선한 사람이야. 하느님이 너무나 선하시기 때문에 나를 선하게만 낳아주셨어. 나는 이처럼 선한데 내 주위 다른 사람들은 나 같지 않아"라고 생각하는 사람일수록 자신의 폭력적인 성향이 높다는 사실을 감지하지 못한다. 내 안에 있는 악을 무조건 무시해서는 안 된다. 내 안에 있는 악을 들여다봐야 이 악을 어떻게 다룰 것인지 해답을 찾을 수 있다. 〈영감본풀이〉에 등장하는 도깨비는 과거 먼 곳에 있는 괴상한 존재가 아니라, 바로 우리 자신의 또 다른 모습이다.

마고할미 이야기

\ 창조의 에너지는 내 안에

아주 먼 옛날에는 하늘과 땅이 나누어져 있지 않았고 사람들도 세상에 살지 않았다. 그때 마고할미라는 거인이 긴 잠을 자고 있었다. 마고할미가 숨을 들이쉬면 땅이 울렁거리고 푸우 하고 숨을 내쉬면 하늘이 들썩거렸다. 마고할미가 숨을 들이쉬고 내쉴 때마다 별이 쏟아지고 땅이 쩍쩍 갈라졌다. 마고할미가 기지개를 켜니 하늘이 밀려 올라가고 해와 달이 차례로 떠올랐다. 일어난 마고할미가 오줌을 누니, 커다란 오줌 줄기가 바다가 되었다.

북쪽을 향해 길게 누운 마고할미는 한 다리를 서쪽 바다에, 한 다리는 동쪽 바다에 담갔다. 이때 마고할미가 베고 누운 것이 제주도의 한라산이다. 마고할미는 다시 손가락으로 땅을 쭉 훑었다. 마고할미의 손가락이 지나간 자리에는 강이 만들어졌다. 그리고 손가락에서 빠져 나온 흙은 산이 되었다.[21]

---

21. 박제상 저, 윤치원 편저, 『부도지』, 서울, 대원출판사, 144~165쪽

여신이 세상을 창조하다

〈마고할미〉이야기는 우리나라 전역에서 약간 다른 내용, 다른 이름으로 전해지고 있다. 제주도에서는 〈설문대할망〉이라고 전해지고 있고 전남이나 해남 지역에서는 〈마고할미〉라고 전해진다. 서해안 지방에서는 〈계양할미〉, 강원도에서는 〈서구할미〉, 경상도에서는 〈안가닥 할미〉라고 불린다.[22]

신라 시대 박제상이 썼다고 알려진 『부도지(符都誌)』라는 책에 실린 마고할미 이야기는 좀더 구조화된 신화라고 할 수 있다. 『부도지』를 둘러싸고 "그 책은 위서다" "진짜 박제상이 쓴 것이 아니라, 누군가가 박제상의 이름으로 쓴 것이다"라는 등 역사학자들의 의견이 아직도 분분한데 그 진위는 잘 모르겠지만 어쨌든 그 책이 단군 이전의 이야기를 다루고 있는 것은 분명하다. 『부도지』에서는 단군 이전우리나라 창세신화의 시조로서 마고할미를 내세우고 있는데, 여기서 '할미' '할망'이라는 말은 존칭어로 보면 된다. 『부도지』의 내용은 『환단고기』와 『천부경』으로 전해졌는데, 그 이야기를 하나의 종교로 생각하는 사람들도 있지만 그런 사람들은 극소수이고 이야기로서 흔적만 남아 있는 상태이다.

〈마고할미〉신화가 특이한 점은 창세신화의 주인공이 여성이라는 것이다. 창세신화의 주인공으로 여성이 등장하는 예는 전 세계적으로 많지 않다. 그리스도교나 이슬람교에서뿐만 아니라 근대 이후까지 남아 있는 창세신화의 주인공은 대부분 남신이다.

---

22. Chung, M.S, Ed, 『Encyclopedia of Korean Folk Beliefs』, pp171~172

그러나 고대로 거슬러 올라가면, 여성이 창세신으로 인정받는 경우가 꽤 있다. 예를 들어 중동의 여신 티아마트(Tiamat), 켈트족의 메이브(Maeve) 여신들이 그 예이다. '남자는 하늘, 여자는 땅'이라고 흔히 말하지만 고대 이집트에서는 정반대의 의미로 쓰였다. 남자가 땅에 누워 있고(게브, Geb) 여자가 하늘로 받들어지는(누트, Nut) 그림도 흥미롭다. 인류학자들은 이것을 '모계에서 부계로 넘어가는 흔적'이라고 주장한다. 여성을 창세신화의 주인공으로 받아들이기가 힘든 만큼 마고할미가 우리의 창조신이라는 주장이나 시조라는 주장 역시 김부식이 『삼국사기』를 쓸 때만 해도 쉽게 받아들일 수 없었을 것이다. 그래서 〈마고할미〉 이야기를 김부식이 『삼국사기』에서 통째로 지워버렸다고 주장하는 사람도 있다.

아주 먼 옛날에는 땅과 하늘이 나누어지지 않았다는 〈마고할미〉 신화의 시작을 창세신화에서는 '궁창'이라고 말한다. 혼돈이라는 뜻이다. 여와와 복희가 등장하는 중국의 신화나 성경 역시 마찬가지이다. 융의 분석심리학에서는 이것을 '프리마 마테리아(Prima Materia, 제1질료)'라고 이야기한다. 아무것도 없는 혼돈에서 질서가 생기는 것이 창조의 가장 중요한 과정이다. 하나인 전체로부터 하늘과 땅, 빛과 어둠이 차례로 나뉜다. 높고 낮음, 크고 작음, 차고 더움, 남자와 여자, 이런 식으로 이분법이 있지 않으면 창조가 있을 수가 없다. 모든 것이 혼돈 상태에서, 너와 내가 분리되어야 한다는 뜻이다. 우리 개체도 마찬가지이다. 처음에는 어머니와 아이가 분리되어 있지 않았다. 아이는 어머니 몸속에 자라고 있는 어머니의 한 일부였다. 그러다 아이가 바깥으로 나오면서 탯줄을 끊는 순간 어머니와 아이가 분리되기 시작하고 그럼으로써 창조가 시작된다.

〈마고할미〉 신화도 처음에는 나누어지지 않은 혼돈 상태에서 마고할미가 숨을 들이쉬면 땅이 울렁거리고 숨을 내쉬면 하늘이 들썩거리더니 별이 쏟아지며 땅이 벌어졌다. 이어서 마고할미는 한 다리를 서쪽 바다에, 한 다리를 동쪽 바다에 두고 한라산을 베개 삼아 누운 뒤 손가락으로 땅을 훑어 강과 산을 만들었다. 전 세계적으로 거인신화를 살펴보면 마고할미와 비슷한 유형이 매우 많다.

이 창조신화를 우리 몸에 대입해보면 이해할 수 있다. 어렸을 때에 목욕하면서 자기 몸을 보고 "이건 계곡인 것 같다" "이건 산인 거 같다"라면서 놀았던 기억이 있을 것이다. 또 손으로 무언가를 만들어 "두껍아 두껍아 뭐하니" 놀이를 했던 것들이 바로 창조의 흔적이라고 할 수 있다. 어쩌면 우리는 세상을 창조한 작은 거인이다. 내 몸은 거대한 우주(Macrocosmos)의 축소판인 작은 우주(Microcosmos)이며, 우리 스스로 놀이를 하면서 땅도 만들고 하늘도 만든 창조주인 셈이다. 이런 것들이 우리 심성에 그대로 남아 있어서, 사실은 우리 스스로 내 인생의 창조주가 된 것이다. 자기가 자기 인생을 창조한다는 것은 내 인생의 주인이 된다는 뜻이다.

내 안의 여성성을 회복하라

그렇지만 '여신이 먼저'라고 이야기할 수 있는 태도는 중세에서 근대까지, 그리고 동양과 서양 양쪽 모두 공적인 자리에서는 거의 논의도 할 수 없는 상당히 낯선 언술이었다. 서양에서는 마리아 신앙과 동양에서는 관세음보살 신앙으로 그 명맥만 간신히 이어갔을 뿐이었다. 그리스도교 영지주의(Gnosticism)를 보면 태초에 창조주와 짝을 이룬 여신 소피아(Sophia)가 있었다. "지혜의 여신이 짝을 이루어서 같이 창조 작업을 했다"는 의견이다. 그런데 이런 견해 역시 김부식이 『삼국사기』에서 그전 것을 다 지워버렸듯이, 가부장적인 로마 가톨릭이 이도교적인 것이라며 상당 부분을 없앴다고 많은 종교학자들은 주장한다.

여신의 역할은 힌두교에서 훨씬 다양하고 중요하다. 힌두신은 대개 부인이 있다. 힌두교가 그리스도교보다 더 고대 종교이기 때문에 가능했을 것이다. 여신의 존재는 현대로 넘어오면서 줄어드는데, 불교의 관세음보살, 천주교의 성모마리아로 흔적이 남아 있기는 하다. 관세음보살은 8세기 이전까지는 '아바로키테스바라(Avalokiteśvara)'라는 남신으로 알려져 있다. 고대에는 중국에도 '성모'가 있었다. 서역국에 있는 성모 신앙이다. 서역국에서 '서왕모' '시황모'라고 불렸던 존재들이다. 그런데 이런 여신들 또한 유교가 번성하면서 모두 사라지게 되고, 서왕모가 사라진 자리를 남신이었던 관세음보살이 여신으로 바뀌면서 대체하게 된다.

사회에 여신의 존재가 필요한 이유는 모성성 때문이다. 어머니의 성, 여성성이 있으면, 남자들은 일단 폭력성이 줄어든다. 우리 안에 여신을 회복하는 것이 대단히 중요한 이유 중 하나이다. 내 안의 여성성이 병들어 있을 때에는 누구든 폭력적으로 변하게 된다. 가부장제적인 나라, 전체주의적인 나라에서는 여신 또는 여성성이 자취를 감추고 전체주의적인 폭력만 남아 있다. 가부장제적인 나라일수록 '여성성의 회복'이 숙제라는 뜻이다. 그렇다면 여성뿐 아니라 남성들을 위해서도 꼭 필요한 조화, 수용성, 포용력, 생성성 등 여성적 측면은 왜 상대적으로 소홀히 취급받은 반면, 능동성, 분별력, 구조화 등 남성적 측면은 지나치게 강조했던 것일까. 중세 이후 근대화, 과학주의에서 지나치게 일방으로 치달은 남성적 태도는 우리 역사에 꼭 필요적으로 거쳐야 하는 단계였지만, 이제는 극복해야 할 때가 온 것은 아닐까.

어떻게 보면 조금 위험한 이야기로 들릴지도 모르지만 진화론의 입장에서 보면 남성의 유전자가 여성보다 매우 약하기 때문에 오히려 모성에 의해 과잉보호 된 것은 아닐까 싶다. 유아나 노인 사망률만 높은 것이 아니라 남자의 유전자 자체가 상대적으로 빨리 죽고 수명도 짧다. 여자들이 수다 떨면서 요리하고 청소까지 척척 하는데 비해 남자들은 동시에 여러 가지를 하지 못한다. "과부 삼년이면 쌀이 서 말이고 홀아비 삼년이면 이가 서 말"이라는 말은 여자의 도움 없이는 남자가 무언가를 해내기 참 힘들다는 것을 빗댄 말이다. 남자들은 어쩌면 그렇기 때문에 어머니를 포함해 모든 여자에 대해 두려움을 가지고 있는 것은 아니었을까.

게다가 여자는 생명을 잉태하고 출산한다. 출산은 남자가 죽었다 깨어나도 할 수 없는 인체의 신비이다. 작았던 가슴에서 젖이 나와 아이에게 젖을 먹이는 일도 매우 신비한 일이다. 그리고 모든 인간은 여자의 자궁에서 나왔기 때문에, 자궁을 가진 여자에게 꼼짝하지 못한다는 이야기도 있다. 모든 인간의 고향이 여성의 자궁이다. 그런 두려움의 반작용으로 오히려 남자로 하여금 여성을 억압하는 그런 기능을 했다는 이야기이다. 어머니에 대한 두려움이 묻어 있는 모성콤플렉스를 풀 수 있는 실마리도 어쩌면 이런 여성 억압적 태도에서 역설적으로 발견할 수 있을지 모르겠다. .

놀멍 쉬멍 창조의 에너지

마고할미는 특히 잘 노는 측면이 부각되고 있다. 그리스의 신 제우스나 도교의 신, 성서의 여호와처럼 조직적으로 무얼 한 것이 아니라 그냥 무작정 노는 스타일이다. 창조의 스타일이 목적 지향적이지 않다는 말이다. 재미있게 놀다가 무언가 만들어내는 것, 의도하지 않는 창조, 유연한 창조가 마고할미의 스타일이다. 마고할미처럼 놀면서 무언가 만들어낸 창조성은 일중독인 현대인들에게 필요한 정신이다.

'우연한 창조'는 자기를 열어 보이면서 자기를 갖고 노는 것이다. 목적이 있는 창조가 아니라 과정 자체를 즐기는 창조이며, 그걸 보여주는 것이 마고할미 신화이다. 이런 정신은 요즘 젊은 사람들에게도 필요하다. "재벌되겠다"라고 생각하면 마가 끼는 것이고 "이거 참 재미있는데 성공하면 좋고, 아니면 말고 또 하는 거지"라고 생각하는 게 바로 기업가 정신일 수 있다. 창조 그 자체를 즐기는 것, 이것이 우리가 마고할미에게 배워야 할 태도가 아닐까.

2

그림자를
받아들이다

mythology
psychology

김쌍돌이본 창세가 이야기

\ 진실의 꽃을 보라

하늘과 땅이 한 덩어리였을 때 미륵이 땅의 네 귀에 구리 기둥을 세워 하늘과 땅을 나누었고, 해와 달이 둘씩 있던 것을 하나씩 떼어 북두칠성과 남두칠성 그리고 큰 별과 작은 별을 마련했다. 미륵은 베를 짜서 옷을 해 입었고, 생식을 하였으며, 물과 불의 근본을 알아내기 위하여 쥐에게 물었다. 그는 불을 만들어 낸 뒤 샘을 찾아 물의 근본을 알아내었다. 미륵이 금쟁반, 은쟁반을 들고 하늘에 축원하자 금벌레, 은벌레 각각 다섯 마리가 떨어졌다. 이들이 각각 남자와 여자로 변하여 다섯 쌍의 부부가 생겨났다.

미륵이 인간세상을 다스리고 있을 때 석가가 등장하였다. 석가는 미륵에게 인간세상을 내놓으라 했다. 미륵과 석가는 인간세상을 누가 차지할 것인지 경쟁하기로 하였다. 미륵이 계속 승리하자 석가는 꾀를 내었다. 그는 잠을 자면서 무릎에 꽃을 피우는 내기를 제안했고, 미륵이 잠든 사이에 미륵이 피운 꽃을 가져다 자기 무릎에 꽂아 승리하고 만다. 미륵은 석가에게 인간세상을 내어주고 사라진다. 석가의 부당한 승리로 인간세상에는 과부, 기생, 무당, 역적, 백정들이 나게 되고 말세가 되었다. 석가는 삼천명의 스님들을 만났는데 그 중 둘이 고기를 먹지 않고 죽어 산마다 바위와 소나무가 되었다.[23]

---

23. 김헌선, 같은 책, 227~235쪽

혼돈에서 미륵이 태어나다

무가는 창세가나 신화에서 구전된 것이 많다. 그중에서 가장 유명한 것이 함흥 지역 김쌍돌이라는 무녀가 전해주는 〈김쌍돌이본 창세가〉이다. 〈김쌍돌이본 창세가〉의 처음은 천지가 붙어 있는 혼돈 상태에서 시작된다. 혼돈에서 미륵이 태어나는데, 미륵이 태어나는 게 무슨 신화냐고 하겠지만 여기서 미륵은 실제 인물인 미륵과는 다르다. 일반 민중이 이해하기 좋게 갖다 붙인 이름일 뿐 일종의 '거인의 탄생'이라고 보면 된다. 따라서 미륵의 탄생을 신화로 보아도 무리가 없다. 아마도 석가나 미륵은 옛날에는 지금과 같은 역사적인 인물이 아니라 다른 뜻을 지닌 이름이었을 것이다. 이것이 구전의 특징이다.

미륵은 태어나자마자 하늘과 땅을 분리하기 위해 네 개의 구리 기둥을 세우고, 해와 달이 각각 둘인 것을 정리한다. 이처럼 창세신화에서는 없는 것을 만들기도 하지만 지나친 것을 제거하는 장면이 등장한다. 예족(濊族, Yi) 신화에도 해가 10개인데 활로 9개를 쏘아 없애고 1개만 남기는 이야기가 등장하는 것처럼,[24] 여기서도 미륵은 해와 달을 하나씩 떼어내 별을 만든다.

미륵은 거인이다. 그리스 신화에 타이탄이 등장하듯 거인은 창세신화에서 중요한 모티프이다. 미륵은 거인이기 때문에 옷소매를 만드는 데 반 필의 옷감, 옷섶을 만드는 데 다섯 자의 옷감을 필요로 하

---

24. Bonnefoy, Yves. Tr. by Doniger, Wendy. (1991), 『Asian Mythologies』, Chicago, The University of Chicago Press, p236

며, 많은 양의 음식을 먹어 치우지만 불이 없어서 생식을 한다. 그리스 신화에서 프로메테우스가 불을 훔치듯, 우리 신화에도 태초에는 불이 없는 상황이 그려진다. 미륵은 불과 물의 원리를 메뚜기, 개구리, 생쥐 등 미물에게 물어보고, 그 근본을 알게 된 뒤로 하늘에 기도를 한다. 거인의 기도에 응답했는지 하늘에서 벌레가 금쟁반, 은쟁반으로 떨어지더니 각각 남녀로 변한다. 그다음은 나무에서 떡과 과일이 열린다. 그리고 거기에서 석가가 태어난다. 석가는 세상을 빼앗으려고 미륵과 경쟁을 한다. 그리스 신화의 타이탄과 제우스가 세상을 차지하려고 경쟁하듯 말이다.

미륵이 세 가지 시험에서 모두 석가를 이기자 석가는 꾀를 내어 '꽃 피우기 시합'을 하자고 제의한다. 꽃을 피우는 것은 대단히 오래 걸리는 일이라 미륵은 꽃을 피우다 말고 잠이 든다. 이때 미륵의 무릎에 핀 꽃을 석가가 몰래 훔친다. 미륵이 잠에서 깨어나자 석가는 "내가 꽃을 피웠다"라고 이야기한다. 미륵은 "석가가 거짓말을 했기 때문에 이 세상은 말세가 되리라"라고 예언한 뒤 사라진다.

이 신화에서 석가는 도덕률과 금기를 깬다. 진짜 부처여도 말이 안 되며, 그냥 스님이라 해도 고기를 구워먹고 거짓말을 한 이 상황은 있을 수 없는 일이다. 하지만 그의 행동들을 인간세상의 잣대로만 보아서는 안 된다. 신화의 인물은 사실 금기 너머에 존재하기 때문에 신화적인 인물이다. 그리스 신화에도 납치와 강간, 근친상간이 수도 없이 반복되지 않는가.

신화에서 석가는 스님들을 만났는데, 그 중 둘은 고기를 먹지 않으니 죽어서 산에 있는 바위와 소나무로 변한다. 그리고 여기서 신화는 끝난다. 도대체 이런 허무한 상황에서 무슨 뜻을 찾아야 하는지 궁금해 하는 사람이 많을 것이다. 어떻게 보면 상당히 비이성적이고 논리도 없는 신화의 이야기를 들으면서 마치 꿈꾼 것 같다는 사람도 있을 것이다. 이제 하나씩 그 의미를 짚어보자.

혼돈에서의 분리

첫째, 혼돈이 상징하는 의미이다. 성경을 주의 깊게 공부한 사람들은 '태초의 궁창이나 혼돈'이 가리키는 뜻에 의문을 가져본 적이 있을 것이다. 혼돈이 하늘과 땅으로 나뉘면서 세상이 시작되는 장면은 이집트 신화나 그리스 신화에서도 중요한 모티프이다. 중국의 〈반고(盤古) 신화〉에서도 우주는 달걀 안처럼 어둠과 혼돈으로 가득한데 그것을 깨고 반고가 나온다. 심리적으로 혼돈은 어두운 무의식의 세계이며 형상화된 이미지로는 밤과 유사하다. 해를 먹는 이집트 하늘의 신 누트처럼 인간의 의식은 밤이 되거나, 몹시 아파서 의식을 잃거나, 죽음을 앞두게 되면 무의식의 세계에 사로잡힌다.[25]

그렇다면 석가가 솥뚜껑 같은 틈새를 깨고 세상으로 나오는 이미지, 혹은 반고가 도끼를 잡고 알의 껍질을 후려쳐서 나오면서 혼돈이 깨지는 이미지는 무엇을 뜻할까. 종교학자 엘리아데(Mircea Eliade)는 원시인이 도끼를 사용해 돌과 나무를 가르는 그 순간이 하늘과 땅이 갈라지며 조응하는 신비로운 순간이라고 했다.[26] 신화에 도끼가 자

---

25. Ed, Ronnberg, Ami,, & Martin Kathleen,(2010), 『The Book of Symbols : Reflections on Archetypal Images』, Cologne, Taschen, pp98~99
26. Eliade, Mircea,(1978), 『The Forge and the Crucible』, Chicago, The University of Chicago Press, pp19~20

주 등장하는 이유를 이해하게 만드는 해석이다. 천둥의 신 토르의 상징도 도끼였고 제우스가 든 것도 도끼였다.

반고와 미륵은 마고할미처럼 거대한 거인신 계열에 속한다. 반고가 울었을 때 흘린 눈물로 황하와 양자강이 만들어졌으며, 그가 숨을 쉬면 바람이 되고 말하면 천둥이 쳤다. 그가 죽었을 때 몸이 산산조각이 되어 떨어져 중국에는 성스러운 다섯 개의 산이 솟아났다. 그의 머리는 동부의 태산, 몸통은 중앙에서 숭산이 되고, 오른팔은 북부의 항산, 왼팔은 남부에서 형산이, 발은 서부에서 화산이 되고 두 눈 중 하나는 해가 되고 하나는 달이 되었다.[27] 마고할미 역시 비슷한 방식으로 세상을 만들었다.[28]

혼돈에서 분리되는 과정도 다른 라의 신화들과 겹쳐진다. 이집트 신화에서는 게브와 누트가 각각 땅과 하늘을 상징한다고 말한 바 있다. 땅의 신이 남신이고 하늘의 신이 여신이다. 〈반고 신화〉에서는 혼탁한 물체는 아래로 가고, 맑은 기운은 위로 올라가면서 분리되고 변별된다. 인간도 마찬가지이다. 태어났을 때는 엄마와 내가 다른 사람이라는 것을 인식하지 못한다. 학자에 따르면 아이가 6개월이 될 때까지는 전혀 인식하지 못한다고 한다. 그러다가 성장하면서 엄마와 내가 다르다는 것을 알게 되는 시점이 오는데 그때를 창조의 시점으로 봐야 한다는 것이다. 내 자아가 비로소 눈 뜨는 시기이기 때문이다. 자아가 시작되는 시기는 어머니와 갈등이 시작될 수밖에

---

27. 칼 구스타프 융·마리 루이제 폰 프란츠 지음, 역자 대표 이부영(1964), 『인간과 상징』, 서울, 집문당, 224쪽
28. 김헌선, 같은 책, 79쪽

없다. 그래서 미국에서는 이 나이를 '끔찍한 두 살(Terrible Two)'이라고 말한다. 우리 나이로 하면 세 살이다. 말러가 말한 분리개성화가 처음으로 완성되는 시기이다. 또 '미운 일곱 살'이란 말도 있다. 양육자가 왜 밉다가 하겠는가. 하라는 대로 하지 않으니 미운 것이다. 발달심리학자들은 '엄마로부터의 분리'가 자아 성장에 가장 기본이라고 말한 바 있다. 엄마와 자식이 지나치게 공생관계에 있다면 자아가 진정으로 형성되지 못한다. 아이들을 키울 때 아이들은 엄마에게 왔다가 가는 것을 반복하며 서로 화해(Rapprochement)하는데 이게 바로 분리와 개성화를 쌓아 완성하는 과정이다. 혼돈에서 분리하는 것 자체가 신화에서 대단히 중요하다.

거인은 왜 미물에게 물어보았을까

둘째는 거인이 왜 자신보다 작은 미물에게 질문했을까 하는 점이다. 거인은 풀메뚜기, 풀개구리, 생쥐에게 불과 물의 원리를 질문하는데 이들은 엄청나게 작은 존재들이다. 그런데도 거인은 역설적으로 이들에게 무언가를 물어보는 태도를 보인다. 융의 분석심리학에서 말하는 일종의 대극의 통합 이미지이다. 대극의 통합에 대해서는 무수히 많은 설명이 가능하지만, 완전한 반대의 존재가 오히려 서로 보완하는 관계가 될 수 있다는 정도로 이해해도 무방하다. "고통이 나를 키운다" "어려움이 없으면 성취감도 없다" "나를 키운 것은 내가 미워한 그 원수들이다"라는 말에도 이런 대극의 통합적 교훈이 녹아 있다. 세상의 이치가 거의 그렇다. 비도적적인 일이 없다면 우리는 도덕을 이야기 하지 않을 것이다. 사랑이 없다면 미움도 없을 것이고, 비루함이 없다면 숭고미도 알 수 없을 것이다. 서로 반대되는 것은 종종 서로에게 그림자로 작용한다. 대개 우리는 그림자를 미워하고 거추장스러워 한다. 그래서 어떡하든지 없애버리려고 하지만, 실제로는 내가 피하거나 부숴 버리고 싶어 하는 사람들이 나에게는 가장 큰 스승이 되는 경우가 많다. 여기서도 그런 일이 일어난다. 거인이 조금만 움직이면 죽일 수 있는 메뚜기나 개구리, 생쥐에게 세상의 이치를 물어보는 것도 그 때문이다.

메뚜기와 개구리, 생쥐는 집단 서식을 하며 매우 재빠르게 이동하는 동물이다. 메뚜기 떼가 태풍보다 더 빠른 속도로 지역의 농작물을 먹어치웠다는 소설이나 영화, 뉴스를 본 적이 있을 것이다. 이들은 작지만 모여 있기 때문에 무서운 존재가 된다. 이들은 부정적인 집단무의식을 상징한다. 개인으로 태어난 우리가 사회화 되면서 맞부딪혀야 할 대상 중 하나가 집단무의식에 움직이는 무리들의 어리석은 선택과 강요들이다. 유치원에 가면 다른 아이들에게 왕따 당할 수 있고 학교에 가면 소위 일진 아이들의 집단에 괴롭힘 당할 수 있다. 군대에 가도 직장에 가도 여러 가지의 폭력은 항상 존재한다. 집단무의식에 휘둘리는 각 개인의 콤플렉스 들이다.

어릴 적 우리 모두는 한때 어머니 아버지에게 왕자나 공주와 같은 존재였다. 돌이켜 보면 무엇이든 다 할 수 있고, 될 수 있는 존재였던 적도 잠깐이나마 있을 수 있다. 또 한때 우리에게 부모는 거인처럼 모든 것을 해줄 수 있는 신적 존재였다. 그러나 성장하면서 나 자신도 또 우리 부모도 거인이 아니라 어쩌면 무기력하고 실상 큰 의미도 없이 세상에 잠시 있다 떠나는 하찮고 작은 존재라는 점을 깨달아 간다. 그런 것을 깨닫는 것이 어른이 되는 과정이 아닌가 싶다. 나 자신만이 아니다. 세상 밖에 나가 보면 마치 메뚜기, 개구리, 생쥐보다 더 서글픈 인생을 산다고 생각하거나 혹은 그런 취급을 받아 설움이 많다는 이들이 있다. 그러나 모두는 다 누군가에게 을이다. 나는 항상 갑이라고 생각하는 사람은 심각한 정신병자이다. 내 안에는 거인과 작은 미물이 같이 존재한다. 누군가에게는 갑이지만 누군가에게는 을이다. 만약 내가 거인의 입장에 서 있다면 작은 미물에게 물어보고, 미물의 처지에 떨어졌다면 내 안의 거인을 일깨워주어야 한다. 미물에게 배울 것이 없어 보이지만, 실제로 살아가는 방법이나 생존 본능은 거인보다 미물에게 배울 점이 더 많다.

또한 메뚜기나 개구리는 건조한 곳이 아니라 늪이나 습지에서 산다는 점도 재미있다. 이 신화에서 처음에는 해와 달이 둘씩 있다고 하였다. 만약에 해가 둘이면 지구의 생물은 모두 말라 죽어 사막이 될 것이다. 양기가 지나치기 때문이다. 그런데 메뚜기나 개구리나 생쥐는 음기가 강한 동물이 아닌가. 그런 점이 또 하나의 대극이며, 그렇기 때문에 대극이 합일이 될 수 있다.

셋째로 살펴봐야 할 것은 벌레가 떨어져 쟁반에 담긴 뒤 사람이 되었다는 부분이다. 벌레들은 금쟁반, 은쟁반에 떨어져서 남녀로 변한다. 존엄한 존재인 인간이 벌레에서 태어났다니 상상만으로도 끔찍하다. 그런데 이 점이 바로 샤머니즘의 깊은 통찰력이 아닌가 싶다. 우주와 지구에 대해서 겸손하라고 가르치고 있기 때문이다. 하늘의 벌레가 떨어져 인간이 되었다는 이야기는, 인간도 벌레에서 시작된 미물에 불과하며, 흙에서 왔다 흙으로 가는 존재라는 사실을 시사한다. 인간이 좀 더 겸손해져야 한다는 메시지를 여기서 읽을 수 있다.

인간은 참으로 거만한 존재이다. 지구를 함부로 유린하면서 "자연을 정복했다"는 이야기를 아무렇지 않게 내뱉는다. 우리는 관습적으로 '벌레만도 못한 인간'이라는 말을 자주 하는데 정말 벌레만도 못한, 지구에서는 있어서는 안 될 인간이 아닌지 반성해야 한다. 그래서 니체는 인간을 '암적인 존재'라고 이야기했던가. 샤머니즘에서는 인간을 지구를 지배하고 우주를 관장하는 존재로 보지 않고, 자연의 일부로 볼 뿐이다. 자연의 일부로서 인간이 본래의 모습을 찾아가야 한다는 이야기는 우리가 잊어버리고 만 귀중한 메시지이다.

가장 밑바닥으로 내려가야 일어설 수 있다

넷째, 금쟁반, 은쟁반의 상징성이다. 구리나 동이 쉽게 변하는 반면 금과 은은 변하지 않고 오래 간다. 〈실버 라이닝 플레이북(Silver Linings Playbook)〉이라는 영화에서 'Silver Lining'은 은으로 만든 테두리지만, 비온 뒤에 땅이 갠다, 쥐구멍에도 볕들 날 있다는 속담과 비슷하게 '불행 중 한 줄기 비치는 행운'으로 이해할 수 있다. 불행을 겪을 때 반드시 그 불행이 내게 알려주는 중요한 의미가 있을 것이라고 생각해보면 어떨까. 임상 중에도 "저는 더는 떨어질 곳이 없어요, 바닥을 쳤습니다"라고 말하는 사람에게 자주 하게 되는 말이다. 바닥까지 추락했다면 다음에는 바닥을 차고 올라갈 일만 남은 것이다. 지금이 바닥인 줄 의식하고 있는 한 당신은 죽지 않은 것이다. 더는 잃을 것 없는 순간, 우리는 역설적으로 차고 올라갈 힘을 받는다.

그러니 떨어질 때는 완전히 떨어져 보는 것도 도움이 된다. 다만 그 이후, 현명하게 주변과 자신을 살펴보고 아껴 둔 힘으로 다시 올라 갈 수 있다는 사실을 잊지 않으면 된다. 비록 벌레가 되어 밑바닥으로 떨어질 수도 있지만, 금쟁반, 은쟁반이라는 좋은 용기, 즉 다시 살아보겠다는 의지와 자기 자신에 대한 사랑과 자존심이 있으면 우리는 스스로를 다시 인간으로 변하게 할 수 있다.

그렇다면 어떻게 마음이란 용기, 즉 금쟁반, 은쟁반을 지닐 수 있을까. 쟁반은 음식을 담는 소중한 그릇이다. 쟁반의 역사는 인간의 공예의 역사, 문화의 역사와도 통한다. 우리와 유전자가 99.4% 비슷하다는 침팬지가 음식을 먹기 위해 넓적한 돌을 쟁반처럼 사용하고 있다면 인간의 반열에 오른 것이리라. 예전에는 돌에 담아서 먹었지만, 청동기 시대를 지나 놋쇠, 목기 등으로 그릇이 바뀌면서 문화가 시작되었다. 고려에서 조선까지 한국은 청자뿐 아니라 그릇과 의식 등이 상징하는 여성 문화면에서 세계적으로 선진국에 속했다.[29]

융의 분석심리학에서 보면 무언가를 담는 도구인 용기는 특히 여성성을 상징한다. 여성의 수용성은 정치적인 의미의 수동성과는 다르다. 여성적 수용성은 인간의 창조적 과정과 맞닿아 있다. 원시 시대, 곡물을 수확해 밥과 땅을 만들고, 이를 담기 위해 흙을 빚어 그릇을 만드는 일들은 거의 모두 여성들의 몫이었을 것이다. 골반이 날렵하고 근육이 출중한 남성들이 들로 산으로 뛰어 다니며 수렵을 하고, 부족끼리 전쟁을 하는 시간에, 여성들은 아이를 낳아 키우며 집

---

29. 서긍 저, 민족문화추진회 역(2005), 『고려도경』, 서울, 서해문집

을 지키며 문명을 시작하고 발전시킨 셈이다.[30] 특히 담아준다는 말은 누군가의 고민을 참을성 있게 듣고 공감해줄 때 매우 의미심장하게 생각해볼 개념이다. 상담가는 내담자의 말을 듣고 담아준다. 또 그 말들이 밖으로 새 나가지 않도록 잘 봉합도 해준다. 어떤 보물도 일단 어딘가에 잘 담겨야 그 가치를 발휘할 수 있다. 인간도 그렇다. 재능이 아무리 있어도 그 재능을 담아주는 부모나 스승, 사회가 없다면 재능을 제대로 발현할 수 없다. 우리나라에 인재가 부족하다는 얘기를 자주 하는데, 그것은 인재를 담아주는 그릇 즉 스승이나 부모, 사회의 그릇이 우리 사회에 많이 부족하기 때문일 수도 있다. 용기라는 것은 여성성, 품어주는 어떤 질료로 해석하면 된다. 또 금과 은은 소중하면서 오래 가는 무언가를 뜻한다. 그래서 보석 중의 보석인 금으로 왕관을 만든 것이 아닐까.

미륵과 석가의 대결

다섯째, 미륵과 석가의 대립을 살펴보자. 신화 속에서는 미륵의 세상을 석가가 탈환한 것처럼 나온다. 석가가 현세를 관장한다면, 미륵은 미래 세계를 관장하는 미래의 부처이다. 그런데 이 신화에서는 그것을 비틀어 버렸다. 과거에서 갑자기 미래로 뛰고, 다시 또 과거로 가기도 하는데 어떻게 보면 꿈의 세상과 비슷하다고도 볼 수 있다. 꿈에서도 우리는 시간을 거슬러 가기도 하고 건너뛰기도 한

---

30. Baring, Anne, & Cashford, Jules. (1993), 『The Myth of the Goddess : Evolution of an Image』, London, Arkana, p50

다. 분석심리학자들이 신화를 주목하는 이유도, 신화와 꿈이 매우 비슷하기 때문이다. 미륵과 석가의 관계도 시간적인 뒤틀림이나 역전으로 해석할 수 있다.

영웅들이 겨루는 것은 어느 신화에서나 찾을 수 있지만, 여기서는 미륵과 석가이기 때문에 인도 쪽으로 생각을 돌려보았다. 힌두교 신화에서는 브라만(Brahman)이 모든 피조물의 아버지이다. 브라만은 중국의 창세신화의 주인공 반고처럼 황금달걀에서 나온다. 황금달걀에서 나오는 버전도 있지만, 비슈누(Vishnu)의 배꼽에서 자란 연꽃에서 브라만이 나오는 버전도 있다. 그런데 이상하다. 브라만은 모든 피조물의 아버지인데 왜 비슈누와 겨루고, 연꽃에서 나온다는 것인가? 언어논리, 인과율에 갇혀버린 근대의 과학주의의 입장으로 보면 말이 되지 않지만, 순환론에 입각한 동양적 사고방식, 특히 힌두교의 입장에서 보자면 전혀 이상하지 않다. 브라만은 비슈누와 서로 싸우는데, 그 와중에 사라스바티(Sarasvati)라는 창조신(또는 생식, 강의 여신)이 탄생한다. 이 여신이 태어나면서 최초의 사람인 마누(Manu)가 탄생한다.[31] 이 과정을 살펴보면 창세기 신화와 닮은 점이 많다. 싸우는 와중에 여신이 태어나고, 거기서 또 인간이 태어났기 때문이다.

앞에서 이야기했듯이 그리스 신화에서도 제우스와 타이탄이 싸우고 제우스가 이기면서 인간세상이 열린다. 여기서는 미륵과 부처가 싸워 부처가 이기는데, 그렇다면 미륵의 시대가 가고 불교의 시

---

31. Bonnefoy, Yves. Tr. by Doniger, Wendy, 같은 책, p45

대가 온 것을 무가 쪽에서 한스러워한다는 뜻으로 해석해야 할까? 꼭 그렇지는 않다. 무속인의 입장에서는 미륵이나 석가, 예수를 모두 신으로 추앙하기 때문이다. 세속적인 논리, 합리적인 윤리를 뛰어넘어 모든 것을 포용하는 게 신화의 세계이다. 특히 불교는 '습합(褶合)'이라고 해서, 무속과 많은 조화를 이루고 있다. 산신각이 절 내에 있는 것도 샤머니즘을 불교가 흡수한 예라고 볼 수 있으며 무속인이 스스로 보살이라고 칭하는 것도 무속과 불교의 융합으로 해석할 수 있다.

그 다음 석가가 스님과 고기를 구워먹는 장면을 어떻게 볼 것인가? 이 신화에서는 화식을 거부한 스님과 화식을 한 스님 모두 소나무가 된다. 마지막에 소나무가 된다는 것이 매우 의미심장하다. 소나무는 우리나라를 상징하는 나무가 아닌가. 또한 소나무는 쓰임새도 많다. 숯도 만들고 껍질을 벗겨서 구황작물로 삼을 수도 있다. 솔잎으로는 차도 만들고 송편도 만들 수 있다. 또 소나무로 만든 가구는 매우 튼튼하다. 송이버섯도 소나무에 포자체가 나온다. '복신복령(茯神茯苓)'이라는 말이 있다. 소나무 뿌리에 포자균들이 붙어 있는 것을 '복령'이라고 한다. 선조들은 "소나무에는 아주 성스러운 정기가 있다(그래서 '신'과 '령'을 쓴 것이다). 뿌리에서 나갈 때에도 그냥 나가지 않고 덩어리가 되어서 거기에 머물려고 한다"고 표현한 바 있다. 소나무는 그만큼 성스러운 나무이다. 스님들이 화식을 거부했기 때문에 성스러운 나무로 변한 것에는 이런 뜻이 담겨 있다.

석가가 미륵을 이기려고 거짓말을 한 것은 어떻게 해석해야 할까. 『서유기』의 주인공 손오공도 거짓말을 잘하고 남 흉내를 잘 내는 재주꾼인데 그렇기 때문에 인간이 되지 못한다. 그러다가 마지막에는 부처에게 감화를 받아서 불가의 길로 간다. 티베트에서는 손오공이 나중에 부처가 되었다는 이야기도 전해진다. 힌두교에도 '하누만'이라고 하는, 원숭이처럼 생겼지만 대단히 교활하고 외교술이 뛰어난 존재가 등장한다.[32] 이집트에서도 원숭이는 신의 말을 그대로 받아 적는 존재로 등장한다. 원숭이는 인간 다음으로 꼽을 수 있는 영장류이므로, 언젠가 불가에 귀의하면 부처가 될 수도 있지 않을까. 그리스 신화에서도 원숭이 역할을 하는 신, 꾀쟁이 역할을 하는 신으로 헤르메스가 있다. 외교술과 거짓말이 뛰어나지만 도둑질도 하고 타락한 부분도 있다.

석가의 거짓말은, 거짓말을 뛰어 넘는 보다 고차원의 무엇으로 해석할 수 있다. 깨달음을 얻기 위해 만든 거짓말이기 때문이다. 지혜는 무지가 있어야 생기고, 거짓말이 없으면 진실도 없다. 진리냐 진리가 아니냐, 네가 옳다 내가 옳다, 이렇게 백 번을 앉아서 싸우는 것보다는 사실은 둘이 앉아서 꽃을 피우는 것이 정답일 수 있다는 뜻이다. 즉 궁극적으로는 거짓말을 했느냐 안 했느냐보다는 진실이라고 하는 것이 어디에 있는지, 생명의 꽃, 진실의 꽃을 보는 것이 더 중요하다는 가르침을 주고 있다.

---

32. 위 책, p50

천지왕본풀이 이야기

\ 욕망이 인생의 목적이 되어서는 안 된다

갑자년 갑자월 갑자일 갑자시에 하늘의 머리가 열리고, 을축년 을축월 을축일 을축시에 땅의 머리가 열려 하늘과 땅 사이에 금이 생겼다. 이 금이 벌어지면서 산이 솟아오르고 물이 흘러내려서 하늘과 땅의 경계가 분명해졌다. 하늘에서는 조이슬이 내리고 땅에서는 둘이슬이 솟아나 합수되어 음양상통으로 만물이 생겨났다. 물속에서 산이 나서 동해산, 청태산, 개골산… 충청도 계룡산이 제일이요. … 동쪽에는 견우성, 서쪽에는 직녀성 그리고 남쪽에는 노인성, 북쪽에는 북두칠성 그리고 중앙에는 삼태성 등 많은 별들이 자리를 잡았다…(박봉춘 구연 〈초감제〉).[33]

하늘의 옥황상제 천지왕이 해와 달을 각각 둘을 내보내어 천지가 열렸다. 그러나 하늘에 해가 둘, 달이 둘 있어서 낮에는 백성들이 더워서, 밤에는 추워서 못살 지경이었다. 또한 초목이나 새 그리고 짐승들이 말을 하고 귀신과 인간의 구별이 없었다. 그러던 어느 날 천지왕은 꿈을 꾸었다. 하늘에 떠 있는 두 개의 해와 달을 하나씩 삼켜 버려서 혼란한 세상의 질서를 바로 잡을 귀한 동자를 얻는 꿈이었다. 천지왕은 총명부인과 혼인하려고 지상으로 내려왔다. 총명부인은 같은 동네에 사는, 부자지만 마음이 고약한 수명장자에게 쌀을 꾸어다가 저녁을 짓기로 했다. 총명부인이 쌀 한 되를 꾸러 가니,

---

33. 赤松至誠 秋葉隆, 『조선무속연구(상)』(1937), 조선총독부, 김선헌, 같은 책, 393~402쪽에서 재인용

수명장자는 쌀에다 흰 모래를 섞어서 한 되를 채워주었다. 총명부인은 그 쌀을 여러 번 씻어 저녁밥을 짓고 천지왕에게 밥상을 차려주었다.

천지왕이 첫 숟가락을 들었는데 돌이 씹혔다. 총명부인은 옆집 수명장자에게 쌀을 꾸었는데 흰 모래를 섞어주었다고 말하였다. 천지왕은 분개하여 수명장자의 집을 불태워 버렸다. 또 수명장자의 딸들은 가난한 사람들을 학대했으니 꺾어진 숟가락을 엉덩이에 꽂아서 팥벌레로 환생시키고 아들들은 말과 소에게 물을 주지 않아 목마르게 했으니 솔개 몸으로 환생시켜 비온 뒤에 꼬부라진 주둥이로 날개의 물을 핥아 먹도록 했다.

그 후 천지왕은 총명부인과 혼인했다. 천지왕은 "큰아들이 태어나거든 성은 강씨 대별왕으로 이름 짓고 작은 아들은 성은 풍씨 소별왕으로 이름을 지으시오. 아들들이 나를 찾거든 정월 첫날에 박씨를 심으라고 하시오"라고 말한 뒤 하늘로 올라갔다.

총명부인은 아들형제를 낳았다. 형제가 삼천선비 서당에서 글공부와 활공부를 하는데 친구들로부터 '아비 없는 후레자식'이라는 놀림을 받게 되었다. 그러자 자신들의 아버지가 누구인지를 물었고 어머니는 사실을 털어놓았다. 형제는 아버지가 두고 간 박씨를 받아 정월 첫 해일에 심었다. 박씨에서 곧 움이 돋아나고 넝쿨이 하늘로 뻗어 올라가 형제는 하늘로 올라갈 수 있었다. 이들은 아버지가 잠시 자리를 비운 사이에 용상에서 놀다가 잘못하여 다시 인간세상으로 떨어지고 만다. 천지왕은 형인 대별왕에게 이승을 맡기고 동생인 소별왕에게 저승을 맡겨 통치하도록 했다. 하지만 소별왕은 형이 다스리는 이승이 탐이 났다. 그래서 수수께끼를 내서 맞히는 쪽이 이승을 차지하자고 하였다. 수수께끼는 형이 먼저 냈다. "어떤 나무가 평생 잎이 지지 않고 어떤 나무는 잎이 지느냐?" 동생이 대답했다. "마디가 짤막한 나무가 잎이 지지 않고 속이 빈 나무는 잎이 집니다." 형 대별왕이 말했다. "아니다. 갈대는 마디마디 속이 비어 있어도 잎이 지지 않는다." 첫 번째 수수께끼는 대별왕의 승리였다.

대별왕은 또 왜 언덕의 풀은 잘 자라지 못하고 아래쪽의 풀은 잘 자라는지, 왜 사람의 머리털은 길고 발등의 털은 짧은지를 동생에게 물었다. 하지만 이것 역시 동생은 답하지 못했다. 세 번을 지자 소별왕은 다른 꾀를 내었다. "꽃을 심어서 잘 자라게 하는 사람이 이승을 차지하고 그렇지 못한 사람이 저승을 맡는 게 어떻겠습니까?" 형과 동생은 은동이와 놋동이에 각각 꽃을 심었다. 형이 심은 꽃은 번성했는데 동생이 심은 꽃은 자라지 않았다. 그러자 동생은 형이 깊이 잠들었을 때 자신의 꽃과 형의 꽃을 바꾸어 놓았다. 할 수 없이 형은 동생에게 이승을 넘기고 말았다.[34] 형은 "인간세상에는 살인이나 역적, 도둑이 많으리라. 남자 나이 15세가 되면 자기 가속을 놓아두고 남의 가속만 우러를 것이다. 여자도 15세가 되면 자기 남편을 놓아두고 남의 남편을 우러를 것이다"라고 말한 뒤 이승을 떠났다.

그때 이승에는 하늘에 해가 둘, 달이 둘이 떠서 백성들이 낮에는 더워 죽고 밤에는 추워 죽어 갔다. 초목과 새, 짐승이 말을 해서 세상은 뒤범벅이고 귀신과 살아 있는 사람의 분별이 없었다. 또한 역적, 도둑, 살인도 많고 남녀 할 것 없이 간음이 퍼져 있었다. 소별왕은 혼란을 바로 잡아달라고 형에게 간청했다. 형은 앞에 오는 해는 남겨두고 뒤에 오는 해를 쏘아 동해바다에 던져두고, 앞에 오는 달은 남겨두고 뒤에 오는 달을 쏘아 서해바다에 던졌다. 그러자 하늘에 해와 달이 하나씩 뜨게 되어 백성들이 살기 좋게 되었다. 그리고 초목과 새가 말하는 것은 소나무 껍질가루로 눌렀다. 다음은 저울로 달아 100근이 차는 놈은 인간으로 보내고 100근이 못되는 놈은 귀신으로 처리했다. 자연의 질서는 바로 잡혔지만 형이 인간세상은 돌보지 않아서 오늘날까지도 인간세상엔 역적과 살인, 도둑과 간음이 여전히 많이 남아 있다 (강일생 구연 〈베포도업침〉).[35]

---

34. 서정오(2003), 『우리가 정말 알아야 할 우리 신화』, 서울, 현암사, 15~24쪽
35. 임석재(1974), 〈제주도에서 새로 얻은 몇 가지〉, 《제주도 제17호》

해와 달이 두 개인 이유는

〈천지왕본풀이〉의 천지왕은 하늘과 땅의 왕이다. 〈천지왕본풀이〉는 제주도에서는 〈베포도업침〉 혹은 〈천지도업〉, 〈천지왕본풀이〉 등으로 다양하게 전승된다. 큰 굿 중에서도 처음 벌이는 가장 큰 잔치로, 대감을 부르는 〈초감제(初感祭)〉라고도 한다. 여기서 대감은 벼슬아치를 말하는 게 아니라 천지왕을 부르는 호칭이다. 어떻게 이 세상이 생겼는지, 어떻게 이 지상의 인간들이 번창하게 되었는지 설명되어 있는 우리나라의 창세기라고 할 수 있다. 무속신화는 이야기가 무궁무진하고 복잡하지만, 〈천지왕본풀이〉는 제주도 신화임에도 각 구연자마다 조금씩 다른 내용으로 전해진다.

앞서 언급한 석가와 미륵의 인세 차지 경쟁과 겹치는 부분은 여기서 생략하고 이 신화의 다른 측면을 다루기로 한다. 천지왕의 아들 강씨 대별왕, 풍씨 소별왕의 탄생은 형제 사이의 갈등이라는 중요한 모티프를 품고 있다. 구약 창세기에도 카인과 아벨의 갈등, 이삭과 이스마엘의 갈등, 야곱과 다른 형제의 갈등이 등장한 것처럼 형제 사이의 경쟁과 갈등은 신화에서 여러 변형으로 반복된다.

그리스 신화에서는 처음에 혼돈 상태에 있다가 우라노스(Uranus), 크로노스(Cronos), 제우스(Zeus)가 태어난다. 우라노스나 크로노스는 타이탄(Titan) 즉 거인족의 시대이지만 제우스부터는 신의 시대가 된다.[36] 그리스 신화에도 혼돈이 먼저 나오고 무언가 깨지고 갈라지면서 세상이 열린다. 이것을 '궁창'이라고 하며 그리스 신화에서

---

36. Kerenyi, Carl.(1998), 『The Gods of the Greeks』, London, Thames and Hudson, pp113~115

는 타르타로스(Tartaros)라고 말한다. 그러나 제우스는 여호와와 달리 땅이나 먼지로부터 사람을 만든 것이 아니라 자신이 죽인 거인족의 재로부터 인간을 만든다.[37] 반면에 대별왕과 소별왕의 탄생에는 수명장자라는 희생제물이 필요하다. 그리스 신화에서는 제우스가 자신의 조상을 죽여 자식을 만들었지만, 제주도 신화에서는 이웃집 나쁜 영감 수명장자만 죽이면 된다. 그리스 창세신화의 구조를 이처럼 우리의 무속 신화에서도 발견할 수 있다는 것이 흥미롭다.

혼돈과 파괴가 없으면 새로운 세계가 열리지 않는다. 하늘과 땅이 금이 생기면서 천지가 개벽하고 거기에서 별이 탄생한다. 견우성, 직녀성, 북두성을 삼태성이라고 한다. 쌍둥이나 다둥이는 신화에서 단계별로 진화하거나 분화할 때에 자주 등장한다. 타이탄족도 우라노스가 가이아(Gaia)와 결혼해 자식을 열한 명 낳았고 레아(Leah)와 크로노스도 한꺼번에 여러 자식을 낳았다. 그러다가 제우스 시대에 와서 아테나(Athena) 신과 아폴로(Apollo) 신이 쌍둥이로 태어난다. 타이탄의 시대에는 아이를 열 명, 열한 명씩 낳다가 제우스 시대로 와서 아이를 둘이나 셋밖에 낳지 않게 되는 설정은 인간의 시대로 접어들었다는 뜻으로 해석할 수 있다.

한편 우리에게는 노인성이라는 것도 있다. 남쪽의 노인성은 우리나라 민화에서 이마가 높은 노인들이 긴 수염을 하고 있는 그림에서 찾을 수 있다. 주로 '남극노인(南極老人)'이라고 말하는데 일종의

---

37. Campbell, Joseph.(1991), 『The Masks of God : Creative Mythology』, London, Penguin Books, p14

도인 같은 이미지이다. 노인성은 지혜의 원형이자 현자의 원형이며, 남극노인은 장수와 지혜를 상징한다. 별들은 각자 방향을 가리키며 그 방향마다 뜻을 가지고 있다. 색깔로도 이야기하는데 보통 남쪽은 붉은색의 따뜻한 에너지, 북쪽은 검은색의 추운 이미지로 해석한다.

다음, 옥황상제 천지왕이 천지를 개벽할 때 해와 달을 각각 둘을 보낸 이유를 살펴보자. 이집트 신화에서 유일신이 태양신이기 때문에 태양신이 가장 윗개념이라고 생각하는 사람들이 많은데 실제는 그렇지 않다. 태양신은 나중에 파라오가 유일신으로 공식 선포한 것일 뿐, 그 전에는 태양신이 아툼(Atum)과 라(Ra), 케페리(Kheperi) 세 개로 나뉘어 있었다. 천지가 개벽할 때도 유일한 하나가 아니라 혼돈에서 눈이 나오고 그 다음에 공기와 습기가 나오는 식이다. 공기의 신은 슈(Shu), 습기의 신은 테프네트(Tefnet)이다.[38] 이슬도 과학적으로 보면 물이 생명의 근원이다. 천지를 열기 위해서는 태양도 있어야 하지만 태양 하나만 있어서는 안 된다는 뜻이 이 신화 속에는 담겨 있다. 물과 구름, 이슬이 있어야 생명체가 탄생하고 태양계가 존재할 수 있다. 신화이자 무가지만 참으로 과학적인 생성 원리라고 감탄하게 된다.

그리스 신화에서 태양의 신은 아폴로, 달의 신은 아르테미스(Artemis)이다. 그런데 아폴로 이전에 타이탄 시대에는 헬리오스(Helios)라는 태양신이 있었고 아르테미스 이전 타이탄 시대에는 달의 신 셀레네

---

38. Barring, Anne. & Cahford, Jules. 같은 책. pp227~228

(Selene)가 있었다. 즉 그리스 신화에서도 태양의 신과 달의 신이 둘이었다가 아폴로와 아르테미스로 정리가 되었다는 것을 알 수 있다. 예족 신화에서도 시조인 궁수가 10개의 태양 중 9개를 쏘아 없애고 1개만 남겼다고 말한 바 있다. 이런 이야기가 뜻하는 것은 우리 마음을 분별하고 분화하는 것도 필요하지만, 하나로 흡수하고 통합하는 지혜도 필요하다는 것을 알려주기 위해서일 것이다.

반대로 쌀과 모래가 섞여 있는 상황은 어려운 일이 있으면 하나하나 분리해서 풀어나가야 한다는 뜻이다. 쌀과 모래는 서로 공존하지 못하는 대극의 일상적이고 평범한 상징이다. 이 신화에서 수명장자와 천지왕도 대극일 수 있다. 융의 분석심리학적으로 이야기하면 천지왕의 그림자가 수명장자인 셈이다. 또 천지왕의 아니마(Anima, 남성의 무의식 속의 여성성)가 총명부인이다.

이렇게 삼각으로 엮인 관계에서 총명부인이 천지왕과 결합하려면 수명장자의 방해를 이겨내야만 한다. 이 신화에서는 수명장자가 도움을 주기도 하고 훼방을 놓기도 하는 존재로 등장한다. 수명장자가 쌀을 주기는 하는데 모래를 섞어준다는 것은, 돕기도 하지만 방해도 하는 존재라는 뜻이다.

수명장자는 우리 마음을 보여주는 장치물로 등장한 듯하다. 우리 마음에도 두 가지 마음이 있지 않은가. 악한 사람 따로 있고 선한 사람 따로 있다고 생각하지만 사실 선악은 우리 안에 함께 공존하고 있다. 그것을 분별해낼 때에만 제대로 된 통합을 이룰 수 있다. 우리의 현실적인 과제는 쌀 밥 속에 모래를 걸러내는 일일 수도 있다고 이 신화는 말해주고 있다.

내 안에 있는 선과 악을 분별하고 통합하라

천지왕은 총명부인의 설움을 해결해주기 위해 수명장자의 악행을 벌한다. 수명장자는 천지왕의 그림자라고 얘기한 바 있다. 천지왕이 벌할 때 나선 이들은 벼락장군, 올레사자, 우레, 화덕진군 등이다. 즉 비와 바람, 불이 나서서 인간을 벌한 것이다. 여기서 화덕은 불을 상징하는데, 창세신화에는 불의 상징이 자주 등장한다. 밥을 짓거나, 물로 쌀을 씻는 것은 일종의 정화이며 연금술적인 상징이다.

화덕은 그리스 신화의 헤스티아(Hestia) 여신의 도구이다. 헤스티아는 그리스 신 중에서 가장 먼저 태어난 여신이고 오히려 헤라보다 전통적인 어머니 상에 가깝다.[39] 화덕은 예부터 집의 가장 중심으로, 불, 즉 부엌을 중심으로 식구들이 모여들었다. 일본의 전통가옥에는 집안의 중심에 화덕을 배치했고, 우리나라에도 화롯불이 꺼지면 집안의 흥망이 결정된다고 믿을 정도로 불을 신성시했다. 현대식으로 표현하자면, 불이 꺼진다는 것은 집안의 안주인이 게으르고 살림에 관심이 없다는 이야기이다. 이런 집이 잘될 리가 없으니 "불씨가 꺼지면 집안이 망한다"고 우려한 옛이야기를 오늘의 화법으로 풀이해도 틀린 말은 아니다.

수명장자의 식구들은 다른 사람들을 악하게 대한 벌을 받는다. 특히 딸들을 팥벌레로 만든 이유를 생각해보자. 팥을 오래 바깥에 두면 팥을 쭉쟁이로 만드는 벌레가 생긴다. 이 벌레를 잡아먹는 것이 팥벌레로, 눈에 보이지는 않지만 거미처럼 생겼다. 거미는 어머니의

---

39. 위 책, p313

상징으로도 쓰이지만 팥벌레처럼 벌레들을 잡아먹는 상징으로도 쓰인다.

신화에는 이처럼 선악의 모티프가 자주 등장한다. 나쁜 시아버지와 착한 며느리의 대결 구도도 이런 식이다. 착한 며느리는 쌀을 시주하려고 하지만 못된 시아버지가 거기에 모래를 집어넣는다든지, 이집트 신화의 세트라는 악한 신이 오시리스를 죽이는 식이다.[40]

많은 사람들이 "나는 선한데 상대방은 악하다" "우리는 괜찮은데 저쪽은 악하기 짝이 없다"라고 생각한다. 아주 낮은 수준의 선악 구별 방식이고, 실제와는 다른 이해일 때가 대부분이다. 여기서 약간 높은 수준이라면 "그 사람 때문에 내가 이렇게 악해졌다"라고 이야기한다. 적어도 자신에게 어느 정도 악한 부분이 있다는 것을 인정하는 셈이다. 여기서 한 걸음 더 나아가면, 선한 인간이라는 탈을 쓰고 있는 자신의 무의식에는 매우 악하고 어두운 부분이 숨어 있다는 것을 인지하게 된다. 선과 악이 한 몸뚱이처럼 붙어 공존한다는 사실을 인정해야 끝없는 편 가르기 및 복수와 응징이라는 악의 사슬을 끊을 수 있다. 융의 분석심리학에서 말하는 무의식의 '그림자' 인식하기이다. 그렇다면 다시 이 신화에서 수명장자는 천지왕의 그림자라는 사실이 이해될 것이다.

다만 우리나라의 샤머니즘의 세계에서는 그리스도교, 유대교, 조로아스터교처럼 칼로 자르듯 선악을 구별하지 않고, 예측하지 못한 방식으로 상과 벌을 내린다. 예컨대 악한 존재도 무조신이 된다든가

---

40. 위 책, pp228~244

하는 식이다. 샤머니즘의 세계관은 고등 종교의 윤리의식과 달리 도덕률이 완전히 자리 잡지 않을 때부터 비롯된 것이라는 사실과 부합한다. 고대 이전의 인간의 입장으로 보면 즉각적인 보상과 달리 죽음 이후의 징벌과 관련된 죄의식이나 인과응보 사상은 고등 종교가 만든 새로운 발명품일 것이다.

부모의 부재, 남편의 부재

천지왕은 총명부인에게 정표로 박씨를 남기고 떠난다. 다른 신화와 마찬가지로 신들은 떠나고 인간은 남는다. 제우스도 여자를 임신시킨 뒤 떠난 바 있다. 신이 인간과 아이를 낳은 뒤 필연적으로 떠나는 영웅 신화의 포맷을 이 신화도 똑같이 반복하고 있다. 바그너가 오페라로 만든 서양 중세의 대표적 영웅 파르지팔(Parsifal)도 아버지의 부재와 그에 따른 주인공의 세상에 대한 무지로부터 이야기가 시작된다.

신의 아들이 굴욕적인 어린 시절을 보내는 것도 거의 모든 신화의 공통된 사항이다. 이들은 신의 아들이지만 '아비 없는 후레자식'이라고 놀림 받으며 따돌림을 당한다. 총명부인은 요즘 식으로 말하면 남편 없이 아이를 가진 미혼모이다. 영웅이 되려면 미혼모의 설움, 아비 없는 자식으로서 따돌림을 받아야만 하는 것일까. 총명부인의 아이들도 친구들로부터 왕따 당하고 설움당하고 어려움을 겪는다. 한 가지 덧붙일 점은 이 신화에서는 아버지뿐 아니라 어느 순간 총명부인도 보이지 않는다는 점이다. 그것은 영웅 신화의 전개가 흔히 어머니를 떠나는 것에서부터 시작한다는 사실을 알려 준다. 그리스 신화의 페르세우스도 어머니를 떠나 어려움을 겪다가 나중에 메두사라는 나쁜 형태로 어머니의 존재를 다시 만난다. 파르지팔이 아버지를 찾아, 혹은 아버지 상을 대체할 수 있는 기사가 되기 위해 세상에 대한 오해를 가득 지니고 고향을 떠나는 것처럼 대별왕과 소별왕이 아버지를 만나기 위한 여정에도 여러 우여곡절이 많다.[41] '부모의 부재'는 어떻게 보면 영웅이 되기 위해 필요한 전제조건이다. 영웅은 자기가 스스로 이 세상의 시작이 되어야 한다. 또한 영웅은 '신적인 에너지를 가지고 태어났다'는 징후가 있어야 하는데 곁에 없는 부모가 만약 신이라면 물리적으로는 존재하지 않지만, 영적으로는 존재할 수 있는 신이자 아버지일 수 있다.

현실에서 아버지들은 아이를 자궁에 품고 수유를 하는 어머니와 달리 애착관계가 느슨하거나, 바깥 세상에 나가서 돈을 벌어 자녀를 먹여 살려야 하기 때문에 싫어도 어쩔 수 없이 아이 곁을 떠나 있어야 한다. 어린 아이들이 경험하는 '아버지 부재'의 상황이다. 매일 집에 돌아와 충분히 놀아주는 자상한 아버지를 가진 자녀들은 생각보다 많지 않다. 대부분의 아이들에게 아버지는 외부 세상 어딘가에 있는 불가사의한 존재로 비쳐진다. 일하는 어머니, 자의식이 과잉된 어머니가 늘어난 요즘에는 어머니의 부재도 만만치 않다. 그리스 신화를 비롯해 전 세계의 신화에서 신인 아버지가 인간인 어머니와 교접한 후, 아무 대책 없이 버리고 하늘로 떠나는 상황과 유사해 보인다.

---

41. Haule, John R.(2010), 『Divine Madness : Archetypes of Romantic Love』, London, Fisher King Press, p214

하늘로 올라가 아버지를 만나게 해주는 매개체인 박씨는 넝쿨을 만드는 작은 시작이다. 넝쿨은 영웅 신화에서 잘 나타나는 끈이나 실을 상징한다. 그리스 신화의 3대 영웅 중 하나인 테세우스도 자기 아버지 아이게우스(Aegeus)를 찾으러 갈 때 검과 실이라는 정표를 지녔으며 이때 아리아드네(Ariadne)가 그를 도왔기 때문에 '아리아드네의 실'이라는 신화가 전해진다.[42] 거미는 아라크네로, 아테나 여신의 변신, 즉 아테나 여신의 그림자이다. 흥미로운 것은 아테나 여신이 창조와 파괴의 이미지를 함께 담고 있다는 것이다. 아테나 여신은 흔히 지혜의 여신으로 알려져 있지만 동시에 전쟁의 여신이자 파괴의 여신이기도 하다. 즉 창조와 파괴는 동전의 앞뒤처럼 항상 같이 움직인다는 것을 뜻한다.[43]

박씨나 아리아드네의 실은 매우 약하다. 이는 아버지를 찾아간들 그 아버지가 모든 것을 해결해주지 않는다는 상징이다. 끈이 있지만 그 끈은 언제든지 잘릴 수 있다. 아버지와 아들의 인연은 이처럼 언제든 끊어질 수 있는 가느다란 실 같은 존재이며, 그 실로 이어진 과거를 공유하는 정도로만 생각해야 한다는 뜻이다. 진정한 영웅이 되고 자기 인생의 주인이 되려면 아버지에게 모든 것을 기대지 말고 자신의 노력으로 헤쳐 나가야 한다는 것을 의미한다. 끈이나 박씨로 상징되는 아버지는 내 생명의 원천이자 출발점이지만, 그 정도의 역할이 전부라는 뜻이기도 하다.

---

42. Ovid Tr. by Melville, A. D., 『Metamorphoses』, Oxford & New York, Oxford University Press, pp156-157, p176
43. 위 책, pp332~345

인간세상이 어지러운 이유는

아들들은 아버지가 정표로 남긴 박씨 넝쿨을 타고 하늘로 올라간다. 아버지가 용상에 앉아 있는 것을 생각만 해도 그들은 흥분되며 좋았을 것이다. 그래서 아버지가 없는 의자에 앉아서 흔들다가 뿔이 부러져 결국 인간세상으로 다시 떨어지고 말다니! 내가 만든 용상이 아니라 아버지의 용상에서 자신을 뽐내다가 떨어지는 이야기는 요즘 세상의 타락한 2세들의 행태에만 국한되는 것은 아니다.

자신의 부모가 남보다 돈이 많거나 지위가 높다고 으스댈 줄만 알지, 실제로 자신이 이루고 노력한 것은 없어서 혼자서는 아무 존재의 의미를 느끼지 못하는 '누구의 자녀'들이 부러움의 대상이 되는 사회는 결코 건강하지 못하다. 건강하지 못한 사회에 미래가 있을 수 없다. 자신이 아니라 부모의 지위나 부를 믿고 으스대다가 사고를 치는 이들이 오히려 대접받는다면 누가 건전하게 살고 싶겠는가.

물론 이들에게도 구원의 가능성은 있다. 자신에게 공짜로 주어진 것과 자신이 이룩한 것을 구별할 줄 알고, 공짜로 주어진 것들이 자신들의 인생을 얼마나 허망하고, 의미 없게 만드는지 알게 하는 것이다. 하지만 이런 과정을 소수에게 밀어버릴 수만은 없다. 천지왕의 아들들처럼 잠시 무소불위와 영원불멸의 찰나를 맛보았지만, 용상의 뿔이 부러져 지상으로 떨어지는 장면은 현실에서 얼마든지 찾아볼 수 있다. 어쩌면 이들이 인간세상에 떨어짐으로써 오히려 구원을 받은 것처럼, 자신에게 무상으로 주어진 달콤한 조건들이 실은 자신의 인생을 파괴하는 미끼라는 사실을 알아채야 진짜 자기 자신으로 거듭날 수 있다.

그런데 이런 과정은 엄혹하다. 특히 추락의 시기에는 본격적으로 형제 사이의 갈등이 일어난다. 부모가 죽은 후, 혹은 늙어서 기운이 빠졌을 때 형제간에 재산 싸움이 일어나고, 독재자의 집안에서 피비린내 나는 권력다툼이 일어나는 이치이다.

인생의 의미를 알아맞히는 수수께끼

신화에서 천지왕은 형인 대별왕에게는 이승을 맡기고 소별왕에게는 저승을 맡겨 질서를 바로잡게 한다. 그러나 동생인 소별왕은 아버지의 처사를 못마땅해 한다. 그래서 다음 단계로 형제는 수수께끼를 내 이긴 자가 이승을 맡기로 한다. 부모들이 자식들을 서로 경쟁시켜 무의식적으로(혹은 의식적으로), 자신들의 노후를 보장해주는 자식을 편애하는 이치이기도 하다. 여기서 수수께끼의 내용이 재미있다.

수수께끼를 알아맞히는 것은 인생의 숨은 의미를 알아맞히는 것이며 성인으로서 거쳐야 할 통과의례이다. 그런데 수수께끼는 패러독스(Paradox)로 가득 차 있다. 패러독스란 서로 다른 진실이 충돌할 때 일어난다. 유명한 러셀의 패러독스는 "자신을 포함하지 않는 리스트들을 자신이 품고 있는 리스트"이다. 자기 모순이자 자가당착으로 보이지만, 그 안에 진리가 숨어 있으니 사람들을 당황하게 만드는 게 패러독스이다. 겉으로는 모순되어 보이고 말도 되지 않는 논리적 충돌이다. 이것과 조금 유사한 '부정의 부정' 논리도 있다. 예컨대 "어떤 크레타 사람이 말하길 '모든 크레타 사람은 다 거짓말쟁이다'라고 말했다 한다. 그렇다면 그 크레타 사람이 이야기하는 사실은 참인가 거짓인가"라는 철학적 논쟁의 일화는 특히 유명하다. 만약 이 언술이 진실이라면, 크레타 사람인 그가 거짓말을 하고 있다는 것이 맞다는 말이니, 다시 '크레타인은 거짓말쟁이'라는 말은 거짓이라는 순환논리로 빠져든다. "한국 사람들은 다 게으르고 무식하다"라고 말하는 한국인들이 자기 모순에 빠지는 것과 비슷한 논리이다.

철학자들의 말장난처럼 들릴지 모르겠지만, 실상 어떤 게 옳은 건지 어떤 게 진실인지를 잘 모르며 우리의 이성, 논리, 의식에 함정이 있고 한계가 있다는 인생의 진리를 말해주는 게 패러독스이다. 초등학생이 푸는 산수처럼 인생도 딱딱 떨어졌으면 좋겠지만 인생은 그렇게 쉽게 이해할 수 있지도, 호락호락하지도 않다. 고등수학의 세계에서도 미분과 적분의 세계를 깊이 들여다보면, 결국 인간이 말할 수 있는 진리라는 한계가 얼마나 좁은지 절감할 것이다. 이런 우리의 존재적 모순은 형인 대별왕이 낸 수수께끼에 그대로 담겨 있다. 형이 "어떤 나무가 평생 잎이 지지 않고 어떤 나무는 잎이 지느냐?"고 물어보자 동생 소별왕은 "마디가 짧으면 잎이 지지 않고 속이 비면 잎이 진다"고 답한다 그러자 형은 예외를 들이댄다. "갈대는 마디마디 속이 비어 있어도 잎이 지지 않는다."

소별왕의 이야기는 언뜻 생각하면 맞는 대답 같지만 이 대답은 일반화의 오류를 보여주는 사례이다. 모든 것에는 예외가 있을 수 있기 때문이다. 누구의 인생이든 복잡하지 않은 것이 있을까. 모두 자기에게 주어진 과제들이 복잡해서 머리 아프다고 말한다. 그러니 모든 사람에게 통하는 공식같은 것은 애초에 없다. 일반화라는 것을 적용할 수 없으니 이른바 처세술이니 성공 심리학이 허무맹랑하게 보인다. 저 사람한테 적용되는 원리가 이 사람한테는 적용되지 않는 경우가 얼마나 많은가. 힘있는 누군가의 원칙을 힘없는 다수가 어쩔 수 없이 따라야 할 때 많은 사람들이 수용하기 힘든 이유이다.

그러니 다수결의 법칙이 반드시 선한 결론이라고 볼 수도 없다. 다수가 정한 것이니 원칙에 따라 승복은 하지만 그것이 나의 삶에 꼭 중요한 원칙이 아닐 수도 있다는 이야기이다. 때로는 다수결의 원칙이 사회를 이상한 방향으로 끌어나가기도 한다. 나치 집권 때처럼 다수가 따르는 권력자들이 종종 자신들의 잘못된 신념에 지나치게 기대어 그것에 동의하지 않는 소수를 억압했던 역사적 사건들은 셀 수 없을 정도로 많다. 성숙한 사회일수록 소수의 의견을 존중하고 다수와 다른 말을 하는 소수를 영원히 추방하려고 하지 않는다.

민주주의의 원형이라고 칭송받는 그리스 시대에도 독재를 방지하기 위한 '도편추방제(Ostracism)'라는 것이 있었다. 국가에 해를 끼칠 참주가 될 위험한 사람의 이름을 도자기 파편에 적어 일정 이상의 표를 받으면 국외로 10년간 추방하던 제도이다. 하지만 나중에는 정치적으로 이념을 달리하는 정적을 제거하는 목적으로 변질되었다. 문제적 인간이라는 판단 자체부터 따져야 한다는 뜻이다. 인생이 하나의 원리로 묶을 수 없는 것처럼 어떤 판단이나 평가, 혹은 제도라도 완벽한 것은 없다.

용상에서 떨어지는 경험을 하게 되면 그 사람에게는 성숙의 기회가 될 수 있지만 언제 불안의 요소가 떨어질지 모르니 매우 불안정한 사회가 될 수 있다. 이런 사회는 소수자를 자꾸 몰아낸다. 성소수자들이나 다른 생각을 가진 사람을 포용하는 사회야말로 성숙한 사회이고 선진국이라고 할 수 있다. 크게는 다수의 방향으로 가지만, 소수의 의견도 존중하는 사회가 되어야 할 것이다.

인생은 호사다마, 새옹지마의 연속

한편 대별왕과 소별왕의 수수께끼 내기에서 소별왕은 세 번 모두 진다. 그런데 최후의 승리는 꾀를 내어 이긴 소별왕이 차지한다. 미륵과 석가의 대결에서도 이와 같은 상황이 벌어진 적이 있다. 인생이란 참으로 오묘하다. 선한 의도를 갖고 있는 이들이 꼭 선한 일을 하는 것이 아니라는 깨달음을 준다. 또 현명한 이들이 현세에서 그만큼 존경을 받는 것도 아니며, 반드시 능력이 있는 이들만 역사에 기록되는 것도 아니다. 권선징악이나 인과응보는 어쩌면 절망적인 상황에서 우리를 견디게 하는 환상 같은 것은 아닐까.

물론 승자라고 해서 반드시 행복한 것은 아니다. 대개 1등은 항상 불안하지만, 꼴찌들 중에는 일단 세상만사가 편하고 아무도 공부하라고 닦달하지 않으니 더 편하다고 이야기하는 사람도 있다. 권력이나 축재의 정점에 선 사람들이 돈과 힘은 있어도 개인적으로는 비참하고 불행한 일도 많다. 인생에는 전화위복, 새옹지마의 상황이 또 얼마나 많은가. 이문열의 소설 『우리들의 일그러진 영웅』에도 묘사되지만, 쿨하고 멋져 보이며 이른바 '짱'으로 권력을 휘둘렀던 아이들이 성장하면서 패배자가 되고, 약하고 소심했던 아이들이 열심히 공부에 매진해 어린 시절의 열등감을 극복하는 경우도 적지 않다. 반대로 아이비리그 출신 졸업생들이 주립대 졸업생들보다 오히려 덜 성공적이었다는 조사도 있다. 지금은 진 것 같지만 결국은 판세를 뒤집어 이기는 경우도 있으니, 세상만사는 죽기 직전까지, 심지어는 죽고 난 다음에야 결판이 나기도 한다.

살리에르는 살아생전 모차르트 못지않은 유명세를 즐겼지만, 후세의 문화계는 그를 열등감의 화신이자 실패자로 그린다(실제 어떠했는지 누가 알겠는가?). 미로는 말년에 많은 작품들을 세상에 내보냈지만, 바로 그 때문에 적지 않은 미술비평가들에게 의심의 대상이 된 적도 있어서 상대적으로 저평가 되었다. 그러나 죽기 적전까지 변신했던 미로의 업적들까지 모두 축소될 수는 없는 노릇이다. 화가 로스코는 세상과 타협하지 못해 외롭게 자살을 했지만, 바로 그 점 때문에 신화적 인물이 되었다. 케네디는 사실 그다지 이루어 놓은 것 없는 잘생기고 젊은 대통령이었지만, 암살되었기 때문에 역사상 가장 위대하고 인기 있는 대통령이 되었다고 빈정대는 이들도 있다.

대별왕과 소별왕도 아비 없는 아들이라고 놀림을 받았기에 아버지인 신을 찾게 되고 하늘에서 떨어지는 비극을 겪었기 때문에 세계를 통치하게 된다. 인생 차지 경쟁에서 소별왕이 진 것 같지만 결국은 꾀를 내어 이겼고, 또 그가 이겼기 때문에 세상에는 악이 넘치게 된 것을 보면 인생은 호사다마, 새옹지마의 연속이며 한 치 앞을 예측할 수 없고, 심지어는 현재 일어나는 의미도 알 수 없다는 말이 맞는 것 같다.

대별왕과 소별왕의 관계는 형제이지만 어떤 의미에서는 경쟁자이고, 서로의 그림자라고 할 수 있다. 소별왕은 형에게 속임수를 써서 이기는데, 이런 모티프는 신화에서 자주 등장한다. 그리스 신화의 헤르메스가 아폴로를 속여 소를 빼앗는 장면에서 똑똑한 아폴로에 맞서 헤르메스는 기지를 발휘해 소를 빼앗는다. 대별왕도 수수께끼 내기에서 소별왕을 모두 이길 만큼 똑똑하지만 속임수 한방에 져서 세상을 뺏긴다.

신화의 시대에서 속임수는 인생의 속임수와는 의미가 다르다. 신화의 속임수는 '운명에 속는다'라는 의미이다. 구약 창세기의 야곱의 이름은 '대신하는 사람(Supplanter)' 혹은 '형의 발꿈치를 잡는 사람'이란 뜻이다. 소별왕이 대별왕을 대신해서 세상을 가져간다는 설정은, 때론 그릇이 작고 정직하지 않아도 세상의 윗자리를 차지하고 있는 현실을 반영한다. 세상에 역적, 살인, 도둑, 간음이 판을 치게 된 이유를 신화가 문학적으로 설명해주고 있는 셈이다. 뒤치다꺼리를 해주는 사람도 무능한 동생 소별왕이 아니라 대별왕이라는 점도 세상사와 비슷한 설정이다.

형인 대별왕이 끝까지 동생을 도와준다는 사실은 매우 흥미롭다. 〈해와 달이 된 오누이〉 이야기에서도 오빠는 동생의 요구를 무조건 들어준다. 해가 된 오빠는 달이 된 동생이 춥다고 하자 자신과 동생의 위치를 바꿔준다. 넉넉한 맏이의 마음씀씀이가 엿보이는 대목이다. 지금 우리가 사는 세상에도 이렇게 관대하게 마음을 쓰는 선배와 어른들이 많다면 얼마나 좋을까. 넉넉한 마음으로 주변 사람을 돌보는 장자들이 많다면 세상이 훨씬 살만할 텐데, 위로 올라갈수록 대접만 받으려 하니 이 세상이 이렇게 어두운 것이 아닌가 싶다. 형에게 속임수를 써서 이승을 차지한 것은 동생 소별왕이지만, 이름만 동생의 것이지 실질적으로 세상을 움직이는 것은 대별왕의 무심한 손이라는 생각도 든다.

　속임수를 써서 형의 이승을 차지하게 된 것이 과연 동생에게 좋은 일일까. 신화의 세계에서도 욕심 많은 동생의 뜻과는 다르게 이야기는 흘러간다. 막상 이승을 관장하게 되었지만, 이승이란 세계가 너무나 추하기 때문에 또 착한 형에게 도움을 청할 수밖에 없었던 것이다. 형은 이승의 질서를 바로잡는다. 악한 동생 세트와 착한 형 오시리스의 조합과 비슷하다.

꽃은 스스로 여여하게 핀다

　두 형제의 수수께끼 내기 중 왜 언덕의 풀은 잘 자라지 못하고 아래쪽의 풀은 잘 자라는지, 왜 사람은 머리털이 길고 발등의 털은 짧은지가 함축하고 있는 상징을 살펴보자. 이 이야기는 위에 있다고 항상 잘 자라는 것도, 항상 못 자라는 것도 아니고, 반대로 아래에 있다고 항상 잘 자라는 것도, 항상 못 자라는 것도 아니라는 의미를 내포하고 있다. 즉 앞의 이야기처럼 일반화하지 말라는 뜻이지만, 한 걸음 더 나아가 사람의 몸과 자연을 하나로 보는 샤머니즘의 세계관을 보여준다.

　샤머니즘에서는 인간을 자연의 일부라고 해석한다. 반면에 과학주의적 근대 서양의 세계관에서는 인간이 자연을 지배한다고 생각한다. 그래서 자연에 한 번도 들어가지 않으면 '처녀림'이라고 하고 자연을 복종시킬 대상, 파괴해야 할 대상이라고 말한다. 그러나 샤머니즘에서는 우리의 몸도 하나의 마이크로코스모스, 즉 작은 자연, 소우주라고 본다. 그렇기 때문에 두 형제의 대결에서 '꽃'이 중요하다. 샤머니즘에서 꽃은 무언가를 한다기보다는 있는 그대로의 존재이다. 작위의 존재가 아니라 여여하게 있는 존재이다. "꽃을 심어서 잘 자라게 하는 사람이 이승을 차지하고, 잘 자라지 못하게 하는 사람이 저승을 맡도록 하자"고 하는데 꽃은 그대로 두어도 여여하게 스스로 성장하는 존재이다. 있는 그대로 내버려두면 자연스럽게 자라나는 게 진짜 신적인 상황일 수 있다.

그런데 형이 심은 꽃은 나날이 자라서 번성한 꽃이 되는데 왜 동생이 심은 꽃은 자라지 못했을까? 그것은 형에게는 의도가 없는데 동생에게는 의도가 있었기 때문이다. 권력욕이 있으면 정권은 잡을 수 있지만 좋은 정치인이 될 수 없고, 사심 없이 봉사하고 헌신해야 좋은 정치를 할 수 있다. 성공과 명성, 부의 축적을 목적으로 하면, 자신의 일에 집중하지 못하고 성공과 명성, 부로부터 멀어져 갈 수 있다. 인생의 이치가 그렇다. 사심이 끼어들면 꽃 하나도 제대로 피울 수 없다. 누구에게도 보여주지 않아 죽고 나서도 한참 동안 아예 존재한다는 것도 알지 못한 비비안 마이어(Vivian Maier)의 사진이 어떤 유명한 사진가들의 작품 못지않게 우리에게 감동을 주는 이유가 여기에 있다. 욕심을 가지는 것이 우리의 본능이지만, 그 욕구 자체가 인생의 목적이 되어서는 안 된다. 소별왕의 경우는 꽃을 키우는 자체를 즐기지 못하고 꽃을 잘 키워 경쟁에 이겨서 이 세상을 내 것으로 만들겠다는 의도가 있었기 때문에 꽃이 아름답게 피지 않았던 것이다.

지금 우리들은 행복하지 않다는 말을 꽤 자주 한다. 그 이유가 여럿이겠지만 그 한 가지는 지나치게 의욕이 넘치기 때문이다. 남보다 행복하게 살겠다거나 남을 이기겠다는 의욕을 내려놓아야 한다. 남과 비교하지 않고, 혼자서도 여여하게 잘살 수 있는데, 꽃을 멋지게 피워보겠다고 거름을 지나치게 투여하고 물을 붓고 땅을 들었다 놨다 쑤시니 꽃이 잘 자랄 수 없는 것이다. 지금 우리에게 필요한 것은 기다릴 줄 아는 여유이고, 자신이 지구와 우주의 작은 한 부분, 어쩌면 먼지보다 더 작은 존재라는 점을 인정하는 태도가 아닐까.

그리고 또 중요한 게 있다. 초목이랑 새가 격에 맞지 않게 말을 한다는 점이다. 그것을 막는 것이 소나무 껍질가루, 즉 초근목피 할 때 나무껍질이다. 소나무 껍질은 딱딱해서 가루를 내기가 어렵고 양도 많지 않다. 이것을 일일이 가루를 내서 시끄럽게 만드는 말을 막았다는 것은 불필요한 것을 정리해야 할 때 배워야 할 태도이다. 불필요한 것을 정리하려면 이처럼 어려운 과정을 거쳐야 한다는 것을 본보기로 보여주고 있는 것이 아닌가 싶다. 꽃처럼 그냥 내버려두는 것도 필요하지만 때로는 부지런하게 움직여서 불필요한 것을 치우는 것도 우리가 해야 할 일이다.

그 다음에 100근이 차는 놈은 인간으로 보내고 100근이 안 되는 놈은 귀신을 만들어 버렸다는 대목이 나오는데, 비슷한 모티프가 이집트 『사자의 서』에도 실려 있다. 상형문자의 저울 그림이 바로 그것이다. 심장의 무게를 재서 무거운 것과 가벼운 것을 나눌 때 이를 지켜보는 법관이 있다. 죽은 사람이 오시리스 법정에 들어서면 자기 고백을 하고, 이때 죽은 사람의 심장을 깃털과 비교해 계량하는 일종의 법정이 열린다. 아누비스 신은 저울 한 쪽에 진리를 상징하는 토트 신의 깃털을 올려놓고, 암무트는 죽은 사람의 심장을 먹기 위해 지키고 있다.[44] 즉 부지런히 일하는 것처럼 아주 세밀한 판단의 능력이 필요하다는 뜻이다.

융의 분석심리학에서는 사고기능, 감각기능, 직관기능, 감정기능의 네 가지로 나누는데 특히 열등한 감정기능은 좋다와 나쁘다를 성급하게 판단한다. 판단을 할 때 이유 없이 비합리적으로 좋다와 나쁘다로 선 긋지 말고, 세밀하게 정확하게 재서 판단하고 불필요한 것은 정리하라는 뜻이다. 〈천지왕본풀이〉는 이처럼 심오한 내용을 담고 있다. 세세하게 곱씹으면 상황 하나하나가 모두 버릴 것 없는 심오함을 담고 있다.

---

44. 서규석 편저(1999), 『이집트 사자의 서』, 서울, 문학동네, 286~288쪽

유화부인 이야기
\ 내적으로 성찰하고 변신하라

(삼국유사)

하백의 딸 유화가 동생들과 놀러 나갔다가 천자의 아들이라고 하는 해모수를 만나 웅심산 밑 압록강 가의 집에서 정을 통한다. 그 뒤 해모수는 떠나고 유화가 결혼하지 않고 아이를 가진 데 화가 난 하백이 태백산 남쪽 우발수로 유화를 보낸다. 금와가 발견해 방에 가두었더니 몸을 이리저리 피해도 햇빛이 쫓아와 비쳤다. 유화는 닷되만한 알 하나를 낳았는데 왕이 그것을 버려 개, 돼지에게 주었으나 먹지 않고 길에서는 소와 말이 피했다. 새가 날개로 덮어주고, 쪼개려고 해도 쪼갤 수가 없어서 다시 유화에게 돌려주자 유화가 따뜻한 곳에 두었더니 그 안에서 사내아이가 껍질을 깨뜨리고 나왔다. 이 아이가 주몽이다.[45]

(이규보의 동명왕편)

부여왕 해부루가 늙도록 자식이 없었는데 하루는 말이 곤연이란 못에서 큰 돌을 보고 눈물을 흘렸다. 왕이 이상하게 생각해 돌을 굴리게 했더니 금빛 개구리 모양의 동자가 있어서 금와라 이름 짓고 태자로 삼았다. 하루는 재상 아란불이 동해가에 가섭원이라는 땅이 기름지고 도읍할 만하니 그리 가라 해서 도읍을 옮기고 나라 이름을 동부여라 했다.

---

45. 『삼국유사』, 90~91쪽

이때 천제의 아들 해모수가 내려와 도읍을 정했다. 해모수는 오룡차를 타고 웅심산에 머물고 오우의 관을 쓰고 용광의 검을 차고 내려왔다. 그때 청하에서 해신 하백의 세 딸이 웅심연에 놀고 있으니, 왕이 그들에게 술을 먹이게 하고 큰 딸 유화를 붙들었다. 이에 하백이 크게 노해 왕과 겨루었다. 먼저 못 속에 잉어로 변했더니 왕은 수달피로 변해 잉어를 붙잡았고, 하백이 사슴으로 변하니 다시 승냥이로 변해 쫓아갔다. 하백이 꿩으로 변해 날아가니 왕이 다시 매로 변해 이를 쳤다. 이에 천제의 아들임을 알고 혼례를 치르고 왕을 가죽가마에 넣어 유화와 함께 용차에 실어 하늘에 올려 보내려 했으나 왕이 술이 깨어 유화의 황금비녀를 빼어 가죽가마를 찌르고 혼자 나가 하늘로 올라가버렸다. 이에 하백은 우리 가문에 욕을 보였다며 딸의 입을 석 자 길이만큼 잡아당기고 쫓아버렸다. 물속의 이상한 짐승을 본 어부들이 금와왕에게 아뢰어 건졌더니 여자가 돌 위에 앉아 있었는데 입술이 길어 말을 못해 그 입술을 세 번 잘라 말을 하게 하였다.

금와왕은 그녀가 천제의 아들 해모수의 왕비인 줄 알고 별궁에 가두었으나, 겨드랑이로 다섯 되가량의 알을 낳아 버리게 했으나 짐승들이 보호해주었다. 결국 알을 유화에게 돌렸더니 옥동자가 나왔는데 물레 위의 파리를 쏘아 맞출 정도로 활을 잘 쏘아 사람들이 주몽이라 불렀다.[46]

---

46. 이규보 지음(1193), 『동명왕편』, 장주근 (1998), 『풀어쓴 한국의 신화』, 서울, 집문당, 196~199쪽에서 재인용

해와 물의 싸움

유화부인은 하백의 딸이다. 이규보의 『동명왕편』, 이승휴의 『제왕운기』에는 바다와 강을 다스리는 물의 신 하백이 등장한다. 물 하(河)자에다 백작 백(伯)자를 쓰는 하백(河伯)이다. 유화는 버들나무류(柳)자이고 동생 훤화의 훤(萱)자는 여름에 많이 볼 수 있는 화려한 원추리꽃, 또 다른 동생 위화는 갈대꽃을 상징한다.

유화의 이름 버드나무는 무속인들이 좋아하는 목재다. 무속인들은 굿을 할 때 버드나무 잎을 머리에 꽂거나 버드나무로 내리치기도한다. 정통 그리스도교가 아닌 이단에서도 사탄을 물리친다며 버드나무로 때리는 경우가 있다. 하백의 세 딸 유화, 훤화, 위화는 '웅심연(곰의 마음)'이라는 이름을 가진 연못에서 놀고 있는데, 하늘의 아들인 해모수가 부하들을 데리고 나타났다가 유화 자매를 보고 한눈에 반한다.

『삼국유사』를 쓸 때만 해도 한글이 없었기 때문에 해모수라는 이름은 복잡한 한자어가 아닌, 우리 고유의 말일 가능성이 많다. 즉 '해'는 'Sun'이고 모수는 '맞이'의 고어라면 해모수라는 이름은 '해를 맞는 사람'이라는 뜻이 된다. 특히 유화부인이 피하면 쫓아다니는 햇빛에 의해 임신이 되었다는 장면은 해모수가 해의 신일 가능성을 시사하고 있다.

각 나라 문화권마다 해는 고대의 최초 숭배 대상이라는 점을 이미 많은 문화인류학자들이 지적한 바 있다. 융도 태양이 신의 이미지이고 심장은 인간 안에 있는 태양의 이미지라고 했고, 황금은 지구에서 태양의 이미지에 딱 맞는 물질(Deus Terrenus)이라 지적한 바 있다.

고구려나 신라, 백제의 임금들이 쓰고 있던 왕관의 모습이 오늘날 무당들이 쓰고 있는 모자와 비슷한 점, 또 그 왕관들이 모두 금으로 만들어져 있다는 점들을 보면, 해모수는 태양신을 숭배하던 초기 고구려의 상징이 아닐까 싶다. 또 하백과 해모수의 싸움은 해신과 물신의 대결이라는 전통적 신화 구조에도 들어맞는다. 실제로『위서』「고려전」에는 해마다 정월 초가 되면 "왕이 옷을 입은 채 물에 들어가고 사람들이 좌우 두 편으로 나뉘어 서로 물을 뿌리고 돌을 던지면서 떠들고 쫓고 쫓기고 한다"[47]라는 구절이 있다. 이는 하백과 해모수의 싸움을 기념하기 위한 일종의 제례적 축제였을 수도 있다.

심리적으로도 해 혹은 열에너지와 물 혹은 물에너지의 대결은 꿈이나 판타지에 자주 등장하는 모티프이다. 융은 초기 그리스교 신도들이 떠오르는 태양과 그리스도를 종종 혼동했다는 점을 지적했다.[48] 태양은 생명의 근본이므로 원시인이든 현대인이든, 태양이라는 상징으로 대치되는 신적인 존재에 대해 경외감을 품지 않을 수가 없을 것이다.

해모수가 나타나자 자매는 물속으로 피한다. 해모수는 "이들을 어떻게 해야 잡을 수 있겠느냐?"라고 신하들에게 묻는다. 신하들은 해모수에게 "궁전을 만들어 그곳으로 유화 자매를 초대한 뒤 방에 들어오면 문을 닫아버리라"라고 충고해준다. 해모수는 그들의 조언대로 유화 자매를 초대한 뒤 취하게 만드는데, 딸 둘은 도망가고 첫째

47. 현용준(1992), 『무속신화와 문헌신화』, 서울, 집문당, 304~305쪽
48. Jung, C.G. Tr.by Hull, R.F.C.(1974), 『Psychology & Alchemy(Collected Works of C.G Jung Vol.12』, London, Bollingen Foundatation

유화만 해모수에게 붙들린다.

　세 딸의 아버지 하백은 화가 나서 해모수에게 묻는다. "네가 정말 천신의 아들이냐? 그렇다면 사람을 보내서 제대로 내 딸을 맞이하라. 어찌 사람을 납치하느냐! 대단한 실례가 아닌가!" 해모수는 하백을 만나서 사과하려고 했지만 하늘나라에 사는 그가 하백이 사는 물속에 들어갈 길이 없었다. 이때 이미 해모수에게 마음을 빼앗긴 유화가 "용이 끄는 수레가 있으면 들어갈 수 있다"고 방법을 알려준다. 해모수는 다섯 마리의 용이 끄는 수레 오룡거를 타고 하늘에서 내려와 유화와 함께 하백의 궁전으로 들어간다.

　이 신화에는 중요한 상징이 몇 개 나와 있다. 앞서도 말했지만 유화의 이름이 버드나무라는 점이다. 버드나무는 한국 고유종이지만, 티베트나 위구르 지방에서는 순례할 때 쓰는 성스러운 나무를 지칭한다. 버드나무는 또한 질퍽한 물가에서도 잘살 만큼 적응력이 뛰어나고 생명력이 있다. 가지를 잘라다가 꽂아놓으면 다시 살아날 정도로 '재생'의 특징도 있다. 그리스 신화에 나오는 아르테미스(로마 신화에서는 다이애나) 여신은 버드나무 덤불에 있다가 발견된 바 있다. 모세가 버려진 상자가 버드나무라는 데서 알 수 있듯 버드나무는 신을 상징하는 나무라는 것을 알 수 있다.

　버드나무 가지는 썩으면 밤에 야광처럼 빛이 나기 때문에 '도깨비불'로 착각하는 사람도 많다. 나무는 나무인데 잘 자라고 밤에는 빛나기도 하고, 어디에 갖다 놓아도 다시 살아나는 나무가 버드나무이다. 그래서 버드나무 가지는 관세음보살 그림에도 자주 등장한다. 이른바 일본 신사와 절 등에 흩어져 보관되고 있는 고려 시대 양류

관음의 버드나무 가지를 들고 있는 관세음보살은 그 자비로운 부드러움으로 유명하다.[49] 또 버드나무는 열매가 단풍나무처럼 포자 형식으로 맺혀져 다 익으면 바람에 의해 퍼질 뿐 제대로 된 열매를 맺지 않아서 순수한 처녀의 느낌을 주기도 한다.

하강과 상승을 통해 성숙해진다

다음에 주목할 것은 세 자매가 고귀한 연못 즉 웅심연에서 놀았다는 장면이다. 요새는 보통 연못이라고 이야기하지만 원래는 못이다. 못은 자연적으로 만들어지면 늪이고, 인공적으로 만들면 소지, 방죽이라고 부른다. 신라시대 안압지에서 술잔을 띄워놓고 놀았다는 기록이 남아 있듯 못은 놀이의 공간으로 이용되었다. 또한 경복궁이나 경희궁에 있는 연못을 보면 못은 여유의 공간으로도 사용되었음을 알 수 있다. 한편 연못에 담긴 물은 농경에서는 중요한 의미를 갖는다. 심리학적으로 살펴보면 연못은 매우 잔잔하고 큰 공간이지만 물이 썩지 않는다는 점에 주목할 수 있다. 알게 모르게 흘러가는 물과 나가는 길이 있기 때문이다. 그래서 못은 작지만 건강한 자기의 상징일 수 있다.

납치 모티프는 다른 신화에서도 자주 등장한다. 곡신 데메테르의 딸인 페르세포네도 꽃을 꺾다가 하데스에게 납치된 바 있다. 데메테르가 지하세계에서 6개월을 살고, 6개월은 지상에서 살게 되는 것

---

49. 이동주 감수 (1981), 『한국 (韓國)의 미 (美) 7 -고려불화 (高麗佛畵)-』, 중앙일보사
    『高麗佛畵』(菊竹淳一・吉田宏志, 東京 朝日新聞社, 1981)
    「鏡神社所藏 楊柳觀音畵像」(平田寬, 『奈良國立文化財研究所年報』, 1968)
    [네이버 지식백과] 양류관음도 [楊柳觀音圖] (『한국민족문화대백과』, 한국학중앙연구원)에서 재인용

은 풍요와 생성의 여신이 곡식이 익는 계절에는 지상에서 살지만, 아무것도 수확할 수 없는 계절에는 지하에서 숨죽이고 겨울을 견뎌야 하는 것을 상징한다. 고대 그리스인들은 겨울 동안은 어떤 꽃이나 열매도 맺지 못하는 상황을 풍요의 여신 페르세포네와 데메테르의 사라짐으로 이해했다. 현대인들도 겨울에는 빛을 보지 못해 계절성 우울증에 잘 걸리므로, 계절과 관련된 풍요와 결핍의 순환이 인간의 원형적 상황이라는 점을 일깨워준다.

이런 풍요와 결핍의 순환은 지하세계로의 납치 및 풀려남과 겹쳐지며 하강 및 상승의 이미지로 이해할 수도 있다. 사람들은 살아가면서 성장하기도 하지만, 무수한 추락을 경험하면서 성숙해진다. 예컨대 어린 시절 공상세계에서는 누구나 왕자와 공주가 될 수 있다. 아직 세상이 얼마나 험하고 혹독한 곳인지 모르기 때문이다. 그러나 학교에 다니고 직장에 들어가면서, 또는 결혼을 통해, 어린 시절의 순진한 기대와 달리 많은 좌절과 실패를 경험한 뒤로 자기 연민에 빠지고 자신에 대해 실망한 나머지 끝없이 추락하는 느낌이 들 때가 있다. 청소년에서 청년 시기까지 높은 곳에서 떨어지는 꿈을 꾼 기억이 누구나 있을 것이다. 예전에는 떨어지는 꿈을 꾸면 키가 큰다고 어른들이 말하곤 했는데, 심리적인 상황에 대한 예리한 통찰인 것 같아 흥미롭다.

납치의 의미

유화부인의 납치 장면도 요즘의 상황에 대입해볼 수 있다. 매스컴 등에서 간간히 여성이나 어린 아이들을 납치하고 유괴해서 오랫동안 감금하다 죽이는 엽기적인 범죄들을 보여주지만, 과거에는 아예 약탈혼이나 납치혼의 형태로 결혼이 이루어지기도 했다. 현대인의 눈으로 보면 윤리적으로 옳지 않은 상황이지만, 아마 원시 시대에는 부족 간의 싸움의 목적 중 하나가 상대방이 데리고 있는 여자들을 납치하는 것이 아니었을까 싶다. 역사책뿐 아니라 성경에도 무수히 많은 납치혼의 상황이 등장한다. 특히 유목민족에게 납치혼은 자연스러운 일이었다. 칭기즈칸의 나라인 몽골에서도 그랬고, 트로이 전쟁의 도화선이 된 헬레나는 그 중에서도 잘 알려져 있다. 여성이나 아이는 어쩌면 소나 양처럼 약탈의 대상 혹은 재산으로 취급받았던 것 같다. 현대에도 돈 없는 나라의 여성이나 아이들이 겉으로는 윤리와 도덕으로 포장하는 돈 있는 나라에 팔려가거나, 성적 노리개가 되는 경우가 비일비재하다.

이런 납치혼을 사회적 현실이 아니라 개인에게 국한된 내면심리에서 일어나는 상황으로 해석해보아도 재미있다. 납치혼은 여성성과 남성성이 상당히 극적이거나 폭력적으로, 때로는 예상하지 못하는 방법으로 만날 수 있다는 것을 암시한다. 예컨대 좋아하는 남자(혹은 여자)를 갑자기 만나게 되었을 때, 심장이 쿵쾅쿵쾅 뛰고 얼굴이 빨개지는 등 신체 변화가 오면서 딱딱하게 감추고 있던 자신의 이성이 한꺼번에 빠져 나가는 느낌을 누구나 한 번쯤 경험했을 것이다. 이럴 때 사람들은 "그 사람이 내 마음을 훔쳐갔다"고 이야기한다. 어쩌면 이런 납치는 너무나 달콤하고 아름다운(물론 때로는 슬프고 잔인할 수도 있지만) 납치가 아닌가 싶다. "나는 당신의 포로다"라고 말하는 것도 사랑에 납치된 상황으로 볼 수 있다. 마음의 납치가 없다면 사랑의 드라마도 생기지 않는 것 같다.

유화부인 이야기에서 주목할 점 또 하나는 유화와 하백, 즉 딸과 아버지의 관계이다. 아버지의 존재는 딸에게는 숙제의 대상이다. 아버지의 완벽한 이미지에 지나치게 사로잡힌 여자일수록 연애를 잘 하지 못한다. 아버지를 지나치게 좋아하면 연애를 못하고 평생 혼자 살기도 한다. 이런 증상을 융의 분석심리학에서는 '아니무스(Animus, 여성 무의식에 있는 남성성)' 여성의 개념으로 이해한다. 여성 무의식에 있는 남성상은 어린 시절 아버지와 관련지어 형성이 된다. 아버지를 지나치게 이상화시키거나 또 반대로 아버지에 대한 부정적인 생각을 해도 남성과의 관계가 부드럽지 않게 될 가능성이 높다. 무의식에 있는 아버지상, 혹은 남성상에 사로잡혀 있으면 현실의 남성과 관계 맺는 것이 힘들어지기 때문이다. 연애를 하려면 우선 아버지 이미지를 극복하고 자신만의 남성상을 만들어 가야 한다. 아버지에 대한 감정을 그대로 자신의 남자에게 옮기는 것도 일종의 전이 현상이다. 이때 자신의 혼이 나쁜 아버지상에 납치당해 좌절과 슬럼프를 겪는 것을 페르세포네나 유화부인의 하강과 납치 이미지로 이해할 수도 있다.

변신 모티프

해모수가 유화와 결혼하지 않은 채 혼외 관계를 가지자, 유화의 아버지 하백은 "사람을 보내서 중매를 할 것이지"라며 크게 화를 낸다. 심리학적으로 장인과 사위의 역학관계를 이쯤에서 한 번 살펴볼 필요가 있다. 장인 중에는 사위에게 무한한 애정을 보내는 사람도 있지만 때로는 하백처럼 딸을 두고 라이벌이 되어 삼각관계를 갖는 경우도 있다. 실제로 사위될 사람이 인사하러 오면 애정 어린 표현이긴 하지만 사위를 '도둑놈'이라고 표현하는 장인 장모들도 있지 않은가? 여기서도 하백과 해모수는 대척 관계에 있다. 해모수와 화백의 싸움은 천신을 섬기는 부족과 수신을 섬기는 부족의 다툼으로 생각할 수도 있다. 하백은 중국에서도 쓰는 물의 신 이름이기 때문에 외래 부족을 물리친 고구려 부족의 승리로도 이해할 수 있다. 또한 여성의 심리적 성장 과정에서 아버지와의 관계를 마감하고, 새로운 남자를 만나는 과정을 표현하는 장면으로 해석해도 재미있다.

하백과 해모수는 만나자마자 모습을 자유자재로 바꾸며 싸움을 한다. 하백이 잉어, 사슴, 꿩으로 변하고 해모수는 이를 잡아먹을 수 있는 수달, 늑대, 매로 차례로 모습을 바꾸는 상징도 재미있다. 해모수가 변한 동물들은 우리가 다스릴 수 없고, 제대로 안에 가둘 수 없는 에너지를 상징한다. 그리스의 변신 이야기, 즉 『메타모르포시스(Metamorphoses)』는 신화의 고전 중의 고전이지만, 우리나라에도 무수히 많은 변신 이미지들이 있다. 〈지네장터〉 이야기의 지네, 〈우렁각시〉 이야기, 〈구미호〉, 〈반쪽이〉, 〈구렁덩덩 신선비〉 등등에서 변신이 자주 등장하는 것은 인간의 정신세계의 변환과 성숙과정을 변신을 통해 시각적으로 보여줄 수 있기 때문이다.

융의 『변환의 상징(Symbols of Transformation)』이라는 책은 융의 여러 저작 중 가장 중요한 노작인데, 책 전체에서 심리적 변신이 어떻게 개성화로 연결되는지 설명하고 있다. 카프카의 『변신』이라는 소설에는 사람이 벌레가 되는 구체적인 이미지가 쓸쓸하고 그로테스

크하게 그려졌지만, 융은 주로 내적인 변신에 대해 주목했다. 아이가 자라면서 10대 때의 정서와 그 전의 유아기의 정서는 매우 달라지는데, 이것도 일종의 변신이다. 또한 사람은 외적인 변화에 따라서 어린 시절의 자기중심적인 즉 자기애적인 단계에서 더 나아가 다른 사람들과 친밀함을 유지할 수 있는 그런 단계로 변신하기도 한다. 중년에서 노년으로 가면서 다른 사람을 좀 더 섬기고 이해하며 내적인 성찰이 깊어진다면 이것도 긍정적인 변신이라고 할 수 있다. 다만 대다수는 그렇게 훌륭한 변신을 하지 못하고 나이 들면서 오히려 퇴행하는 경우가 더 많다.

길들여지지 않는 해모수의 젊은 에너지가 조금 더 나이 든 하백의 에너지와 만나면서 유화와 결혼할 수 있는 분위기가 조성된다. 하백은 해모수에게 "네가 나보다 뛰어나니 내 딸과 결혼을 허락하겠다"라고 말한다. 하지만 하백은 해모수가 결국에는 떠날 것이라는 것을 눈치 챈다. 유화도 그것은 알고 있다. 해모수는 사람이 아니라 하늘의 신이기 때문이다. 그리스 신화에서도 그렇지만 신들은 사람과 일종의 짝이 되어도 금방 떠난다. 프시케와 결혼한 에로스가 그랬고, 바람둥이 제우스는 툭하면 성폭행을 하고 아무 미련 없이 인간 여성들을 떠나지 않았는가. 제우스는 에우로페를 납치했을 때 황소로 변했고, 제우스의 여자들이었던 이오와 칼리스토는 헤라의 질투로 각각 소와 곰으로 변신한 후 또 금방 사라진다. 세속적인 의미로 제우스는 바람둥이고 헤라는 복수의 여신으로 환원시켜 생각할 수도 있만 인간과 신성이 짧게 만났을 때의 여러 가지 이해할 수 없는 상황들의 비유로 생각할 수도 있다. 예컨대 너무나 성스럽다고 생각했던 사랑의 지속가능 시간이 얼마나 짧은지, 한때는 신적인 광휘에 휩싸였던 사랑이 얼마나 본능적인 단계로 추락할 수 있는지와 연결된 이미지들이다.

그리스도교나 불교 등 고등 종교를 믿으면 신적인 에너지나 신적인 존재와 잠시 만날 수 있다. 거기서 황홀경을 느끼지만 그 역시 오래가지 않는다. 만약 그 상태로 오래 간다면 자칫 정신병적인 상태로 갈 수도 있다. 중세 독일의 신비가 빙겐의 힐데가르트(Hildergarde von Bingen) 수녀나 야콥 뵈메(Jakob Bohme), 스웨덴의 신비주의 사상가 스웨덴보르그(Swedenborg) 등은 그들이 본 신비한 이미지와 체험 때문에 종종 미친 사람으로 오해받기도 했다. 하지만 잠시잠깐이지만 이런 황홀경을 체험하는 것은 예술가들이나 종교인들에게는 대단히 중요하다. 예술을 하는 사람은 그런 상태에서 대단한 걸작을 만들어내기도 하고, 무당들도 때론 강신무 등을 통해 황홀경을 접한다. 인간세계에서도 신비체험이 찰나에서 끝나듯, 신화의 세계에서도 신적인 존재와 잠시 만난 뒤 신적인 존재를 떠나보내는 것이다.

그러고 나면 일상이 남는다. 광휘가 떠난 뒤 남은 삶은 외롭고 일상은 힘들고 지루하다. 유화 역시 여기에 해당된다. 유화는 혼자 남겨져 주몽을 키운다. 그렇다면 유화가 외롭고 힘들고 고단한 여정을 살 수 있었던 에너지는 해모수와의 짧은 사랑 때문이었을까? 우리나라에도 전쟁과 분단으로 얼마나 많은 여성들이 남편이나 자녀들과 생이별을 해야 했던가. 예전에 안창호 선생님의 부인도 이런 말씀을 하셨다. "함께 산 기간은 몇 달밖에 되지 않는데, 안창호 선생님 때문에 나는 일생 행복하였다." 아마도 유화 역시 잠깐 스쳐 지나간 인연이지만 해모수로 인해 삶의 끈을 놓지 않았을 것이라 짐작해본다.

아버지와 사랑하는 남자의 싸움이라는 우여곡절 끝에 유화는 해모수와 결혼하지만, 하백에게 도주할 방법도 알려준다. 신화 속의 여성 중에는 메디아도 그랬고, 북을 찢은 낙랑공주처럼 아버지를 버리고 새로운 남자를 선택하는 경우가 있다. 낙랑공주가 북을 찢은 것은 적군인 자기 남편을 받아들인다는 뜻이다. 북을 찢었기 때문에 적이 쳐들어와도 북은 울리지 않는다. 〈서동요〉에도 같은 사례가 나온다. 서동은 선화공주가 밤늦도록 돌아다니면서 서동을 만난다고 거짓 노래를 퍼뜨린다. 그런데 선화공주는 서동을 잡아 벌을 주기는커녕 오히려 서동을 쫓아가서 함께 산다. 이것은 여자가 아버지와 엄마로부터 떠나 스스로 독립적인 길을 가야 한다는 하나의 상징으로 읽힌다. 살다 보면 부모로부터 독립을 해야 하는 순간들이 분명히 있는데 신화 속에서는 그 순간이 새로운 남자가 나타났을 때로 설정된 것이다.

법의 수레를 타라

유화는 물속 하백의 궁전으로 가기 위해 오룡거를 타라고 해모수에게 알려준다. 수레는 여기서 어떤 상징일까? 고분 벽화에는 수레가 대단히 많이 나온다. 비단 우리나라뿐만 아니라 전 세계의 문화권에서 수레는 공통적으로 많이 등장한다. 고대에는 수레가 신적인 물건이었기 때문이다. 수레가 있어서 무거운 물건들을 옮길 수 있다는 사실이 당시 얼마나 큰 충격으로 다가왔겠는가. 어쩌면 자동차나 컴퓨터의 발명보다도 더 중요하고 위대한 세계사적 변환이지 않았을까.

그 때문인지 수레는 전 세계적으로 신들의 이야기와 많이 연결된다. 마하야나(Mahāyāna)의 원래 뜻이 '보살의 탈 것'이라고 하여 대승불교(大乘佛教)라고 번역하는 이유도 부처의 길을 위대한 수레와 연결시키기 때문이다. '대승불교' '소승불교' 할 때에 '승'이라는 단어는 '탄다(乘)'의 의미이다. 즉 부처의 위대한 가르침인 수레에 올라탄다는 뜻이다. 마하야나(대승불교)는 히나야나(Hināyāna, 소승불교)와 대비해 나만 깨닫는 것이 아니라 중생을 먼저 구제해야 한다는 데 중점을 둔다. 관세음보살은 "모든 중생이 깨달을 때까지 지옥에 머물겠다"며 '상구보리 하화중생(上求菩提 下化衆生, 위로는 부처를 구하고 아래로는 중생을 제도한다)'이라는 이야기를 한다. 대승이건 소승이건 깨달음을 얻는 데 필요한 도구의 상징이 수레이다. 그래서 '법'을 수레로 표현해 '법륜'이라고 하고, 윤회의 수레바퀴라는 표현도 거기에서 비롯되었다. '오륜오체'란 말에도 쓰는 오륜(五輪)은 두 개의 무릎, 두 개의 팔꿈치와 머리라는 뜻도 있지만, 세계의 기본으로서의 수레란 뜻도 있다. 바람, 물, 땅, 불, 그리고 공간이 오륜이다.[50] 불교에 많은 영향을 받은 헤르만 헤세는 『수레바퀴 아래서』라는 책을 쓴 바 있다. 동양의 수레, 법륜에 대한 갈망은 토마스 만의 소설들에서도 언급되고 있다.

우리나라에서는 동양의 전통을 가진 수레가 자동차 산업으로 표

---

50. Muller, A. Charles.(2014), 『A Korean-English Dictionary of Buddhism(한영불교대사전)』, 서울, 운주사, p1095

현된 것이 아닐까 생각해본 적이 있다. 우리나라의 자동차 산업은 전 세계적으로 매우 경쟁력이 있는 편이다. 남자들은 자신의 남성성을 과시하는 수단의 하나로 종종 멋진 차를 자랑한다. 자동차 잡지를 열광적으로 보는 사람도 있고 자동차 경주 F1의 카레이서들은 전 세계적으로 큰 인기를 누리고 있다. 이렇듯 탈 것은 남자를 상징한다. 말을 탄 기사, 자동차를 탄 기사, 또 우주선을 탄 우주인들, 비행기 파일럿에 여자들은 열광하는 편이다. 남자들에게 말이나 자동차는 내면의 사냥꾼 심리를 자극한다. 유행가 중에 〈남자는 배 여자는 항구〉라는 성적 암시가 기분 나쁘다는 사람도 있지만, 상징적으로는 충분히 이해가 가는 면이 있다. 역동성은 남성성을 측정할 때 대단히 중요한 부분을 차지하고 있다. 어린 아이일 때도 여자 아이에 비해 남자 아이들이 다소 산만하고 역동적인 편이다. 요새 남자아이들은 여성화가 많이 진행되어서 돌아다니지 않고 집에서 게임만 하는 경우도 있는데, 본래 있는 남성성을 끄집어내려면 수레를 돌리는 것처럼, 바깥에 나가서 체험을 해야 된다.

유화 이야기를 고분벽화 속 상징과 연결시켜 볼 수도 있다. 고분벽화에는 일월성신이 나온다. 머리에 해를 얹고 있는 신과 머리에 달을 얹고 있는 신이 짝으로 나오는데, 그 신은 날개와 뱀 몸뚱이를 가지고 있다.『산해경』에 나오는 뱀의 몸에 날개를 가진 괴물과 연결시킬 수도 있지만, 우리 신화 자체에 등장하는 변신 이미지로 이해할 수도 있다. 잉어, 수달, 사슴, 꿩, 늑대, 매 등으로 기록한『동명왕편』을 쓴 이규보의 해석에 비해 고분벽화를 그린 당대의 화가들은 아마도 고구려 신화를 조금 더 충실하게 재현할 수 있었을 것이다.

북한과 중국에 흩어져 있는 고분벽화들을 조금 더 자세히 연구할 수 있다면 이집트의 피라미드에 필적하는 엄청난 고대 문화유산의 집적에 놀랄 시기가 올 지도 모르겠다.

유화부인이 하백에게 벌을 받고 입이 길게 부리처럼 되어서 말을 못하게 되는 상황도 신화의 단골인 반인반수의 이미지로 이해할 수 있다. 혼외 관계를 갖고 남편과 아버지에게 모두 버림받은 여자의 처지라 말을 못하게 된 듯하다. 안데르센의 유명한 동화 속 주인공 인어공주도 사랑하는 사람과 가까이 있는 대가로 말을 하지 못하게 된다. 인어공주 역시 물고기 꼬리를 가진 반인반수이다.

여성의 발달과정과 연결시켜 이런 상황을 이해해보자. 사랑에 빠질 때도 말을 하지 못할 만큼 황홀할 때가 있지만, 우여곡절 끝에 버림받게 되어도 역시 하지 말을 못할 정도로 먹먹해지는 단계가 찾아온다. 꼭 실연이 아니더라도 깊은 슬픔에 잠기면 가슴도 막히고 말은 할 수가 없고 눈물밖에 나오지 않아서 자신의 속마음을 제대로 표현하지 못한다. 유화나 인어공주가 말을 하지 못하는 상태가 바로 이럴 것이다. 인어공주의 경우에는 발이 없어서 걸어 다니지도 못했고, 유화는 남편에게 버림받고 아버지에게 쫓겨난 데다 금와왕에게 갇히기까지 한다.

슬픔과 폐쇄적 상태는 꼭 여성에게만 일어나는 것은 아니다. 남자들 역시 비슷한 상황에 맞닥뜨리면 비슷한 마음의 감옥에 갇히게 된다. 무의식에 있는 우울증의 전단계가 시작된다. 유화는 그러나 해모수에게 "오룡거를 타라"고 알려주며 남자를 떠나보낸다. 자기를 버리고 가는 남자에게 가는 길까지 가르쳐 주다니! "가시는 길 즈려

밟고 가시옵소서"라고 이야기한 김소월보다 한 수 위이다. 사랑을 소유나 집착으로 혼동하는 사람들에게는 이해할 수 없는 대목이다. 하지만 결국 남편을 떠나보낸 이후 유화가 진정으로 독립했고, 왕의 부인과 어머니가 될 수 있었다는 상황은 현대의 여성들에게 시사하는 바가 크다. 아버지의 과잉보호를 벗어나, 남편이나 애인에 대한 집착과 소유욕도 극복하고 진정한 자기 자신에게 충실할 때, 그래서 그야말로 몸과 마음이 모두 가난해질 때 여성도 자신 삶의 영웅으로 거듭날 수 있다는 것을 알려주고 있기 때문이다.

'오룡거'에 등장하는 숫자 5는 우리나라뿐 아니라 그리스도교 문화권에서는 사방의 중심인 하느님을 상징하고 헤르메스 전승에서도 신성한 숫자로 간주된다. 서양에서도 성배의 기사 〈파르지팔〉 신화에서 '5'라는 숫자의 중요성이 언급된다. 파르지팔은 다섯 명의 기사들을 보고 마음을 먹게 되었기 때문이다. 힌두교에서는 창조의 신인 시바의 숫자이며[51] 불교에서는 음양오행설뿐 아니라 5와 관련된 단어가 무궁무진하다. 오둔사, 오략, 오력, 오륜, 오륜관, 오리사, 오명, 오묘, 오무간, 오무량, 오문선, 오미, 오백나한, 오백계, 오법[52] 등 오와 관련된 단어만 설명해도 책 한 권이 될 것이다. 단군도 사방에 신하들을 데리고 오면서 중앙에 자신의 위치를 잡았다. 음양오행이 중국에서 나온 것으로 생각하지만, 오룡거나 단군신화를 보면 중국만이 오행의 근원지는 아니라는 생각이 든다. 사람의 손가락이 다섯

---

51. Chevalier, Jean, & Gheerbrant, Alain.Tr.by Buchanan-Brown, John.(1996), 『Dictionary of Symbols』, p386
52. Muller, A. Charles, 같은 책, pp1094~1132

개로 이루어졌으니, 사람의 마음속에 있는 신성한 존재 역시 다섯 개의 손가락을 갖고 있다고 생각한 탓일 수도 있다.

영웅이 되려면 남의 마음을 헤아릴 줄 알아야

또 하나의 중요한 상징은 화살이다. 화살을 가진 남자가 과녁을 맞히는 것은 마음에 드는 여자에게 화살을 쏘아 그녀를 온힘을 다해서 쟁취하는 행위로 볼 수 있다. 칼이나 활을 심리학적인 용어로 설명하면 남성들을 관통하는 어떤 심성이라고 설명할 수 있다. 화살이나 칼을 갖고 있는 것은, 남성적인 측면에서 목표지향성과도 연결된다. 해모수의 남성성은 유화의 여성적인 면과 만나고, 둘의 아들인 주몽은 활을 잘 쏘는 사람의 상징이 된다.

주몽이 왕이 되는 과정 중에 준마를 잘 먹이는 장면 역시 의미 있는 대목이다. 유화는 아들 주몽에게 가장 비루한 말을 가져다 준다. 말이 잘 먹지 못하게 혀에다가 바늘 같은 것을 꽂아서 비실비실하게 만들었다가 그 말을 몰래 잘 키워서 가장 용맹한 말을 만드는 것이다. 겉으로 보기엔 별 볼일 없는 무언가를 잘 먹이고 돌봐서 훌륭한 객체로 키우는 장면은 스스로 영웅이 되고 싶은 사람에게는 특히 필요한 덕목이다.

흔히 은수저를 물고 세상에 태어난 이들을 부러워하는데 그들이 영웅으로 거듭날 확률은 거의 없다고 해도 틀린 말이 아니다. 그들이 평생 할 일은 부모님이 물려준 재산을 까먹는 일뿐이다. 반대로 제로에서 시작한 사람들은 평생 자신이 성취한 것에 자부심을 가지며 살 수도 있다. 물론 지금 당장 부모 때문에 제로가 아니라 마이너스 인생을 산다고 생각하는 이들에게는 설득력이 없는 이야기일 수도 있다. 하지만 그런 마음으로 일생 패자로 살 것인지, 아니면 모두에게 버림받았던 유화나 주몽처럼 궁극적인 승자로 살아갈 것인지는 결국 각자의 선택일 것이다.

준마를 키운 것이나 활을 잘 쏘는 것은 왕이 되기 위한 전제 조건이지만, 그런 영웅도 처음에는 동굴이나 가죽주머니, 석곽 등에 가두어져 버려지거나 고립되었다. 영웅이 탄생하기 이전, 유약한 아이로서 자궁으로의 퇴행, 혹은 자기만의 세계 속에 유폐된 어둡고 암울한 시기가 어떤 영웅에게도 존재한다는 이야기이다.

성주풀이 이야기
\ 나를 죽이고 만나는 세상

천하궁의 천대목과 지하궁의 지탈부인이 짝을 지어 열 달 만에 사내아이를 낳으니 그 울음소리가 용과 같다고 황우양이라 이름을 지었다. 황우양은 어려서부터 흙을 가지고 놀고 집터를 닦고 나무를 깎아 집짓는 장난을 하더니 성장한 후엔 천하궁과 지하궁의 큰 공사를 모두 맡게 되었다. 혼인할 나이가 되자 황우양은 조선 땅에 내려와 계룡산 자락의 작은 마을에서 예쁜 처녀와 결혼했다(김수희본에서는 막막부인이라고 한다). 황우양이 솜씨를 부려 아내와 함께 살 기와집을 지으니 그 이름은 황산뜰이다.

어느 날 낮잠을 자던 황우양은 무서운 꿈을 꾸었다. 하늘나라에 돌풍이 불어 옥황상제 궁궐의 지붕이 날아간 꿈이었다. 옥황상제는 황우양을 불러들여 궁궐 수리를 명했다. 하늘나라에 다녀온 황우양은 밥도 못 먹고 잠도 못 이루며 시름에 잠겼다. 혼인 후 여러 해 동안 일을 팽개쳐두고 태평하게 지낸 터라 쓸 만한 연장이 하나도 없었기 때문이다.

막막부인은 남편을 잠재우고 축문을 써 불태운 후 천하궁, 지하궁으로 소지를 올렸다. 얼마 후 가로쇠 닷말과 조각쇠 닷말, 뭉치쇠 닷말이 내려왔다. 부인은 온갖 연장을 만들어 놓고 남편이 입고 갈 사철 의복과 버선 신발을 준비했다. 그러고는 마구간에서 말을 끌어내 머리와 꼬리를 곱게 빗기고 푸른 굴레, 붉은 굴레를 씌운 다음 호랑이가죽 안장을 얹었다. 자고 있던 황우양을 깨워 떠날 차비를 시킨 뒤 두 가지 금기를 알려준다. 누가 묻더라도 대꾸하지 말 것이며, 성을 만들 때는 새 재목을 탐하지 말고 낡은 재목을 중히 여기라고 하였다.

소진뜰을 지나쳐 가던 황우양은 마침 지하궁에서 돌성을 쌓고 돌아오던 소진랑과 마주쳤다. 절대 대꾸를 하면 안 된다는 막막부인의 당부를 들은 황우양은 못 본 척 지나갔지만 결국 소진랑의 꾐에 빠져 옷과 말을 소진랑과 바꾸게 되었다.

소진랑은 황산뜰로 가서 황우양인 척한다. 그리고 부적을 붙여 주문을 외며 억지로 문을 열고 막막부인을 범하려 했는데 부인은 친정아버지 제삿날 핑계를 대고 기다려 달라고 부탁한다. 막막부인은 비단 속옷 한 폭을 뜯어내서 손가락의 피로 "만약 내가 살아오면 우물에서 만나자"라는 글을 써서 주춧돌 밑에 숨겨 둔 뒤, 자신에게 귀신이 붙었으니 3년간 땅굴 속에 살면서 구메밥을 먹어야 한다고 소진랑에게 둘러댄다.

한편 천하궁에 당도해 성주를 건설하던 황우양은 쓰던 갓이 테두리만 남고 먹던 수저가 부러지고 신발이 흙 속에 묻혀 있는 꿈을 꾸었다. 불길한 꿈풀이를 들은 황우양은 급하게 황산뜰로 향했다. 허겁지겁 달려서 집에 도착해보니 집은 쑥대밭이 되어 있었다. 그때 주춧돌에서 막막부인이 남긴 편지를 발견하고 우물가에 몸을 숨겼다. 그날 밤 개똥밭 땅굴에서 잠을 자던 막막부인이 꿈을 꾸었는데 앵두꽃이 떨어지고 문 위에 허수아비가 달리고 거울이 깨져 있었다. 부인이 놀라서 잠에서 깨어나 남편이 돌아왔음을 알고 소진랑에게 우물에서 목욕을 하겠다고 말했다. 우물가에서 황우양을 만난 막막부인은 황우양을 데리고 돌아와 소진랑에게 술을 먹여 잠재웠다. 그리고는 소진랑을 장승으로 만들어 길가에 세워 놓으니 소진랑은 한자리에 박혀서 오도 가도 못하며 사람들의 눈총을 받게 되었다. 뒷날 황우양은 성주신이 되고 막막부인은 터주신이 되어 둘이 서로 도우면서 집안이 잘되도록 보살펴주니 이들 부부를 성주신으로 모시게 되었다.[53]

53. 서대석, 같은 책, 288~299쪽

집안을 지키는 가신을 모시다

〈성주풀이〉는 민요나 샤먼들의 전승으로 다양하게 전해진다. 예를 들어 3월의 액막이, 4월의 초파일 등의 행사에도 〈성주풀이〉가 등장한다. 통속민요 〈성주풀이〉에는 솔씨 뿌리는 부분이 들어가 있고, 영남 지역에서는 지신밟기를 할 때 거의 모든 마을에서 초반부인 문굿(문전본풀이) 뒤에 성주굿을 한다. 영호남 지역에서 〈성주풀이〉는 소나무를 심기 위해 솔씨 뿌리는 것으로 시작한다.

황우양은 집을 짓는 단순한 목수의 역할만 한 것이 아니라 그 재료를 만드는 역할까지 같이 했다. 현대의 건축가와는 다르게 생명을 살리는 기능까지 수행하고 있음을 알 수 있다. 과거의 목수신들은 자연이나 환경과 긴밀하게 연결되어 있다.[54] 경기도의 〈성주풀이〉가 부부의 사랑에 초점을 맞췄다면 영남 지역의 〈성주풀이〉는 가족이나 부자간의 화합을 더 중시하고, 호남 지역의 것은 예향의 고장답게 노래의 성격이 더 강하다.

'성주'는 집안의 가신을 말하고, '풀이'란 액과 막힌 한을 풀어주는 행위이다. 가택신 중에는 성주신과 터주신이 제일 중요한데, 성주는 그 집을 의미하며, 터주는 땅을 의미한다. 우리 조상들은 땅신, 집신, 조왕신을 따로 섬겼다. 조왕신은 부엌신이고, 업신은 화장실, 문신은 수문신이다. 문신은 다시 수문장신, 문신, 수문신 등 여러 갈래로 나뉘는데, 절 입구에 서 있는 사천왕상을 연상하면 된다.

업신은 화장실과 연결되며 뱀의 이미지로 나타난다. 뱀은 지혜로

---

54. 국립민속박물관(2013), 『한국민속문학사전 : 민요』, 299쪽

움과 본능의 상징이다. 미끈미끈하고 언제 어떻게 변할지 모르고 물리면 죽기도 하지만 재생의 의미도 갖고 있다. 뱀이 꼬리를 되무는 것은, 시작이 곧 끝이고 끝이 시작이라는 의미, 즉 니체가 말한 영혼회귀와도 상통한다. 일찌감치 불교의 영향을 받은 니체의 영원회귀는 불교의 윤회 사상의 유럽식 이해이다. 업신은 조상의 업과 연관이 있는데 그것이 뱀의 모습을 하고 있다는 것이 이채롭다. 그리스 신화에서 뱀의 머리를 하고 있는 메두사는 태모신의 한 변형이라고 볼 수 있다. 보통 대모하면 큰 대(大)자, 어머니 모(母)자를 쓰기 때문에 마음씨 좋은 할머니, 긍정적인 어머니를 연상하는 사람이 많지만, 사실 어머니는 굉장히 무서운 존재이다. 특히 어머니 자연은 모든 것을 집어삼키는(Devouring Mother) 매우 변화무쌍한 존재이다. 천재지변도 일종의 악한 자연의 섭리이며 그것을 태모신으로 보는 것이다.

이렇듯 태모신은 긍정적인 면과 부정적인 면이 공존한다. 자연은 산출한다는 의미와 집어삼킨다는 의미를 동시에 가지고 있기 때문이다. 한 걸음 더 들어가 보면, 자애로운 어머니들이 생각보다 자녀들을 괴롭히고 기를 꺾고 심지어는 숨 막히게 해서 한쪽 코너로 몰고 가는 것을 임상이나 현실에서 심심치 않게 보게 된다. 생명을 주고 키워준 어머니이지만, 바로 그 때문에 우리의 에너지를 소진시키는 것도 어머니라는 사실은 부인할 수 없는 진실이다.

그렇다면 독을 품고 있지만 동시에 치유의 능력을 갖고 있는 뱀은 무엇을 상징하는가. 영양이 넘치는 지금은 뱀술이나 뱀탕이 무엇인지도 모르는 젊은이들이 많지만 과거에 뱀은 죽은 사람도 살리는 신비한 약재로 쓰였다. 뱀독이 사람의 생명을 빼앗어 가는 만큼 반대로 살릴 수도 있다고 생각한 것이다. 뱀의 상징은 특히 그리스 로마의 치유의 신 아스클레피오스(Asklepios)의 이미지에도 드러난다. 이 신의 지팡이에는 뱀의 문양이 그려져 있다. 예수의 상징에도 'RX', 즉 받아라(Receive)라는 뱀의 문양이 있다.[55] 죄와 부활, 구원의 상징이다. 업신이 뱀의 머리를 하고 있다는 것에서 이처럼 흥미로운 상징을 읽어낼 수 있다. 창세기의 선악과 이야기에 뱀이 나오는 것도 우연은 아니다.

무가에서 제주도의 신방들이 하는 창세신화를 바탕에 둔 굿들이 큰 굿이라면 동네 성황당을 중심으로 하는 동제는 그보다 좀 작은 규모이다. 〈성주풀이〉는 가택신에게 드리는 개인적인 제사라 규모가 창세신화를 다루는 굿들에 비하면 작은 편이다. 성주풀이는 개인적인 제사답게 내용도 가족의 이야기를 많이 담고 있다.

황우양은 혼인할 나이가 되자 신의 세상에서 인간세상으로 건너와 막막부인을 만난다. 이름이 왜 황우양인지 궁금한데, 무녀가 구전으로 들은 것이라 이름을 붙인 이유를 정확히 찾을 수는 없다. 정신분석학적으로 접근해본다면 '황우양'에서 '황우'는 누런 소 '황우'나 '흙'에서 따온 이름이 아닌가 싶다. '양'은 뭐뭐 하는 양, 또는 비슷한 모양을 나타날 때 쓰는 말이다. 황우양은 재주가 남달랐는데 흙을 가지고 놀았기 때문에 '흙양(壤)'일 가능성이 많다. 그는 흙만 가지고 놀았던 게 아니라 나무를 깎아서 집짓는 장난을 하는 목수의

---

55. Becker, Udo. (2000), 『The Continuum Encyclopedia of Symbols』, New York & London, Continuum, p24

신이기도 하다. 목수의 신은 당연히 건축을 관장할 것이다.

건축을 보면 그 시대의 정신을 알 수 있을 정도로 건축은 사람의 마음을 반영한다. 이집트의 피라미드는 신을 만나는 장소이자 저승으로 가는 장소였고, 그리스의 파르테논 신전은 신을 만나는 장소였다. 그때만 해도 살아 있는 인간세계보다 신의 세계가 인간에게는 더 중요했을 것이다. 고구려 때까지 있었던 순장의 풍속도 단순히 야만의 풍습이 아니라, 저 세상과 이 세상이 연결되어 있다는 신앙심에 의해 형성되었을 것이다.

서양에서는 로마 시대에 이르러 건축이 신의 영역이 아닌 인간의 영역으로 내려온다. 로마 시대의 건축물은 목욕탕이나 투사들의 싸움터 등 인간의 영역이 더 많다. 그러다가 중세 시대로 와서 다시 하늘과 맞닿으려는 의도로 고딕 양식의 높은 교회들을 짓게 된다. 고딕 양식의 교회 건축물은 하늘 높이 지어 신과 교감하려고 했지만, 자연이나 땅과 교감을 이루려는 시도는 한국의 건축처럼 도드라져 보이지 않는다.

반면에 우리나라의 건축은 자연과의 조화가 가장 중요하다. 일본식 정원이 인공미를 살려 조작하고 가두는 것에 초점을 맞추고, 서양식 건축이 웅장하고 화려한 것에 초점을 맞추었다면 우리의 전통 건축은 자연을 훼손하지 않고 그것을 어떻게 끌어안느냐를 가장 중요시했다. 자연 앞에 겸손하면서도 그 아름다움을 내뿜고 있는 소쇄원의 정원에 감동한 이들이 적지 않을 것이다. 〈성주풀이〉에도 건축과 사람과 환경이 조화를 이루려는 시도가 엿보인다. 〈성주풀이〉 속에는 역사와 철학이 있고 인간을 어떻게 보고 인간의 삶이 어떤 기초 위에서 세워져야 되는지가 들어 있다.

문명의 시작은 금기로부터

황우양의 부인인 막막부인의 이름은 '막막하다' 할 때의 '막막'과 '하지 말라' 할 때 '막'을 연상시킨다. 막막부인이 황우양과 결합할 때 남자는 하늘에서 내려오고 여자는 땅에 있는 여자로 묘사된다. 보통 신화에서는 남자가 하늘로, 여자가 땅으로 묘사되는 경우가 많다(이집트에서는 여신이 하늘에 있고 남신이 땅에 있어 예외지만, 하늘에 있다고 해서 여신이 가부장제적이고, 땅에 있다고 해서 남신이 여성스러움을 나타내는 것은 아니다). 보통 유교의 세계에서는 남자는 하늘, 여자는 땅을 상징하며 하늘은 높고, 땅은 낮다는 식으로 상하관계를 설명한다. 하지만 신화의 세계에서는 하늘이 높은지 땅이 깊은지 우열을 가릴 수 없기 때문에 높고 낮음 및 상하를 가르지 않는다.

황우양과 막막부인이 결합한 후 하늘에 있는 천하궁에서는 바람이 몰아치며 누각이 무너지는 소동이 벌어진다. 옥황상제는 천하궁을 수리할 적임자로 황우양을 지목하고 차사에게 그를 잡아오라고 명한다. 그러나 황우양은 이미 하늘에서 내려간 인물이다. 황우양은 부인이 가르쳐준 대로 갑옷과 투구를 입고 눈을 부라리고 앉아 차사를 피하려 한다. 이때 부엌신인 조상신이 차사에게 꾀를 쓰라고 알려준다. 아침에 황우양이 부모에게 문안인사를 올릴 때 갑옷과 투구를 벗을 것이니 그때를 노리라고 한 것이다. 남자가 가장 약한 순간이 부모에게 문안을 올릴 때, 혹은 아내와 사랑을 할 때가 아닐까. 사실은 그 약점이 남자의 삶을 지켜주는 중심이 되는 순간이기도 하다. 숭고한 것에 대한 사랑이 가족주의라는 이기적 이념과 충돌하는 순간은 부정과 긍정이 교차하는 순간일 것이다. 차사는 이 틈을 노려 황우양을 잡아 하늘로 데리고 올라 간다.

하늘에 잡혀간 황우양은 옥황상제에게 석 달의 시간을 달라고 했지만 받아들여지지 않고 결국 사흘간의 말미를 얻어낸다. 막막부인은 아궁이에 불을 피우고 풀무질을 하여 망치와 톱, 지귀, 끌, 자와 같은 연장을 만들었으며 남편이 입고 갈 옷을 짓는다. 그 다음에는 호랑이가죽 안장, 푸른 굴레, 붉은 굴레를 준비한다. 그녀는 이것들을 남편에게 건네주며 누가 묻더라도 절대 대꾸를 하지 말라고 신신당부를 한다. 일종의 금기를 알려준 것이다.

이런 금기는 신화나 전설, 민담에는 자주 등장하는 모티프이다. 프로이트는 그의 책 『토템과 터부』에서 금기가 문화의 시작이라고 말한 바 있다. 금기가 없다면 문명의 세계가 아닐 것이다. 황우양에게 막막부인이 건넨 금기는 이처럼 중요한 의미가 담겨 있다. 남의 말에 대꾸하지 말라고 한 그녀의 금기가 일리 있는 것은, 무언가 조직화하고 계획을 짜면 거기에 집중해야 하며 방해되는 것은 철저히 가리고 피해야 하기 때문이다. 다른 사람들 일에 산만하게 귀 기울이고 놀러 다닌다면 큰일을 할 수 없다.

그다음 그녀는 새 재목을 탐하지 말고 낡은 재목을 중히 여기라고 말한다. 이는 우리나라 심성의 시원을 알려주는 중요한 한 마디이다. 우리는 예부터 낡은 것에서 새로운 것을 찾는 민족이었다. 무조건 낡은 것을 부수지 않고 고치고 기워서 새로운 문화를 창조해 냈다. '온고지신'이라는 단어는 우리 문화의 중요한 키워드였다. 지금 우리는 환경오염의 시대, 물질 만능주의 시대에 젖어 옛것의 소중함을 점점 잊어가고 있지만, 옛것에서 새것을 창조하는 지혜를 계승하고 익혀야 할 때이다.

서로에게 반석과 주춧돌이 되어야

이 신화에서 황우양이 프로타고니스트(Protagonist)라면 그 반대의 지점에서 주인공에 대적하는 악한 소진랑은 안타고니스트(Antagonist)이다. 신화에는 늘 주인공과 반대편에 선 안타고니스트가 등장한다. 여호와에게는 사탄이 있어야 욥(Job)의 드라마가 시작이 된다. 그리스 신화에서도 절름발이 대장장이 신 헤파이스토스(Hephaestos)가 프로타고니스트라면 그의 부인 아프로디테(Aphrodite)를 유혹하는 전쟁의 신 아레스(Ares)는 안타고니스트이다. 이 신화에서도 소진랑이 있어야 드라마가 완성이 된다. 이 이야기는 악한 존재가 있어야 우리가 완전해진다는 사실을 알려준다. 아프게 하는 그 어떤 주체가 외부뿐만 아니라 내부에 있다는 것을 알아야만 우리는 온전한 나를 완성할 수 있다. 그러므로 소진랑은 황우양의 그림자이자 쌍둥이와도 같다.

황우라는 단어가 누런 소처럼 흙으로 무언가를 열심히 만드는 의미라면 소진이라는 단어는 다 써버림, 소진(Burn out)을 넌지시 암시한다. 혹은 소지를 한 남자, 종이를 태운 사람, 즉 무언가 파괴한 남자로 상상해볼 수 있다. 황우가 창조의 주체라면 소진은 파괴 담당이다. 파괴 없이 창조는 있을 수 없다. 인도에서 시바신이 파괴 신으로 나타났다는 것이 결코 우연이 아닐 것이다. 그러니 소진랑은 막

178

막부인이 당부를 했다 하더라도 황우양의 인생에서 꼭 만나야 할 존재라고 볼 수 있다.

막막부인은 소진랑이 위해를 가하는 순간 매우 지혜롭게 처신을 한다. 위기의 상황에 처하면 자기를 잃어버리기 쉬운데 막막부인은 대처는 매우 현명하다. 그녀는 우선 냄새로 남편인지 아닌지를 가린다. 남편의 증거보다는 사랑하는 냄새, 페로몬(Pheromone)이 중요하다는 이야기이다. 사랑할 때는 외향적인 취향도 맞아야 하지만, 냄새와 눈 같은 촉각도 무시할 수 없다. 소진랑은 다른 부분은 감쪽같이 속일 수 있어도 근본적인 부분은 속일 수가 없었다. 막막부인의 지혜가 돋보이는 부분이다.

그래도 어쩔 수 없는 지경에 이르자 막막부인은 오늘 저녁이 돌아가신 친정아버지 제삿날이니 하루만 기다려 달라며 시간을 번다. 이런 테마는 그리스 신화 『오디세우스』에도 등장한다. 그의 부인 페넬로페는 남편이 부재한 20년 동안 아들을 키우고 베를 짜면서 구혼자들이 들이닥치면 이것만 다 짜면 결혼을 하겠다고 하고는 밤에는 짰던 옷감을 푸는 일을 반복한다. 페넬로페나 막막부인의 시간 끌기는 거의 비슷한 방식으로 남성 위주의 폭력적인 사회에 대한 여성들의 대처방식이 아니었을까 싶다. 도저히 말이나 힘으로는 당할 수 없는 상대가 화를 내면 일단 그 자리는 피하되, 결국 자신이 원하는 것을 관철하기 위해 참을성 있게 기다릴 수밖에 없었던 과거 여성들의 모습이 여기에 겹쳐진다. 한편으로는 겉으로는 힘만 쓰는 것처럼 보이지만, 남성들의 무의식 속에 있는 참을성 많고 지혜로운 여성성의 발현이라고도 볼 수 있다. 여성뿐 아니라 남성도 진정한 영웅이 되기 위해서는 무조건 창과 칼만 쓸 게 아니라, 때가 무르익을 때까지 인내하고, 때론 타협하거나 회유도 하는 것이 정말로 옳은 일을 추구하는 자세가 아닐까 싶다.

기다림의 주제는 페넬로페뿐 아니라 20년 동안 고향 이타카로 돌아가지 못한 오디세우스에게도 중요했다. 오디세우스가 아내에게 돌아가기까지 만나야 했던 사이렌, 칼립소, 키르케 등은 현실에서도 남성들이 성장과정 중에 만나 씨름해야 하는 현실 속의 여러 여성상들이며, 동시에 남성 무의식에 숨어 있는 여성성이기도 하다.[56] 영웅이 되기 위해서는 판타지 소설처럼 게임 화면에 나타나는 용하고 씨름할 게 아니라 현실에 나가 다양한 인간이나 상황들과 만나야 한다는 뜻이다.

이 신화에서 가족 모티프는 결정적인 순간에 등장한다. 막막부인은 아버지의 제사를 핑계 대며 소진랑의 청을 거절했고, 황우양도 부모에게 문안인사를 드리기 위해 갑옷을 풀어놓은 시점에 옥황상제의 차사에게 붙들려간다. 영웅이지만 가족 앞에선 어쩔 수 없이 약한 면을 보이는 순간, 또 다른 무서운 적이나 운명의 횡포에 무력해 질 수밖에 없다는 진리를 말하는 것이 아닐까. 지금까지 가족을 위한다는 이름으로 벌어진 다양한 이기주의적 행태, 부패 등을 생각해보자. 우리는 할리우드 영화의 단골 주제인 '가족애'가 실은 자신들의 끝없는 이기심, 사회에 대한 무지를 포장하고 있다는 사실을 별로 의식하지 않고 산다. 그렇다면 가족 안에서는 어떨까. 가족은

---

56. Baring & Cashford, 같은 책, p296

나를 늘 지지해주고 편안하게만 해주는 존재인가. 그렇지는 않다. 나를 도와주는 것만큼 나에게 큰 짐을 지우는 것도 가족이다. 가족은 짐이 되기도 하고 힘이 되기도 한다. 황우양의 사례에서도 볼 수 있듯이 부모와의 관계는 나를 행복하게 만들기도 하지만 불행하게도 만드는 이중적 측면을 갖고 있다. 비단 가족만 그런 것이 아니라 모든 인간관계는 항상 양면성이 존재한다.

막막부인은 자신이 살아 돌아오면 뜰 앞의 우물에서 만나자는 글을 써서 주춧돌 밑에 숨겨 둔다. 우물에서 만나는 장면은 소지를 해서 불태우는 장면, 풀무질을 해서 도구를 만드는 장면과 대칭적이다. 연금술에서는 불을 이용해서 연장을 만들지만 그것을 정화시키기 위해서는 물로 씻고 증류하는 단계가 필요하다. 여기서도 불로 태우는 장면과 우물이라는 치유와 정화의 공간이 등장하는 것은 이 둘이 우리를 완전하게 하기 위해 꼭 필요한 대극이기 때문이다.

주춧돌 밑에 무언가를 숨겨두는 장면은 신화에서는 자주 등장하는 모티프이다. 주춧돌은 집에서 가장 중요한 공간으로 집의 기초이자 반석이다. 예전에 성주신을 섬길 때는 대들보에 지방을 붙이고 쌀을 뿌렸는데 그것을 약문(略文)이라고 했다.

대들보와 주춧돌은 인간관계의 핵심요소이며 부부관계는 서로를 이용해서 그 위로 올라가는 게 아니라 서로가 서로에게 반석이 되고 주춧돌이 되어야 한다. 상대방이 나에게 무엇을 해줄까를 생각하기 이전에 내가 상대방에게 어떤 기초가 되어줄 수 있을지 생각한다면 부부의 신뢰는 깨지지 않을 것이다. 자신이 주춧돌이 되어주지는 못하고 바라기만 할 때 서로에 대한 미움과 원망이 자라게 된다. 부부

관계뿐 아니라 모든 인간관계가 다 그렇다. 나를 이용해서 자기의 어떤 이익만 취할 것이라는 게 눈에 보이면 그 관계는 멀어지지만 나를 받쳐줄 사람이라면 기꺼이 그와 함께하고 싶은 사람이 많을 것이다. 내가 먼저 남에게 든든한 주춧돌이 될 수 있도록 노력할 필요가 있다. 겸손은 얼핏 자신을 한없이 낮추는 굴욕적인 태도로 비칠지 모르지만, 종국에는 오히려 인간관계를 끌어가는 것이다. 이것이 각 조직의 구성원들이 지켜야 할 지혜로운 덕목이다.

거울을 깨야 큰 세상으로 나아갈 수 있다

부인은 소진랑에게 뒤뜰 개똥밭에 땅굴을 파고 3년 동안 구메밥을 먹으면서 자신의 몸에 붙은 귀신을 떨어뜨리겠다고 말하지만, 사실은 소진랑을 귀신처럼 떨궈 내는 게 목적이다. 구멍으로 죄수에게 밥을 주는 것을 구메밥이라 하고 간통 등으로 몰래하는 혼인을 구메혼이라고 말한다. 매우 비참한 상황을 얘기할 때 구메밥이나 먹으라고 얘기할 정도로 아주 좋지 않은 상황을 지칭한다. 여기에 더해서 부인은 '개똥밭'이라는 똥이 가득한 굴속에 들어가길 자청한다. 가장 비참한 상황에 자신을 맡기겠다는 이야기이다. 고통과 두려움으로 가득한 지하세계의 비유이기도 하다.

위대한 사랑을 완성하기 위해 지하세계로 하강하는 모티프는 여러 신화에서 반복된다. 남편 에로스를 의심한 죄로 한순간에 남편을 잃은 후 그를 찾아 지하로 내려가 죽은 자들이 건너야 하는 스틱스 강을 건너야 했던 프시케, 오딘의 아들 헤르모드가 사악한 로키 때문에 억울하게 죽은 형제 발드르를 찾아 지하세계로 내려간 것, 죽은 아내를 데리러 지하 세계로 내려간 오르페우스, 지하세계의 예언자 테이레시아스를 찾아 집으로 돌아가는 길을 물어보아야 했던 오디세우스, 12번째 과업을 완수하기 위해 지하세계로 내려가야 했던 헤라클레스, 하데스의 왕비 페르세포네를 찾으러 지하세계로 내려간 영웅 테세우스 등 열거하기 힘들 정도이다.[57] 비참한 상황에서 위대함은 싹튼다. 개똥으로 가득한 구멍에서 구메밥을 3년 동안 먹는 상황이란 결혼 생활이 그만큼 어려울 수도 있다는 상징일 수 있다. 부인의 참을성과 인내가 빛을 발하는 상황이다.

한데 부인이 이렇게 어려운 상황 속에 있는 것을 황우양은 꿈속의 계시로 알아차린다. 갓이 떨어지고 수저가 부러지고 신발이 흙속에 묻혀 있는 꿈은 여성과 관련이 있다. 갓이나 도포를 만들어주는 사람은 여성이기 때문이다. 또한 남자들이 갓을 썼을 때는 지위를 상징하는데, 그것을 유지하기 위해서 소리 없이 뒤에서 보필해주는 배우자 여성이 있어야 한다. 배우자의 역할이 없으면 남자들은 성공하기 어렵다. 반대로 해석하면 여성도 마찬가지이다.

수저 꿈은 먹는 것과 연결되고 신발은 땅과 연결된다. 내가 든든하게 땅에 발을 붙여야만 일에서 성공할 수 있는데 수저가 부러지고 신발이 땅속에 묻힌다면 암울하지 않겠는가. 꿈은 그런 상황을 계시한다. 어떤 일에서 성공하려면 바닥에 든든하게 발을 붙이고 하나씩 하나씩 아주 어렵고 비천한 일도 해야 한다. 수저가 부러지면 배가 고픈 상황이 벌어지고 배우자 역시 위험한 상황에 처할 수 있다.

---

57. 김원익(2010), 『신화 인간을 말하다』, 서울, 바다출판사, 343~351쪽

막막부인의 꿈은 언뜻 이해가 되지 않다. 보통 거울이 깨지면 불길한 일이 일어난다고 믿는데, 반대로 막막부인에게 남편 황우양이 돌아왔기 때문이다. 사람들은 거울이 깨지는 꿈을 재수 없다고 하지만, 반대인 설정도 있다. 〈춘향전〉에서도 거울이 깨짐으로서 이몽룡을 만나고, 막막부인은 황우양을 만난다. 막막부인이 황우양을 만날 때 거울이 깨졌다는 사실은 심리학적으로 얘기하자면 견고한 병적 나르시시즘(Narcissism)이 파괴되어야 진짜 타인과 관계할 수 있다는 역설적인 진리를 이야기하는 것은 아닐까. 그리스 신화의 나르키소스는 연못에 비친 자신의 얼굴을 사랑하다가 결국 우물 속에 빠져 죽는다. 이처럼 지나치게 자기애적인 상태에 빠져 있으면 사랑을 할 수가 없다. 그런 식으로 자기애적인 인격을 만들면 누구와도 인격적인 사랑은 물론 정상적인 인간관계를 맺을 수도 없다. 어린 아이 같은 자기애적인 상태에서 벗어나야 어른다운 사랑도 가능하다. 다른 사람들하고 팀워크도 하고, 무언가 성취하기 위해서 자기를 낮추는 경험을 해야 성공한다.

'거울이 깨진다'는 것은 마치 '꽃이 떨어져야 열매를 맺을 수 있다'는 원리와도 같지 않은가. 한 알의 겨자씨가 썩어야 나무가 되고, 늙은 내가 죽어야 젊은이들이 행복하게 살아갈 수 있다는 뜻이 아닐까. 자아에 대한 집착과 자아 중심적인 세계관을 깨야 진짜 더 크고 아름다운 세상을 만들 수 있다는 이야기이다. 자아도취의 폐쇄적 거울을 깨야 우리는 큰 세상으로 나아갈 수 있다.

그렇다면 목욕으로 정화를 한 뒤 소진랑에게 술을 먹여 잠을 재우고 그를 장승으로 만드는 것은 어떻게 이해하면 좋을까. 소진랑은 남편의 그림자이다. 성숙하지 못한 그림자가 지나치게 활성화되면 상대방에게뿐 아니라 자기 자신에게도 파괴적으로 작용할 수 있다. 또한 소진랑은 남편의 그림자일 뿐 아니라, 여성들의 무의식에 숨어 있는 부정적인 남성상일 수도 있다. 사랑보다는 아무 소용없는 권력에 집착하는 모습, 그래서 상대방을 소유하고 조종하려는 잘못된 소유욕일 수도 있다.

과거 우리 조상들은 새롭게 집을 지을 때마다 성주신을 모시고 굿을 했다. 성주신을 모시는 집치고 잘못 되는 집이 없었다는 이야기는 부부가 참을성 있게 서로를 견뎌주며 건강한 부부애와 가족애를 키우라는 메시지가 전해졌기 때문이 아니었을까. 부부가 서로에게 충성스럽고 또 서로를 겸손하게 대하고 주변을 생각하고 열심히 일하고 인내한다면 그 집안은 돈이나 권력과 상관없이 함께 행복하게 살 수 있지 않을까 싶다. 〈성주풀이〉는 이처럼 부부애와 가족의 사랑을 보여주고 있다.

장자풀이 이야기

＼ 내 안의 그림자

사마장자와 우마장자는 한 동네에 살았다. 부자인 사마장자는 인색하고 불효자였지만, 우마장자는 가난한데도 마음씨가 곱고 사람들에게 친절했다. 사마장자는 부모 제사에 밥 한 그릇 올리지 않았고 남에게 작은 말로 빌려주면 큰 말로 받고, 쌀을 꿔줄 때는 흰 모래를 섞어주었다. 참다 못한 그의 조상들은 저승의 왕(저승시왕)에게 찾아가 사마장자의 행실을 하소연했다.

저승왕은 스님으로 변장하고 사마장자의 집에 동냥을 갔는데 사마장자는 시주 대신 소두엄을 퍼주고 그를 내쫓았다. 하지만 마음씨 착한 며느리가 시아버지 몰래 쌀 석 되를 퍼주었다. 이런 일이 있은 후에 사마장자는 이상한 꿈을 꾸었다. 그가 먹던 은수저가 세 도막이 나고 은 밥그릇에 굽이 빠지고 지붕에 흰 것이 앉아 있고 마당에는 상식상이 놓여 있으며 사랑채 앞에 있는 은행나무가 춤을 추고 자신이 사인교 가마를 타는 꿈이었다. 그가 식구들에게 꿈 이야기를 하자 모두 과거에 급제할 꿈이라며 좋아했다. 그렇지만 며느리만은 시아버지가 돌아가실 꿈이라고 해몽했다. "은수저가 세 도막이 나는 것은 맥이 끊어진다는 뜻이고 은 밥그릇에 굽이 빠지는 것은 목숨이 떨어진다는 뜻입니다. 지붕 위 흰 것은 속적삼으로 초혼을 하는 것이고 마당의 상식상[58]은 제사상입니다. 사랑채 앞에 춤추는 은행나무는 그 나

---

58. http://folkency.nfm.go.kr/minsok/1 한국민속대백과사전, 망자 천도굿인 새남굿이나 진오귀굿에서 차리는 상이다. 망자를 위해 제사상 차림이나 살아 있을 때와 똑같은 일상 차림에 음식 몇 가지를 추가한다.

무를 베어 관을 만든다는 것이고 사인교를 타는 것은 상여를 탄다는 것이니 아버님이 돌아가신다는 것을 뜻하는 것입니다." 사마장자는 크게 노하며 며느리를 쫓아냈다.

그 후 사마장자는 앓기 시작했다. 점쟁이를 찾아가니 며느리를 불러들이고 곳간의 곡식을 동네 사람들에게 나눠주며 저승사자가 오는 길목에 음식을 차려 놓고 굿을 하라고 하였다. 마침 저승사자가 "배고파서 더 이상 못가겠다. 이럴 때 밥 한 그릇, 물 한 그릇만 놓으면 사마장자의 죄를 면해줄 텐데"라고 말하는 소리를 듣고 사마장자는 크게 한 상 차려내어 저승사자를 배불리 먹였다. 저승사자는 난감해져서 사마장자 대신 한날한시에 태어난 같은 동네 우마장자를 잡아가려 했다. 우마장자 집의 터주신, 성주신, 지신, 삼신, 조왕신, 문왕신, 업왕신, 철융신, 마부왕, 측신이 한꺼번에 달려들어 우마장자를 보호했지만, 기어코 저승으로 끌고 갔다. 이를 알아챈 시왕은 저승차사 해원맥, 이승차사 이덕춘, 염라차사 강림도령을 모두 벌주고 다시 사마장자를 데려오라고 했다.

이때 사마장자의 며느리가 제안을 했다. 사마장자가 죄를 많이 지어 산 채로 말이 되었으니 백마를 끌고 가라고 한 것이다. 이들은 사마장자의 백마를 끌고 저승으로 향했다. 그러나 말이 사마장자가 아닌 것을 안 시왕은 말 머리에는 철갑투구를, 목에는 큰 칼을, 몸통에는 쇠그물을, 앞발에는 쇠고랑을 채우고 뒷발에는 족쇄를 달아 칼산지옥으로 보냈다. 꿈자리가 사나운 사마장자는 닷새 동안 씻김굿을 해서 말에 씌운 것들을 모두 풀고 말이 사람으로 환생하게 도와주었다. 그러고도 3년을 더 살다가 죽었지만, 저승 명부에서 이름이 지워졌으니 사마장자는 이승도 저승도 속하지 못한 객귀가 되었고, 우마장자는 저승에 갔다 온 후 아흔아홉 살까지 살다 죽어 저승 곳간을 지키는 고지기가 되었다.[59]

---

59. 서정오, 같은 책, 122~132쪽

베풂이 없는 부자

〈장자풀이〉는 여러 가지 형태로 전해진다. 제주도의 〈멩감본풀이〉
에서는 사만이와 백년해골 조상신, 그리고 천황차사, 인황차사, 지
황차사의 삼차사 및 사만이의 부인이 등장해서 사만이가 저승에 잡
혀가지 않게 되는 우여곡절을 말한다.[60] 강림차사 이야기와 함께 제
주도의 시왕맞이굿의 일부이기도 하다. 씻김굿, 고풀이, 혼사굿, 성
주굿에도 차사 이야기는 자주 등장하며, 손진태 저서『조선신가유
판』[61]에는 〈황천혼시〉,『한국무가집』[62]에는 비슷한 유형으로 고창과
고흥 지역의 〈장자풀이〉가 소개되고 있다.

장자는 나이든 사람이 저승에 잡혀갈 뻔했지만 고풀이, 즉 '고'라
는 저승으로 향한 매듭을 풀어서 그 위기를 벗어나는 이야기이다.
흰 매듭을 푸는 장면에서 무당은 큰 천을 자르기도 하고, 그 천을 한
쪽 끝에서 한쪽 끝으로 잡아 저승으로 가는 배를 태우기도 하며 어
떤 지역에서는 쌀을 던지기도 한다. 원한을 푼다는 뜻으로 '해원'과
유사한 의미이다.

매듭은 일종의 부적이다. 이집트 신화나 파피루스의 상형문자에
도 매듭처럼 고 무늬가 있다. 매듭처럼 있는 고 무늬를 '앙크(Ankh)'
라고 하는데 이것은 생명의 삶, 영원한 삶이라는 뜻이다. 매듭은 이
집트 신화에서는 태양을 감싸는 우주를 의미하기도 한다.[63] 그러나

60. 현용준(1996),『제주도 신화』, 서울, 서문당, 133~141쪽
61. 손진태 편, 김종군 · 강미정 · 이원영 · 조홍윤 주해 (2012),『조선신가유편』, 서울, 박이정출판사
62. 김태곤(1978),『한국무가집 3』, 서울, 집문당
63. Owusu, Heike.(2000),『Egyptian Symbols』, Sterling, pp156~157

한국 무속의 고는 저승길을 의미한다. 이집트 신화에서는 오시리스가 죽자 부인 이시스가 라에게 기도해서 생명과 치유를 상징하는 앙크를 받아들인다. 그것도 고풀이와 같은 맥락으로 연결할 수 있다. 즉 〈장자풀이〉를 통해 우리는 삶의 매듭이 어떻게 풀리고 그것이 저승과 어떻게 맞닿아 있는지 생각해볼 수 있다.

은수저가 세 도막이 나고 밥그릇에 굽이 빠지는 건 일상에서도 재수 없다고 할 일이다. "은수저를 물고 나왔다"는 이야기는 자기 명이나 복과 관련된 말이다. 옛날에는 먹는 것이 곧 복이었다. 집은 꿈에서는 종종 자아(에고)의 대체물로 등장한다. 자아가 망가지면 집이 망가지거나 불에 타서 초토화되고, 자아가 건강해지면 꿈속의 집도 다시 아름답게 변한다. 이런 꿈 이야기는 임상에서 자주 만날 수 있다. 지붕이 하얗게 되는 것은 자기의 자아에 하얀 것이 덮이는 것으로, 마치 염할 때 흰 베로 덮이는 것과 같다. 마당에 상식상을 차리는 것은 며느리가 제상을 마련한 것이다. 공자도 죽기 전에 상을 차리는 장면을 보고 자신의 죽음을 미리 예언한 바 있다.

은행나무가 춤추는 것을 며느리는 관 만들기와 연결짓는다. 은행나무는 지구상에서 가장 오래된 생물 중의 하나이다. 즉 원형적인 나무라는 뜻이다. 가장 오래된 나무에게로 돌아간다는 것은 영원회귀를 뜻한다. 가마를 타는 꿈은 자신의 죽음뿐만 아니라 타인의 죽음을 예측할 때 자주 등장하는 상징이다. 가마를 타고 좋은 곳으로 가니까 걱정하지 말라는 뜻이다. 먼 길을 차를 타고 떠나는 꿈도 마찬가지이다. 전통적인 며느리의 꿈 해몽이 현대의 융 심리분석가들의 해석과 어떤 면에서는 유사하다는 것이 흥미롭다. 원형적인 상과 그에 대한 반응이 인류 공통적으로 존재한다는 증거일 수도 있다. 그런데 사마장자는 죽을 준비가 안 되었다는 게 이 이야기의 중요한 플롯이다. 특히 이승에 대한 욕심이 많고 집착이 많을수록 아무리 오래 살아도 죽고 싶어 하지 않는다. 물론 그런 무의미한 삶의 단순한 연장이 본인에게 도움이 되느냐 아니냐는 전혀 다른 문제이다.

사마장자의 꿈을 며느리가 풀이하고, 그것도 아주 솔직하게 시아버지의 죽음을 예언하게 만든 이유는 무엇일까? 우선 '가부장제를 거부하는 젊은 여성의 자유로운 의지'가 이 속에 숨어 있다고 여성주의적 시각으로 해석할 수 있다. 심리학적으로 보면 사마장자의 무의식 속 여성성이 며느리에게 투사된 것으로 볼 수도 있다. 여기서는 며느리와 시아버지만 등장할 뿐 아들과 시어머니는 존재하지 않는다. 대신 착한 우마장자는 살짝 등장한다. 그러나 우마장자와 며느리의 관계는 긴밀하지 않고, 사마장자의 남성성은 너무 늙은 데다 자기 욕심에 갇혀 있다. 며느리로 상징되는 여성성은 젊긴 하지만 나이든 사람의 지혜나 자신의 부족함을 메워줄 짝을 갖고 있지 않다. 며느리와 시아버지는 균형이 맞는 관계가 아니고 불균형한 관계이다. 이런 불균형한 관계일 때 뭔가 이상한 일이나 괴로운 일이 일어나지만, 또 동시에 국면이 새롭게 전환되는 계기도 마련된다.

사마장자 뒤에 나오는 우마장자에서 '우마'는 소와 말로 연상이 되지만 사마의 '사'는 무슨 '사'자인지 좀 모호하다. 제주도에서 '사마'라는 이름은 수명과 관련이 있기 때문에 '사마'라는 이름을 썼을 수 있지만, '삿되다' 할 때 '사'자와 '마가 꼈다' 했을 때 '마'라는 뜻에서 그런 이름을 붙인 것은 아닌지 짐작해본다. 아마도 '삿되고 마가

껐다'는 죽음과 관련된 말로 풀이할 수 있지 않을까 싶다.

사마장자는 스님으로 변장해서 동냥하러 온 저승의 시왕에게 소두엄을 퍼주어 내쫓는다는 점에서 욕심에 눈 먼 우리의 또 다른 모습을 보여준다. 이때 며느리가 쌀 석 되를 시아버지 몰래 퍼주며 공덕을 쌓는데, 우리 안의 악한 부분과 선한 부분은 이렇게 동시에 등장할 때가 많다. 〈장자풀이〉만이 아니라 다른 신화에도 이런 장면은 자주 등장한다. 시주는 단순하게 종교 지도자나 종교인에게 주는 '선물'의 의미만이 아니라 현실을 초월하는 대상에 대한 존경, 경외, 겸손함을 의미한다. 그리고 자신이 가진 많은 것을 혼자 갖는 게 아니라 주변 사람과 많이 나눈다는 의미이다. 영어로 굳이 얘기하면 '생성성(Generativity)'이라고도 할 수 있다. 남과의 나눔, 베풂의 뜻이다. 사마장자는 베풂과 나눔의 행복을 모르는 사람이다. 반대로 며느리는 젊지만 베풂의 즐거움을 아는 사람이다. 베풂이 없는 부자가 얼마나 가난하고 또 각박한 삶을 사는 것인지를 보여주는 장치가 이 신화 속에 들어 있다.

왜 착한 사람이 신화에서는 벌을 받을까?

며느리는 사마장자가 죽을 꿈이라고 해몽하는 바람에 집에서 쫓겨난다. 남의 인생에 개입하는 사람들, 미래를 보는 사람들은 그리스 신화의 카산드라가 그랬듯이 거의 예외 없이 불행을 맞는다. 아폴로는 트로이의 공주인 카산드라를 유혹하기 위해 미래를 보는 능력을 주었지만, 사랑을 거부하는 그녀에게 아무도 그녀 말을 믿지 않을 것이라는 저주를 내렸다. 그래서 결국 그녀는 트로이 왕국이

멸망할 것이라는 예언을 한 뒤 비참하게 죽는다.[64] 성경에도 요셉이 꿈을 보면서 "내가 이 집안의 가장 중요한 인물이 될 것이다"라고 하는 바람에 쫓겨난 일화가 있다. 미래를 볼 줄 알고 진리를 이야기하는 사람이 정당한 대접을 받지 못하는 것은 고대와 현대, 동서양을 막론하고 자주 일어나는 일이다. 재미있는 것은 그럼에도 며느리는 결국은 자기를 쫓아낸 시아버지를 구한다는 점이다. 연속극에서도 배경 없고 불쌍한 며느리를 쫓아내는 시어머니와 시아버지가 등장하지만 결국에는 그 약하고 가난한 며느리가 승자가 되는 주제가 끊임없이 재생산되고 있듯이 말이다.

며느리가 시댁에서는 낯선 사람이고, 동냥을 얻으러 온 저승시왕도 낯선 인물이라는 점은 그들이 부패하고 멸망해 가고 있는 사회에 새로운 희망을 줄 수 있는 사람들이라는 뜻이다. 기존 질서를 무너뜨리는 동시에 새로운 것을 창조하는 인물을 용납하지 않는다면 그 사회는 서서히 죽어간다. 사마장자가 쫓아내려고 해도 자기가 살려면 며느리를 다시 받아들일 수밖에 없는 이유가 여기에 있다.

우마장자 이름에는 '소'가 들어 있기 때문에 멍청한 바보를 상징하는 것으로 오해할 수 있지만, 다른 이종 신화를 보면 우마장자는 매우 착하고 다른 사람들에게 선행을 베푸는 인물이다. 그 착한 사람을 저승사자가 데려가려고 할 때 주위에서 그를 보호하는 것을 보면 알 수 있다. 사마장자와 우마장자는 선악의 원리로 볼 수 있고, 며느리와 사마장자는 늙은 가부장제와 새로운 여성적인 원리의 대립

---

64. Tr. by Lattimore, Richmond. (1999), 『The Odyssey of Homer』, London, HarperCollins, p179

으로 볼 수 있다. 둘은 각각 다른 면을 지닌 한 쌍인 셈이다.

인과응보나 권선징악을 따진다면 선한 게 이기고 악은 벌을 받아야 하지만 실제 현실에서는 열 명의 선한 사람이 한 명의 악한을 이기지 못한다. 악한 사마장자 대신 착한 우마장자를 잡아가려는 모습은, 신화가 현실의 이율배반적인 모습을 투영한 것으로 보인다. 결국에는 사마장자가 저승사자에게 잡혀가야 되는데 며느리의 꾀에 속아 저승사자는 사마장자 대신 백마를 잡아간다. 어떻게 보면 저승사자는 매우 어리숙하다. 불교에도 저승사자나 야차, 라한이 어리숙한 인물로 등장한다. 대부분은 깨닫지 못하기 때문에 우매한 존재로 나온다.

다음, 백마를 보자. 백마는 동서양을 막론하고 매우 고귀한 상징이다. 서양 동화 중에 『걸리버 여행기』에는 어마어마한 상징들이 들어 있다. 그 동화에는 말이 지배하는 '휴이넘(Houyhnhnm)'이라는 나라가 나온다. 말이 지배하는 나라의 인간을 '야후'라고 했는데, 인터넷 포털사이트 '야후(Yahoo)'는 이 책에서 따온 이름이다. 휴이넘에 사는 인간(야후)들은 벌거벗은 채 돌아다니며 아무 데나 배설을 하고 노란 금덩이를 좋아하는 단순무식한 사람들이다.[65] 마치 그리스 시대의 똑똑하지만 삐딱했던 견유학파(Cynics, 犬儒學派)가 아무 데나 싸고 먹었던 것과 유사하다. 이들을 철학적 의미로 보는 사람도 있지만 여기서는 말이 지배하는 본능적 사회를 의미하는 게 더 맞다. 사마장자가 타고 있는 말이 저승사자에게 대신 잡혀갔다는 것은 사

---

65. Swift, Johathan.(2003), 『Gulliver's Travels』, Penguin

마장자가 본능에 사로 잡혀 있는 사람임을 뜻한다. 사마장자는 본능, 즉 자기 욕심을 버려야 구원받을 수 있다.

그렇다면 우마장자는 사람들에게 친절하고 베풂을 아는 사람인데 왜 괴롭힘을 당하는 것일까. 성경을 봐도 착한 사람이 꼭 행복하지 않은 것이 이상할 지경이다. 기복신앙에서 이야기하는 것처럼 이들은 하느님께 특별한 사랑을 받지도 않는다. 예를 들면 욥 같은 사람이 고통을 받는 것처럼 말이다. 다윗과 우리아의 관계에서도 선한 사람 우리아가 죄 없이 죽고 다윗은 오히려 예수의 조상이 된다. 헤롯은 역사적으로 보면 예루살렘에 태평성대를 가져온 위대한 왕이지만 성경에서는 예수를 십자가에 못 박은 죄인으로 평가한다. 이처럼 신화의 선악 개념, 성공과 실패는 역사와는 개념이 자못 다르다. 신앙의 힘으로 보면 오히려 너무 출세하거나 너무 많이 누리거나 역사에 크게 이름을 남기는 게 오히려 본인들한테는 큰 독이 될 수 있다. 그래서 영성가 안셀름 그륀 신부는 "세속적으로 성공하고 있는 동안에는 진짜 삶은 중단된다"고 강연에서 되풀이 강조한다.

사마장자처럼 재산과 힘을 갖고 있지만 주변사람과 나누지 않고 사는 사람들이 그렇지 않은 사람들보다 훨씬 많은 게 세속의 삶이다. 어쩌면 현실 세계는 신화의 세계와는 비교할 수 없을 정도로 냉정하고 잔인할지 모른다는 생각도 든다.

장자풀이의 이본들
\ 지옥이 없는 천국은 없다

애지중지 외아들을 키우는 부모에게 한 고승이 나타나 아이가 단명할 상이라고 말한다. 다만 남산에 올라가면 바둑을 두는 두 노인이 있으니 그들에게 간청하면 명을 늘릴 수 있을 것이라 귀띔한다. 아이가 두 노인을 만나 간청하자 노인들이 아이의 청을 들어주었다. 인자하게 생긴 노인은 출생을 맡아 보는 남두칠성이었고 험악한 얼굴의 노인은 죽음을 관장하는 북두칠성이었다.

함흥본에서는 삼형제(송남동이, 이동이, 사마동이)가 일찍 부모를 잃고 살다 백골을 발견해 집에 모셔 놓았는데 백골이 눈물을 흘리며 삼형제가 죽을 것을 예언한다. 그리고 삼형제가 저승사자에게 음식을 대접하고 누런 황소에 유삼을 입히고 놋동이를 갖다 놓도록 하니, 사자는 황소와 유삼, 놋동이를 갖고 돌아간다. 이를 황천혼시, 혹은 혼쉬굿이라고도 한다. 호남본에서는 사마장자가 꿈을 꾸고 나서 문복하니 죽는 꿈으로 판명된다. 점쟁이가 사마장자 며느리에게 밥 세상, 옷 세벌, 돈 삼천냥을 준비해 저승사자에게 주도록 지시해서 죽음을 모면한다. 제주도본에서는 소사만이 일찍 부모를 여의고 해골을 모셨던 시왕맞이굿을 해서 사만이의 정명이 삼십에서 삼천으로 고쳐진다.[66]

개똥밭에 굴러도 이승이 낫다

불교의 지장보살이나 관세음보살은 사람들을 자애롭게 품어주는 보살이다. 지옥에 중생이 하나라도 있다면 지옥을 떠나지 않겠다고 서원한 보살들이다. 그러나 샤머니즘 세계에서 명부의 두목은 자애롭거나 보호해주는 쪽이 아니라 인과응보를 행하기도 하고 이해할 수 없는 바보 같은 행동을 쉽게 저지르는 인간적인 측면이 더 강하다. 샤머니즘의 세계는 기본적으로 인간세상과 비슷한 이치, 비슷한 논리구조로 돌아가기 때문에 더 매력적이다.

샤머니즘 세계에서는 어떤 일을 행하면 구원을 받는다는 식의 고등 종교의 논리는 통하지 않는다. 이해할 수 없는 논리로 사람들을 잡아가는 명두의 방식이 리얼리즘에 더 가깝다. 인간세상도 마찬가지이다. 도저히 이해할 수 없는 상황에서 세상을 하직하는 사람들이 많다. 착하다고 오래 사는 것이 아니고 악하다고 빨리 죽는 것도 아니며 주위에 덕을 베푼다고 장수하는 것도 아니다. 이런 인간세상의 원리를 샤머니즘은 있는 그대로 보여준다.

명두의 원리는 인과응보가 아니라 운이다. 기복신앙이라고 비난을 받는 이유이기도 하다. 그래서 선한 사람이 이기지 못하고 악한 사람이 활개를 치고 있는 명두굿을 보면 가끔 마음이 서늘해질 때가 있다. 아마도 이런 마음을 달래주기 위해 고등 종교가 필요한지도 모르겠다. 이 세상이 완벽하지 않고 도덕적이지 않아서 우리가 고통을 받는 것이고 그 고통을 이겨내기 위해 신적인 존재가 필요한 것이다. 또한 이런 세상에 사는 우리는 더 겸손해질 수밖에 없다.

연명신화는 명을 연장하는 내용이 담겨 있다. 샤머니즘의 세계에서는 저승이 이승과 특별히 다르지 않다. 그리고 기본적으로 이승의 삶을 매우 좋게 여기는 것 같다. 하지만 때론 저승이 마치 이승의 이웃인 양 사람들이 들락날락하는 것도 재미있다. 한 번 가면 다시 오지 못할 죽음의 세계를 굿이 친근하게 설명함으로써 살아남은 사람들의 마음을 위로하는 것은 아닐까. 한편으로는 우리나라처럼 세상살기가 좋은 나라에 비해 중동이나 히말라야처럼 자연환경이 거친 곳에서는 이승이 아니라 저승을 동경할 수밖에 없었던 것은 아닐까 짐작해보기도 한다. 사막에서 살던 사람이 한국의 금수강산을 찾아왔다면 어쩌면 바로 여기가 천국이 아닐까 감탄하지 않았을까.

이승의 삶에는 고통과 행복이 같이 존재한다

〈장자풀이〉를 연명신화의 한 이본으로 보는 이유는 수명을 연장하려는 주제를 담고 있기 때문이다. 여기서 남두칠성과 북두칠성이 만나는 장면이 재미있다. 중국의 수신기의 영향도 있겠지만, 북극과 남극에 있는 신선의 존재는 도교의 영향 때문에 광범위하게 신화나 전설의 형태로 만날 수 있다. 민화나 신선도에서 머리가 긴 남극노인과 북극노인의 그림을 본 사람이 있을 것이다.

남극과 북극은 특정 장소라기보다는 경계를 넘어선 공간(Beyond the Territory)이나 가장자리(Edge), 세상의 끝, 혹은 다른 세계를 뜻한다. 우리 전통에서는 남극이나 남극에 사는 신선들은 인자하고 북극은 혹독한 곳으로 묘사되는 경우가 많은데 지리적 사실과는 다른, 말 자체가 주는 의미 때문이기도 하고, 과거 남반구의 존재를 아예 상상조차 하지 못할 때의 흔적 때문이기도 하다. 음양오행을 이야기할 때 동쪽은 푸른색, 남쪽은 따뜻한 붉은색, 서쪽은 사막을 상징하는 흰색, 북쪽은 어두컴컴한 검은색으로 상징된다. 동쪽은 바다가 있기 때문에 푸른색이고, 중국을 중심으로 서쪽은 사막이 있으므로 흰색이며, 남쪽은 따뜻한 아열대 지방이 있어서 붉은색이고 북쪽은 툰드라를 포함해서 북극이 있기 때문에 검은색이다. 이들의 가운데는 황토색이다. 이렇게 해서 오방색이 나온다.

오방색은 어느 것 하나가 열등하거나 더 낫다고 말할 수는 없다. 우리에게 모두 필요하기 때문이다. 종교적으로 이야기하면 천국과 지옥, 극락과 지옥이 우리에게 모두 필요한 것과 같은 이치이다. 지옥이 없는 천국이 있을 수 없고, 천국이 없는 지옥이 있을 수 없는 것처럼 악함이 없으면 선함의 의미를 모른다. 서로의 그림자처럼 꼭 필요한 존재이다.

선과 악, 고통과 행복이 같이 있는 곳이 이승이다. 그래서 이승의 삶이 저승보다 낫다는 것이다. 이승의 삶의 명을 길게 하려면 남두칠성과 북두칠성을 같이 만나야 된다. 명을 늘릴 방도를 부모가 묻자 고승이 남두칠성과 북두칠성을 알려주는 것도 그 때문이다.

민담이나 신화에는 유독 명과 관련해서 고승에게 아이를 맡기는 상황이 자주 등장한다. 스님이 그 아이를 탐내서 그럴 수도 있지만 상징적으로 얘기하면 아이의 존재를 개인적인 소유와 자기의 입신양명의 도구로 생각하는 게 아니라 보다 더 큰 신적인 존재, 신령한 존재에게 맡긴다는 의미로 해석하면 좋을 듯하다. 또한 명을 하느님이든 부처님이든 신적인 존재에게 맡긴다는 것은, 신체적인 나이로 일찍 죽고 늦게 죽는 것을 떠나 영혼불멸의 세계를 지향한다는 의미가 될 수도 있을 것이다.

하지만 장수가 꼭 좋은 것 같지는 않다. 어떤 사람은 오래 살아도 세상에서 좋은 평가를 받지 못한다. 오히려 짧게 사는 것이 자기 자신이나 주변 사람을 위해 나았을 이들이 분명 있다. 반면에 다른 사람들을 위해서 자기 목숨을 바치거나 희생한 사람은 어떤 장수 노인보다 그의 에너지와 힘이 주변에 많이 전해진다. 연명신화를 단순히 신체의 나이를 늘리는 것으로만 해석하지 말고, 어떻게 살아야 자신의 에너지를 오래 남길 수 있을지 기억하고 되새겨 보는 장치로 이해해야 하는 이유이다.

소서노와 비류, 온조 이야기
\ 그 사람이 내 스승

소서노(召西奴)는 졸본부여의 연타발의 딸로 북부여 왕 해부루의 서손(庶孫)인 우태와 혼인했는데 우태가 죽어 과부가 되자 비류와 온조라는 두 아들을 키우고 있었다. 소서노는 새로운 땅을 찾아온 추모(주몽)를 만나 다시 결혼하였다. 주몽은 소서노의 재산을 가지고 뛰어난 장수 부분노 등을 끌어 들이고 민심을 거두어 흘승골의 산 위에 도읍을 세우고 나라 이름을 가우리라 했다. 가우리는 이두자로 고구려라 썼는데, 중경, 또는 중국이란 뜻으로[67] 기원전 37년 세워졌다. 이로써 소서노는 고구려의 첫 번째 왕비가 되었다.

주몽은 이후 말갈을 물리치고 불류국, 행인국을 복속하는 등 나라를 안정적으로 성장시켰다. 『삼국사기』에 따르면 "주몽은 그녀가 나라를 창업하는 것을 도와주었기 때문에 그녀를 총애하고 대접하는 것이 특히 후하였고, 비류 등을 자기 자식처럼 대하였다"고 기록되어 있다.

그런데 주몽의 첫 번째 부인과 친아들이 등장하면서 문제가 불거졌다. 아내 예씨와 아들 유리가 일곱 모로 되어 있는 주춧돌과 기둥 사이에서 부러진 칼 한 도막을 찾아 들고 주몽을 찾아온 것이다. 주몽이 왕위에 오른 지 19년째 되던 해였다. 주몽은 기뻐하며 유리를 태자로 봉하고 첫부인 예씨는 원후, 소서노는 소후로 삼았다.

---

67. 신채호(1988),『조선상고사』, 서울, 일신서적, 99~100쪽

이에 소서노는 주몽에게 청해 금, 은, 주보를 나누고 비류, 온조 두 아들과 오간, 마려 등 18사람을 데리고 고구려를 떠났다. 이들은 낙랑국을 지나 마한으로 들어갔다. 만주에서 한반도로 남하한 이들은 한강 유역에 이르러 살 만한 땅을 찾았다. 이때 마한의 왕은 기준의 자손이었는데 소서노가 마한 왕에게 뇌물을 바치고 미추홀과 위례홀 등의 땅에 나라를 세워 소서노를 왕이라 일컫고 국호를 백제로 했다.

소서노가 재위 13년에 죽자 비류는 미추홀에, 온조는 위례홀에 도읍을 잡고 싶어 했기 때문에 동과 서 두 백제로 나뉘었다. 그러나 비류가 선택한 미추홀은 땅에 습기가 많고 물이 짜서 백성들이 편히 살 수 없었다. 반면 위례성은 백성들이 살기에 적합했다. 부끄러움을 느낀 비류가 죽자 그 백성들이 모두 위례성으로 돌아왔다. 이후 나라 이름을 고쳐서 백제(百濟)라 했다.[68]

---

68. 신채호, 같은 책, 107~109쪽

익숙한 것을 낯설게 보라

주몽의 아내 '소서노(召西奴)'의 이름에는 '노비노(奴)' 자가 들어 있다. 당시는 이두를 썼기 때문에 진짜 노비 노자인지, 아니면 후세의 관습적 표현인지는 확실치 않다. 『삼국사기』를 지은 김부식은 여성을 비하하는 쪽에 가까웠기 때문에 지금으로서는 정확한 사실을 알 수 없다.

소서노는 주몽을 만나기 전에 이미 결혼을 해서 아들이 둘 있는 과부였지만 신분이 매우 높고 재산도 많은 대장부 같은 여성이었다. '연타발의 딸' 혹은 '부여의 공주'라는 이야기도 있는데, 아무리 신분이 높은 공주였다 해도 남편 없이 아이 둘을 키우는 것이 녹록한 일은 아니었을 것 같다. 더구나 주몽의 옛 부인이 아들을 데리고 찾아온 뒤 정부인에서 첩실의 지위로 떨어지면서 아들 둘을 이끌고 그동안 일구어 놓은 땅을 떠나야 했으니 기구한 여인이라고 할 수도 있지만, 그녀의 내공은 그런 기구함을 뛰어 넘는다.

성경에도 하갈이라는 여종이 아브라함의 첩이 되어 이스마엘이라는 아들을 낳은 후 거만해졌다 해서 사막으로 내쫓기는 장면이 나온다. 하갈 모자가 사막으로 내쫓겼을 때의 마음과 비류, 온조를 이끌고 낯선 땅으로 이주해야 했던 소서노의 마음이 비슷하지 않을까. 하갈이 사막에서 스스로를 추스르면서 물을 발견하고 "하느님은 나를 버리시지 않는다"고 했듯이 소서노 역시 자신의 삶을 꿋꿋이 쟁취해 나간다.

주몽과 사랑에 빠졌을 때 소서노의 나이는 37세라고 전해진다. 21세기의 37세 여성에게 "이제 중년에 들어선 거예요"라고 말하면 살짝 기분 나쁘겠지만, 고대의 37세 여성은 손주를 볼 나이이다. 그 나이에 젊은 주몽과 결혼을 한 데다 그것도 모자라 어린 아들을 데리고 새로운 땅을 찾아 나서서 왕이 된 것을 보면 보기 드문 강인한 여성이 아닐 수 없다. 물론 주몽과 소서노의 결혼이 '부족간의 정략적인 결혼'일 수도 있지만, 결과적으로 소서노와 주몽의 만남은 젊은 남성과 성숙한 여성의 만남이었으며, 여성의 지혜로 아직 세상물정 모르고 뒷심이 될 만한 배경도 없는 젊은 남성을 진짜 왕으로 만들어주지 않았는가.

주몽의 아들 유리는 일곱 개의 계곡과 일곱 개의 산을 넘어 아버지가 활과 칼을 숨겨둔 나무기둥을 찾아서 활과 칼을 들고 아버지를 만나러 온다. 유리가 찾은 나무 기둥은 흔하게 볼 수 있는 집의 나무 기둥이었다. 익숙하면 무관심을 낳는다고, 우리는 낯설어야 호기심과 관심을 갖는다. 아름답다는 느낌도 사실은 낯섦에서 오는 것일 때가 많다. 익숙함의 아름다움을 알아보는 이들은 그리 많지 않다. 주몽이 아들에게 남긴 수수께끼는 익숙하고 편안한 것에서 낯선 것, 귀한 것을 찾으라는 이야기가 아닐까(한데 주몽은 오랫동안 떨어져 있던 본처의 아들은 후계자로 삼고, 자신을 왕으로 만들어준 왕비는 버린다. 주몽에게는 무엇이 익숙하고 무엇이 낯선 것이었을까). 창조의 핵심인 '익숙한 것 낯설게 보기'의 지혜가 발현되어 있다.

일반인들이 무언가를 새롭게 만들 때도 '익숙한 것 낯설게 보기'가 시발점이 될 때가 많다. 세상의 모든 당연한 것들을 낯설게 보는 것이 학문의 기본이 아닐까 싶다. 예술도 마찬가지이다. 남들과 다르게 보아야 무언가 새로운 것이 나온다. 그런데 그 대상들이 꼭 먼 나라, 먼 우주에 가야만 등장하는 것이 아니라 바로 내 근처에 있다는 사실은 어쩌면 참으로 감사한 일이 아닐 수 없다. 훌륭한 작가들이 소소한 일상을 낯설게 비틀어 작품으로 만들 때 느끼는 감탄이다. 주몽은 자기 아들에게 그런 능력이 있는지를 시험한 것이리라.

일곱 개의 산, 일곱 개의 계곡이 의미하는 것은 무엇일까? '다섯'이라는 숫자만큼이나 일곱도 우리에게는 중요한 숫자이다. 일주일도 7이고 카지노에서도 7이 세 번 나오면 엄청난 금액을 얻게 된다. 서양과 전혀 무관해보이는 전통 무가에서도 '칠성신'을 섬긴다. 일곱 개의 별 북두칠성을 섬기는 칠월 칠석과 관계되는 신이다. 일곱이라는 숫자는 완성과 행운을 가져온다는 믿음이 동서고금을 막론하고 있다는 이야기이다.

그런데 산도 아니고 계곡도 아니고 산과 계곡이 같이 있는 곳에 귀중품을 묻은 이유는 무엇일까? 계곡과 산이 같이 있다는 것은 주역에서 말하는 음과 양이 같이 있는 공간을 말한다. 물과 땅을 아우르는 공간 위에 있는 나무는 신단수일 가능성이 있다. 융의 분석심리학에서는 신단수를 '철학자의 나무(Philosopher's Tree)'라고 말할 것 같다. 나무는 하늘과 땅을 이어주는 존재이다. 이어주기만 하는 게 아니라 뿌리를 깊이 박고 하늘로 손을 뻗쳐서 하늘의 기운을 받고 땅의 기를 받아서 생명을 만들어 낸다. 나무 안에 칼을 넣었다는 것은 무언가 깊은 곳으로 들어간다는 의미, 이성의 조직화를 상징한다. 그래서 그 나무는 자연의 나무가 아니라 인공적인 나무 즉 집의 기둥으로 설정되었을 것으로 본다.

창조의 영역도 마찬가지이다. 직관이나 영감 같은 게 떠오를 때는 그것을 다듬는 수고로운 작업과 과정이 필요하다. 아이디어들은 많은데 그것을 누가 실행으로 잘 옮기느냐에 따라 사업의 성패가 판가름 날 때가 많다. 실행을 디테일하게 잘하는 기업이나 작가, 예술가들이 성공한다. 유리 이야기에는 바로 그 이미지가 들어가 있다.

아버지의 부재가 의미하는 것은

주몽의 친아들 유리가 왔을 때에 소서노는 "내 친아들 비류와 온조를 데리고 떠나겠다"고 말한다. 매우 의미심장한 말이다. 따지고 보면 주몽도 금와왕의 친아들이 아니었고, 금와왕도 해부루의 친아들이 아니었기 때문이다. 어째서 친아버지의 아들로 자라지 못한 이들이 모두 한 국가의 시조가 되었을까. 이 말은 두 가지로 해석된다. 첫째는 고대사회가 모계사회였을 수 있다는 추측이다. 둘째는 융의 분석심리학적인 해석으로, 아버지 없음은 영웅이 되기 위한 전제 조건이라는 강한 암시이다.

〈아서 왕 이야기〉의 파르지팔의 아버지 가흐무렛(Gahmuret)도 어린 파르지팔을 버리고 새로운 제국으로 떠났고[69] 오디세우스도 어린 텔레마쿠스를 떠나 키르케가 지배하는 어두운 세계에 머물러야 했다. 이런 주제는 토마스 만의 소설들, 바그너의 오페라, 제임스 조이스의 소설들에서 되풀이된다.[70] 영웅들처럼 그들의 아버지들도 편한 고향을 떠나 위험이 가득한 세상으로 유랑한다. 아버지의 부재를 필

---

69. Campbell, Joseph., 같은 책, p433
70. 위 책 123, 363쪽

자의 졸저『융, 호랑이 탄 한국인과 놀다』의 〈나무도령〉 이야기에서 말한 바 있다. 중근동의 가장 오래된 신화에서는 여호와나 남신이 등장하기 전에 이슈타르(Ishtar), 티아마트 같은 여신과 그 자녀들의 이야기로 전승의 주제가 전개된다.[71] 수천년 동안 지속되었던 남성과 여성의 비대칭적 소유 구조, 즉 남성중심의 가부장제에서 여성의 권리가 어떻게 왜곡되었는지에 대한 논의가 현대 서구사회에서 오랫동안 금기시 된 것처럼[72] 우리나라에서도 소서노나 유화가 한 국가를 만든 여왕으로서가 아니라, 버려지고 억압된 여성으로 탈바꿈한 사실도 흥미롭다. 다만 이 논의는 필자보다는 여성학이나 사회학 혹은 인류학을 공부하는 사람들이 더 자세히 다루어야 할 부분이라고 생각한다.

모성에 갇힌 비류와 문명을 택한 온조

소서노는 주몽의 적자 유리가 고구려로 오자 아들 온조와 비류를 데리고 떠난다. 친정 재산과 배경으로 주몽을 왕으로 만들었던 소서노로서는 본부인이 왔다 해서 순식간에 첩의 처지가 된 데다, 전 남편의 아들마저 위태한 처지에 이르자 배신감과 불안감을 감당하기 힘들었을 것이다. 하지만 그녀는 툭툭 털고 일어나 새 삶을 찾아 남쪽으로 향한다. 사랑을 잃고 자신의 땅과 모든 기반마저 사라졌어도 굴하지 않는 기상이다. 그녀에게는 아직 인생이 끝난 것이 아니었기

71. Baring, & Cashford, 같은 책, pp218~222, pp273~298
72. Mies, Maria,(1998), 『Patriarchy and Accumulation on a World Scale : Women in the International Division of Labour』, London and New York, Zed Books, p45

때문이다.

 그녀가 비류와 온조를 데리고 떠날 때 열 명의 신하가 함께 따라 갔기 때문에 이들을 '십제'라고 불렀다. 『삼국사기』「백제본기」에 의 하면, 한산이라는 곳에 이르자 비류는 바닷가로 가고 싶어 했고 온 조는 위례성으로 가고 싶어 했다. 당시 산과 물을 건너 낯선 땅으로 향하는 장면을 상상해보자. 매우 힘든 일을 할 때 "산 넘고 물 건너느 라 힘들었다"는 표현을 한다. 산은 힘들게 올라가야 하는 곳이다. 힘 들게 정상에 올라갔다 하더라도 정상에 왔으니 끝이 아니다. 힘들게 올라가는 과정 하나하나도 중요하지만, 정상에 올랐을 때 아래를 내 려다보고 조망하는 시간 또한 매우 중요하다. 땅에서 보았을 때와 위에서 내려다보는 시각은 절대적으로 다르다. "우주선에 타서 지구 를 보았을 때에 그 광경은 절대로 잊을 수 없다. 그 후 내 인생이 완 전히 바뀌었다"라고 고백한 우주인도 있듯이 정상에서 내려다보는 것은 우리에게 매우 깊은 존재감과 의미를 부여한다.

 우주인까지는 아니라도 까마득히 높은 산을 고생하며 올라가 땅 을 내려다볼 때의 체험은 '임사체험'과 어느 면에서 비슷하다(남들에 게는 말로 표현할 수 없는 그런 내적인 특별한 울림 때문에 산악인들이 목숨을 걸고 높은 산을 올라가는 것은 아닐까). 융도 그런 임사체험을 한 바 있다. 그는 심장에 마비가 왔을 때 유체를 이탈해 하늘로 올라가서 지구를 내려 다보는 경험을 한다. 어쩌면 그 장면이 너무나 아름다웠기 때문에 한편으로는 융이나 우주인 모두 지구로 돌아가고 싶지 않았을 수도 있다. 물리학자들은 우주가 다른 입자와 별 차이가 없다고 하지만, 실제 임사체험을 한 사람들의 삶은 완전히 바뀐다. 영혼이 자신의 몸을 떠나 세상을 내려다볼 수 있었으니, 좁은 자아에 갇힌 소소한 많은 것들이 얼마나 부질없는지 알아차렸기 때문이리라. 어쩌면 가장 개성화 과정에 근접한 체험이 아닐까.

산에 올라가서 땅을 바라보는 두 아들의 입장은 갈린다. 첫째 비류는 바닷가로, 둘째 온조는 위례성으로 가고 싶어 했다. 왜 비류는 바닷가로 갔을까? 비류의 정확한 도읍지에 대해서는 역사학자들의 의견이 엇갈리고 있기 때문에 자세한 언급을 하지는 않겠다. 여기서는 "어디냐?"도 중요하겠지만 "왜?"를 따져 보고 싶다. 바닷가는 사실 원시인들의 흔적이 남아 있는 곳으로, 조개무덤 패총은 순천 등 바닷가에서 많이 출토되고 있다. 비류의 미추홀 입성은 어쩌면 그 옛날 바닷가에서 패총을 만들며 살았던 원시 시대의 잔재였을 수 있다. 현대인들에게도 바다에 대한 선망과 꿈은 여전하다. 바다 앞에서 인간의 소소한 욕심들은 보잘 것 없어진다. 바다가 품고 있는 무한한 생명력과 알 수 없는 심연의 세계에 대해 경외감에 빠진다.

바다를 보는 우리의 태도는 무의식을 보는 태도와 비슷하다. 바다처럼 무의식은 무한해서 우리의 작은 자아는 무의식 속에 무엇이 있는지 모른다. 어쩌면 위험한 공포의 공간일 수도 있다. 태초에 어머니의 자궁 속에서 작은 점으로 태어난 것처럼, 바다와 비교하면 우리는 너무나 보잘 것 없이 미세하다. 그래서 바다는 때로 어머니의 이미지로 등장하기도 한다. 그런 면에서 비류는 온조와 비교하면 덜 분화되고 원시와 모성에서 덜 벗어났기 때문에 결국 실패한 것은 아닐까.

반면에 온조는 비류보다 문명적인 선택을 한다. 넓은 평야와 강이 있는 위례성을 택한 것이다. 소서노 역시 온조를 따라 간다. 비류는 나중에 바닷가에서 살기 힘들어 동생 온조가 있는 위례성으로 갔다고 역사서에는 기록돼 있다.

비류와 온조 이야기는 전 세계에서 가장 오래된 신화 〈길가메시 신화〉를 떠올리게 한다. 길가메시는 엔키두라는 영웅을 친구로 두고 있다. 두 영웅은 처음에는 서로가 적인 줄 알았지만 나중에는 친구가 된다. 함께 길을 가다가 엔키두가 황소와 싸우다 죽어버리자, 길가메시는 슬픔에 잠겨서 혼자 세계를 헤매다 우르크로 돌아간다. 길가메시 이야기에서는 태모신인 이슈타르에 대적하는 장면[73]이 나오지만, 온조는 어머니 소서노와 함께 백제를 세우고 어머니가 죽은 다음에야 왕위를 물려받는다. 온조는 길가메시와는 다르게 어머니를 완전히 극복한 것 같지는 않다. 한국 사회의 병든 모성 과잉의 단초를 여기에서도 찾아볼 수 있을 것 같다.

그림자는 영웅을 돕기도 하고 방해하기도 한다

영웅의 짝은 그를 돕기도 하지만 때로는 방해하기도 한다. 그림자는 자신을 괴롭히기도 하고 또 어떤 때에는 자기가 이상화하는 것을 자신의 짝에 투사하기도 한다. 소설 『데미안』에서도 싱클레어와 데미안은 서로를 투사하는 짝이다. 〈태양은 가득히〉라는 옛날 영화는 〈리플리〉라는 영화로 리메이크되었는데, 거기에도 일종의 그림자

---

73. Neumann, Erich.(1993), 『The Origins and History of Consciousness』, Princeton University Press, pp62~63, pp80~81

같은 인물이 자신이 닮고 싶어 하는 대상을 죽여 버리고 그 사람의 인생을 대신 산다. 우정이 영웅의 탄생을 돕기도 하고 방해할 수도 있다는 뜻이다. 그림자는 어찌 보면 경쟁과 사랑이 동시에 있는 그런 관계라고 볼 수 있다. 〈아서 왕 이야기〉에서 아서 왕과 기사 랜슬롯이 기네비어 왕비를 두고 삼각관계에 빠지는 스토리도 이와 비슷한 유형이다.[74]

짝이 없으면 영웅이 탄생하지 않는다. 은자인 신선과 달리 세속의 영웅은 선과 악을 가르는 존재이기 때문이다. 자기 안에서부터 분열을 체험해야 영웅이 된다. 모든 종교는 선악의 이분법이 존재한다. 조로아스터교나 마니교는 특히 선악이 확실하다. 선과 악은 니체의 『차라투스트라는 이렇게 말했다』라는 책의 가장 중요한 테마 중 하나이다. 심지어 그리스도교에서도 예수의 부활이 완성되기 위해서는 유다 이스가리옷(가롯 유다)이 필요했다. 또한 예수가 40일의 광야 생활을 하기 위해서는 악마의 유혹이 있어야 했다.

그리스도교의 이분법과는 다른 세계관을 가진 불교에서도 부처가 깨달음에 이를 때 마왕이 필요했다. 다만 불교의 마왕은 제석천이나 범천처럼 공덕을 통해 변모하면 삿되고 악한 본성을 지니고 있음에도 지옥과 같은 어두운 곳이 아닌 도리천보다 네 단계가 높은 타화자재천에 산다고도 한다. 마왕의 삿된 견해에도 배울 게 없어 깨달음에 이르면 된다는 가르침도 있다.[75] 죄를 지으면 지옥에 가지

74. Haule, John R., 같은 책, pp225-230, pp232~234, pp247~248
75. 자현(2012), 『(100개의 문답으로 풀어낸) 사찰의 상징세계 하』, 서울, 불광출판사, 119~121쪽

만, 예수의 희생과 부활로 믿음을 가지면 모든 사람이 구원된다는 그리스도교의 정신도 이런 선악의 통합과 용서의 정신에 맞닿아 있다. 절대로 없어지지 않는 세상의 모든 불의와 부정을 설명하기 위해서 불교에서는 마왕의 존재가, 그리스도교에서는 사탄의 존재가 꼭 필요했던 것이다. 어쩌면 "나를 괴롭히는 그 사람이 내 스승이다"라는 말과도 통하는 이야기다. 하지만 비류와 온조가 꼭 그런 대립의 관계였던 것인지는 분명치 않다. 다만 양쪽의 선택이 달랐고, 결국 한 쪽으로 신하들이 모여 백제가 되었다는 신화적 설정에서 영웅과 그 짝의 흔적을 추측할 뿐이다.

온조가 자리 잡은 위례성은 역사서에서 보면 "우측에는 낙랑이 있고 위로는 말갈이 있다"고 나와 있다. 지정학적으로 요충지이긴 하나 적의 침입이 빈번했던 곳이다. 소서노는 온조가 위례에 터를 잡는 것을 보고 세상을 떠난다. 소서노는 백제에서 시조이자 신처럼 모셔졌지만 조선 시대에 오면 거의 잊힌 인물이 된다. 『삼국사기』나 『삼국유사』 모두 승자의 기록이기 때문에, 패자인 백제의 역사에서 중요한 인물인 소서노는 신화 속의 인물로 사라진 것이다. 이규보의 『동명왕편』이나 이승휴의 『제왕운기』에도 짧게 언급된 것이 고작이다. 최근에 소서노는 다시 한 번 언급되고 있는데 이는 여성들의 역할이 강해지면서 역사 속의 인물인 소서노를 부활시킨 것으로 봐도 좋다. 소서노는 고구려를 세운 인물이자 백제를 세운 신화적 여성으로 현대의 모든 이들에게 귀감이 되는 인물이 아닌가 싶다.

심리학이
만난
우리
신화

3

소통하고
치유하다

mythology
psychology

차사본풀이 이야기

\ 우리는 우리 모두에게 빚지고 있는 존재

동경국(동정국) 버무왕(범을임금)이 아들 칠형제(아홉 형제)를 낳았다. 칠형제 중 위의 사형제는 팔자가 좋았는데, 나머지 삼형제는 그렇지 못했다. 어느 날 동개남절(동관음절)의 대사중이 소사중에게 말했다. "버무왕의 아들 삼형제의 명운이 15세로 정해졌으니, 법당에 데려가 불공을 드려 연장을 시켜주어라." 소사중은 버무왕에게 가서 그 뜻을 전하고 팽나무 아래에서 장기를 두고 있던 삼형제를 데려다 불공을 드렸다. 3년간의 불공을 마치자 고향이 그리워진 삼형제는 부모님을 뵙고 오겠다고 소사중에게 애원하였고, 소사중은 삼형제에게 "과양 땅을 조심하라"고 당부한 뒤 명주와 비단 아홉 필을 내주었다. 과양 땅에 다다른 삼형제는 갑자기 배가 고파 걸을 수가 없었다.

삼형제는 과양생이의 집으로 가서 식은밥을 얻어먹고 가기로 했는데 과양생이의 처는 삼형제가 지닌 명주와 비단을 보자 욕심이 나서 삼형제에게 술을 먹여 취하게 한 후 죽이고 시신을 주청강 연못에 내다 버렸다.

7일이 지난 후 과양생이의 처가 주청강 연못에 빨래를 하러 갔는데 주청강 연못에 꽃 세 송이가 피어 있었다. 과양생이의 처는 그 꽃을 꺾어 와 화로에 넣어 태워 버렸다. 그때 청태국 마고할망이 불씨를 빌리러 왔다가 화로에 삼색구슬 세 개가 있는 것을 발견했다. 놀란 과양생이의 처가 구슬을 입에 물었다가 그만 삼키고 말았다. 과양생이의 처는 그 후 임신하여 아들 삼형제를 낳았다.

훗날 과양생이 처가 낳은 삼형제는 자라서 과거를 보러 갔는데, 한참이 지나도 고향으로 돌아오지 않았다. 하루는 과양생이의 처가 멀리에서 오는 과거 행렬을 바라보다가 혼잣말을 했다. "우리 아들들은 돌아올 생각을 하지 않는데, 저기 과거 보고 오는 놈들은 죽어버려라!" 과양생이 처의 말이 끝나자마자 과거를 보고 돌아오던 이들이 죽어버렸는데, 알고 보니 자신의 아들 삼형제였다. 기가 막힌 과양생이의 처는 자신의 억울함을 풀어달라고 과양 땅의 통치자 김치원님에게 청을 했다. 김치원님은 염라대왕만이 사건을 처리할 수 있겠다며 부인 열여덟을 데리고 사는 강림사령에게 염라대왕을 잡아오도록 하였다.

강림사령은 결혼할 때 한 번 본 첫째 부인을 찾아가 저승길로 갈 방법을 모른다며 털어놓았다. 첫째 부인은 쌀을 곱게 빻아 문신 몫, 조왕 몫 그리고 강림 몫으로 시루를 찌고 청소를 한 뒤 목욕재계하고 조왕님께 축원을 올렸다.

강림은 첫째 부인의 정성으로 문신과 조왕신의 도움을 받아 멀고 험한 저승길을 헤쳐 나가 행기못가에 이르러 뛰어들었는데, 정신을 차려보니 저승문 앞에 닿아 있었다. 그 문 앞에서 기다리다가 염라대왕을 잡아 묶었다. 염라대왕은 강림에게 이승에 먼저 가 있으면 스스로 가겠다고 약속을 하였다. 강림사령이 이승으로 가는 방법을 묻자, 염라대왕은 흰 강아지와 떡 세 개를 주면서 떡으로 강아지를 달래며 가다 보면 이승으로 돌아갈 수 있다고 알려주었다. 강림사령이 행기못가에 이르자, 갑자기 강아지가 강림사령의 목을 물고 행기못으로 풍덩 빠졌다. 강림사령이 한참 시간이 지나 눈을 떠보니 이승이었다. 염라대왕은 주청강 연못의 물을 마르게 하고, 삼형제의 뼈를 모아 살려낸 다음 원래 부모에게 돌려보낸 뒤 과양생이 부부를 처형하여 사건을 해결하였다.

그리고 염라대왕은 김치원님에게 말했다. "나를 여기까지 데리고 온 것을 보면 강림사령이 일을 잘하는 것 같으니, 저승으로 데려가 이승의 영혼을 데려오는 일을 시키겠소." 김치원님은 염라대왕의 청을 뿌리치지 못하고 강림의 영혼과 육신을 염라대왕과 나누어 가지기로 했다. 그러나 염라대왕이 강림사령의 영혼을 데리고 저승으로 가버리자 강림은 그 자리에서 죽고 말았다.

염라대왕은 저승으로 온 강림사령에게 여자는 칠십, 남자는 팔십이 되면 저승으로 데리고 오라고 하였다. 강림사령이 이승길을 반쯤 가던 중에 까마귀가 자신이 대신 인간의 수명이 적힌 적패지(赤牌旨)를 붙여두고 오겠다고 했고, 강림사령은 좋아서 얼른 까마귀 날개에 적패지를 끼워주었다. 까마귀는 백정을 구경하다가 적패지를 떨어뜨렸고, 그것을 뱀이 삼켜버렸다. 그리하여 적패지를 삼킨 뱀은 아홉 번 죽더라도 열 번 다시 살아나게 되었다.

그때 염라대왕은 수명이 다 되었지만 잡히지 않는 동방삭(東方朔) 때문에 곤경에 빠져 있었다. 동박삭을 잡아오라는 명을 받은 강림사령은 이승으로 내려와 숯을 몇 말 얻어서 사람들의 왕래가 많은 시냇물에서 씻었다. 어느 날 건장한 사람이 지나가다 숯을 씻는 이유를 물었다. 강림사령은 "숯을 백일간 시냇물에 씻으면 말간 백탁이 됩니다. 백탁이 되면 몸에 백 가지 약이 된다 합니다"라고 하였다. 그러자 그 사람은 "내가 지금껏 삼천년을 살았지만, 그런 말은 처음 듣네!"라고 하였다. 이 말을 들을 강림사령은 동방삭임을 알고 달려들어 밧줄로 묶었고, 동방삭은 순순히 저승으로 따라갔다. 염라대왕은 강림사령을 칭찬하고, 사람 잡아오는 인간차사가 되라고 하였다. 그때부터 강림사령은 사람을 잡아가는 인간차사가 되었다.[76]

---

76. 현용준(1976), 『제주도 신화』, 서당문고, 87~132쪽
　　서정오, 같은 책, 25~43쪽

죽음은 가장 중요한 핵심 테마

〈차사본풀이〉는 제주도에서 큰 굿을 할 때에 나오는 서사 무가로 〈시왕맞이 귀양풀이〉라고도 한다. 차사는 '저승사자'이다. 저승과 이승을 연결해주는 신적인 존재로, 그리스 신화의 헤르메스나 오르페우스와 비슷한 역할이다.

〈차사본풀이〉는 내용이 방대하다. 일곱 형제 중 아래 삼형제의 명이 정해져 있다며 이야기를 시작한다. 일곱 형제 중에 삼형제만 명이 짧다는 의미는 무엇일까? 3이라는 숫자는 새로운 것을 시작한다는 의미이며 창조성과 연결이 된다. 예수, 성모마리아, 요셉은 성삼가족이라는 뜻이며 새로운 것이 시작된다는 뜻을 내포하고 있다.

우리가 이승과 저승을 이야기할 때 핵심 테마는 죽음이다. 명이 정해져 있다는 것은 곧 '죽음에 대한 이야기를 하겠다'는 뜻이다. 특히 이 신화에 등장하는 이름에는 깊은 의미가 있다. '강림(降臨)'은 '떨어져 내려온다(Descent)'라는 뜻이다. '신이 온다'라고 할 때에도 '강림'이라는 단어를 사용한다. '버무왕'은 다른 책에서는 '범을'이라고 쓴 곳도 있다. 아마도 한자로 차자를 한 듯하다. '범천'에 '갑을' 할 때에 '을'자일 수도 있고, '범, 호랑이 왕'이라는 뜻일 수도 있다. 즉 "옛날 옛적 호랑이 담배 피던 시절에……"라고 얘기하는 것처럼 이 이야기가 원형적인 이야기라는 의미를 내포하고 있다.

'동관음절'은 동쪽에 있는 관음 신화라는 뜻이며, 대사나 소사라는 말은 큰 대(大)자, 작은 소(小)자로 연계성을 이야기한다. 소사가 나중에 대사가 되고, 거기서 잔심부름을 하던 사람이 다시 소사가 되는 멘토와 멘티의 관계이다. 소사의 사명은 자신들의 제자를 구해와야 하는 것이다. 그래야 대사가 죽으면 자신이 대사가 될 수 있기 때문이다. 신화에서 말하는 그 끝없이 이어지는 것, 가계라고 말하는 선으로 이어지는 관계이다.

'과양 땅'이라는 말도 의미가 있다. '지나칠 과(過)' 즉 양기가 지나친 곳이라는 뜻을 지니고 있다. 양기가 지나치면 욕심이 많아지는 법이다. 젊은 시절이나 열정이 불타오르는 시절에는 이처럼 사건들이 일어난다.

이 이야기에 등장하는 '고을원님'은 신화나 민담에 자주 등장하는 왕과 왕비와 같은 개념으로 보면 된다. 신화에 왜 조선 시대 관직인 원님이 자주 등장하느냐 싶겠지만 왕이나 왕비와 마찬가지 개념으로 구전을 듣는 관객을 의식한 번안으로 보면 된다. 옛날이야기에서는 주인공이 모두 공주와 왕자이다. 이것을 읽고 자란 어린 아이들은 '나중에 나도 공주가 되어야지' 하는 상상을 했을 것이다. 그러나 조선 시대, 그리고 그 이전 시대에는 왕이 있었으므로 이런 불경한 상상을 할 수 없었다. 왕이란 여호와처럼 입에 함부로 올릴 수 없는 것이었기에 그 대체제로 원님을 등장시킨 것이라고 볼 수 있다. 따라서 원님은 마을의 수령이 아니라 이승의 왕을 지칭하며 염라대왕과 대칭을 이룬다. 이승의 왕은 원님이고 저승의 왕은 염라대왕이며, 원님과 염라대왕의 연결고리가 강림이다.

삼형제가 과양 땅을 가기 전에 재미있는 장면이 나온다. 팽나무 밑에서 장기를 두는 소사중에게 간택을 받는 장면이다. 신화에는 신선이 장기를 두는 모티프가 자주 등장한다. 장기란 시간을 지우는 의미이다. 요즘 말로 하면 '웜홀' 즉, 시간이 왜곡되고 건너뛰는 상태를 의미한다. 신화의 세계에서는 장기를 두다가 시간의 왜곡이 일어난다. 장기는 다른 의미에서는 놀이이다. 삼형제가 놀이를 할 때 신선의 길에 살짝 발을 디뎠다는 의미로 해석할 수 있다. 그런데 왜 소나무도 아니고 느티나무도 아니고 팽나무 밑에서 장기를 둔 것일까. 나무에 대해서는 모르지만 의미를 짚어볼 수는 있다. '토사구팽(兎死狗烹)' 할 때 쓰는 '팽(烹)', 즉 버려짐의 의미를 담은 것으로 추측해본다.

우리 모두는 가해자이자 피해자이다

삼형제가 과양 땅을 지나갈 때 "배가 대단히 고프다"고 말하는데 이것은 정신이 허기진 상태를 의미한다. 욕심의 땅이므로 배가 고프다. 돈이 몇 백억이 있든 몇 천억이 있든 욕심이 많은 사람들은 돈을 아무리 벌어도 욕심이 채워지지 않아 공허하고 불안하다.

삼형제도 역시 돈은 많지만 공허하고 불안한 과양생이의 처에게 수모를 당한다. 모욕은 물론 멍석말이를 당해 두들겨 맞기도 하며, 개밥그릇에 말아준 밥을 먹는다. 이런 상황은 사실 현대에도 종종 일어난다. 돈 없는 사람들은 돈 가진 자들에게 치욕을 당할 때가 종종 있다. 그리고 이들은 또 자신보다 돈 없는 사람들에게 그 상황을 되풀이 한다. 우리 모두는 돈 앞에서 가해자인 동시에 피해자인 셈이다. 돈 컴플렉스를 벗어날 수 있는 이들은 세상에 몇 되지 않을 것이다. 현대 사회는 돈을 잘 벌지 못하면 자기를 보호할 수 있는 방패가 없다. 돈이 없고 자신을 보호하는 방법을 모른다면 모욕을 당하더라도 하소연할 데가 없고, 부당하게 어렵고 험한 일을 하면서도 정당한 대우를 받지 못할 수도 있다. 삼형제가 과양생이 처에게 당하는 억울한 일도 이와 비슷하다.

　과양생이의 처가 참기름을 펄펄 끓여 귀에 붓고 삼형제를 죽이는 장면은 매우 잔인한데, 이것을 상징적으로 이해하면 힘없는 사람들의 귀를 틀어막아 결국 죽게 만드는 힘 있는 사람의 폭력으로 볼 수 있다. 배우지 못한 사람들, 돈과 권력을 갖지 못한 사람들에게 힘 있는 자들은 집단 최면을 걸기도 하고, 잘못된 정보를 주기도 하며 심지어 일자리를 통해서 그 사람들을 노예로 만든다. 귀에다 끓는 기름을 부어 죽이는 상황은 일종의 희생제의일 수도 있다. 그 희생양이 연못에 꽃 세 송이로 피어난 것은 그래서 전혀 이상한 일이 아니다.

　필자는 이 이야기에서 삼풍백화점 붕괴, 대구 지하철 화재, 세월호 사건 등 여러 사람이 만들어 놓은 사고들을 생각한다. 인재(人災)란 결국 사람의 욕심 때문에 죄 없는 사람들이 희생되는 것이다. 예컨대 승선 인원을 좀 더 늘이려고 배를 불법 개조한 사람들, 뇌물을 받고 이를 허가해준 사람들 때문에 죽지 않아도 될 사람들이 희생된 것이 아닌가. 이런 사건들을 일으킨 당사자들, 또 이런 일들을 눈감아주어 슬쩍 방조한 사람들은 현대판 과양생이나 다름없다. 이런 사람들이 억울하게 누군가를 희생양으로 만들고 그 죄값을 제대로 치르지 않는 상황은 그 옛날 신화의 시대에서도 이미 일어나고 있었던 것이다. 하지만 현실의 희생자들이 죽어서도 우리 마음에 처연하지만 소중한 꽃으로 계속 살아남았듯이 삼형제도 여기서 꽃으로 남는다. 억울하게 죽은 사람들의 영혼은 우리 마음에 꽃으로 계속 영원히 살아 있다.

　과양생이의 일화에서 우리는 얻을 게 많다. 욕심이 많으면 언제나 배가 고프고, 배가 고프기 때문에 우리가 얼마나 풍요로운지 모른다는 점이다. 우리 마음에 영원히 꽃으로 남는 사람들을 기리면서 과양생이의 일화를 되새겨볼 때이다.

과양생이의 처는 "저기 오는 저 사람들은 도대체 무슨 복으로 과거에 급제했을까. 차라리 죽어버려라!"라며 악담을 했는데, 그게 바로 자기 자식이어서 자신의 악담으로 스스로의 아이들을 죽게 한다. 과양생이의 처를 보면, 요즘 TV나 인터넷에 자주 등장하는 악담하는 사람들, 악플러가 떠오른다. 자신과 생각이 다르다고 저렇게 상대방을 저주하고 끝까지 죽이려고 하려는 것인지 섬뜩할 때가 있다. 배운 사람들까지 나서서 남에게 악담을 퍼붓는 것을 보면 이해하기 어렵다. 나와 다른 사람을 포용하고 인정하는 것은 어설픈 지위나 지식으로는 지니지 못할 덕목인 것도 같다. 과양생이의 처가 자기 아이들 셋을 입 저주로 죽여 부메랑을 맞았듯이 누군가에게 악담을 하고 죽이고 복수하려 한다면 바로 그 때문에 스스로에게 나쁜 일이 일어날 수도 있다는 무서운 인연을 절감하지 못하는 탓일 수도 있다.

비천한 존재가 우리를 구한다

원님은 강림사령에게 염라대왕을 잡아오라고 명한다. 일부일처제가 도덕률인 현대인의 관점으로 본다면 열여덟 명의 부인을 갖고 있지만 별 볼일 없는 강림에게 원님이 왜 일을 맡겼는지 의문스럽다. 이에 관해서는 강림이 열여덟 명의 부인을 거느린다는 자체가 능력이라는 의견도 있다(제우스를 보라!). 여기서 18이라는 숫자는 3의 배수이기도 하지만 중요한 의미가 있다. 『십팔사략(十八史略)』이라는 책도 있지만 동양에서 숫자 10이나 8은 완전함을 상징한다. 중국에서는 8이라는 숫자에 '발전한다'는 뜻이 담겨 있다며 상서롭다고 말한다. 어원은 잘 모르겠지만 우리도 좋아하는 것을 말할 때 '18번'이라고 그러듯이 말이다. 강림의 부인이 열여덟이라는 것은 대단히 '많다'는 뜻이다. 그런데 강림의 열여덟 명의 부인이 다 필요한 것은 아니다. 평소 있는지조차 몰랐던 첫 번째 부인, 그것도 한 번 본 뒤 버려진 부인이 이 이야기에서는 중요한 역할을 하기 때문이다. 〈바리데기〉 이야기처럼 '버려진 부인'이 활약을 하는 것이다.

강림이 버린 첫 번째 부인은 지혜로운 여자이다. 그녀는 문신, 조왕신, 강림의 몫으로 시루를 쪄서 떡을 만든다. 문신은 대문에 있는 신이고 조왕신은 부엌을 관장한다. 부엌신하고 문신만 잘 섬겨도 그 집은 괜찮게 된다고 옛 어른들은 말하곤 했다.

시루떡은 특히 정성을 많이 들여야 하는 음식이다. 필자도 집에서 떡하는 것을 좋아하는 시어머니 때문에 결혼하고 10년 가까이 집에서 문자 그대로 시루로 떡을 찌곤 했다. 가루를 물에 개서 시루 가장자리를 막아 김이 나오지 않게 하고, 직접 떡가루와 고물들을 안쳐야 하기 때문에 한 번 떡을 하게 되면 온 집에 떡가루가 날려 청소가 더 힘들었다. 신을 신고 들어가는 부엌의 부뚜막이 차라리 낫겠다고 생각했던 시절이다. 그런데 남편에게 버림받은 여자가, 더구나 집에 첩을 열여덟이나 둔 남편에게 그런 성가신 시루떡을 어떻게 만들어 준 것인지 의문스럽지만 신화의 세계에선 가능한 일이고, 그래서 더 상징의 이해가 필요하다. 무의식에서 버림받은 여성성이 위험에 처한 남성성을 도와주는 심리적 상황이라고 이해할 수도 있다.

강림은 부인이 장만해준 떡을 들고 자신의 임무를 수행하기 위해 행기못으로 뛰어든다. 행기못이라는 곳은 이승과 저승을 연결시켜 주는 공간이다. 못에 뛰어든 행위는 죽음을 상징한다. '행기못'이라 는 글자는 '가는 곳'을 의미한다. '행'은 '갈 행(行)'자를 쓰는 '행'이 다. 죽을 때 우리가 "돌아가셨다"라고 표현하는 것도 이 때문이다. 죽음은 즉 원래 있던 자리로 간다는 뜻이다. 강림이 못으로 뛰어드 는 상황은 심청이가 뛰어드는 상황과도 비슷하다. 다른 신화에도 뛰 어드는 상황은 종종 등장한다. 이런 장면을 문자 그대로 자살의 몸 짓으로만 이해할 것은 아니다. 더 낮고 비루한 곳으로 뛰어든다는 뜻도 되고, 또 목표를 위해 자신을 버리고 헌신한다는 뜻으로 해석 해도 좋다.

못으로 뛰어들 때 강림은 저승길로 그를 안내해줄 흰 강아지를 데 리고 간다. 개는 동서고금을 막론하고 길을 인도하는 상징이자, 친밀 감, 충성, 헌신 등을 상징한다. 또한 더불어 사는 데 꼭 필요한 덕목이 다. 흰 강아지는 특히 영물이라고 해서 함부로 대하지 않는다.

문신과 조왕과 강림의 몫으로 떡을 나누어주었다는 상징은 의미 깊게 살펴볼 필요가 있다. 버려진 사람, 하찮은 존재, 비천한 사람에 게 우리가 어떤 태도를 지녀야 하는지 이 이야기는 들려주고 있다. 비천한 존재에 대해 존경심, 포용, 사랑을 가진다면 죽을 수도 있는 상황에서 다시 삶을 얻을 수 있다고 전하고 있는 것이다. 위험한 상 황에서 우리를 구해주는 것은 기대하지 않았던 비천하고 보잘 것 없 는 존재일 수도 있다는 뜻이다.

또한 강아지가 강림의 목을 문 것은 "아 이게 내가 죽는 상황이구

나. 이게 내가 끝인가 보다" 하고 좌절하는 순간, 다시 바닥을 치고 올라오는 기회를 떠올리게 한다. 중요한 변화의 순간이라고 하는 것은 언제나 어렵고 위급한 순간에 찾아온다. 죽음이 없다면 부활도 없는 것처럼 절체절명의 위기의 순간에 나를 도와주는 존재들은 권력과 돈이 있는 존재가 아니라 영혼이 살아 있는 사람들이다. 그러니까 평소 진짜 친구, 진짜 조력자를 잘 보아야 한다.

강림은 강아지 덕에 이승으로 돌아오고, 염라대왕은 강림과의 약속을 지키려 모습을 나타낸다. 저승을 관장하는 염라대왕은 무섭게 보이지만, 신화에서는 대부분 인간적인 존재로 취급하기 때문에 왕처럼 장엄한 모습으로 그리지 않는다. 염라대왕은 인간과의 약속을 지키려 노력하며 인간과의 싸움에서 지기도 한다.

샤머니즘의 세계에서는 신도 인간적으로 여러 가지 감정을 느낀다. 아프리카의 신 중에는 인간들이 시끄럽게 그릇을 씻고 잔소리를 하는 것이 싫다고 하늘로 올라간 신도 있다. 한편으로는 외로운 게 싫어 세상을 창조하는 신도 있다. 아메리카 인디오 〈위네바고(Winnebago) 신화〉에서 보듯 공포를 느끼기도 하고, 슬픔에 겨워 너무 많이 울어 그 눈물로 지구를 만든 신도 있다. 그리스의 신들이 인간의 모든 감정을 변화무쌍하게 지니고 있듯이 하와이의 신들은 탐욕과 호기심 때문에 결혼도 한다. 세계의 창조신화에 나오는 신들은 인간처럼 좌절감과 권태를 느끼기도 심지어는 이집트 신화 속의 신은 우리가 개 그 콘서트 보고 웃듯이 웃음을 터뜨리기도 한다.[77]

---

77. Von Franz, Marie-Louise.(1995), 『Creation Myths』, Boston & London, Shambhala, pp181~223

이 신화의 주제는 죽음 이후의 부활, 혹은 환생 모티프이다. 삼형제의 뼈를 모아 살리는 장면은 마치 이집트 오시리스 신화에서 뼈조각을 모아 신을 다시 살리는 장면과 유사하다. 여기서는 살살이꽃, 환생꽃, 악심꽃으로 뼈를 다시 살려낸다. 꽃으로 사람을 살린 것이다. 시베리아에 샤먼들은 실제로 온 뼈가 다 분해되는 판타지를 겪는데 이를 '형해'라고 한다고 앞서 이야기한 바 있다. 뼈를 다시 모아서 살려내는 것은 무가의 중요 모티프이다. 이것을 상징적으로 이해하면, 죽은 사람들을 무속인들이 살려내어 말하게 하고, 남아 있는 사람들은 망자에 대한 그리움을 승화시키는 장면과 유사하다. 죽었지만 다시 살려내서 각자의 마음속에 꽃으로 돌려보내는 이별의 식인 셈이다. 마음속에 꽃을 만들어 망자를 떠나보내는 이별 의식은 이런 신화에서 비롯된 것으로 보인다. 불로장생을 주는 신비한 약초에 대한 진시황의 집착은 어쩌면 이런 신화적 사고에서 비롯되었을 수 있다. 리디아 지방의 신화는 이런 부활의 능력을 뱀에게서 찾는다. 이브를 유혹해 인간을 파라다이스인 에덴동산에서 쫓겨나게 한 성경의 뱀과 얼핏 유사한 듯 보이는 뱀이 모리아(Moria)의 오빠인 타일로스(Tylos)를 물어 죽인다. 이에 화가 난 모리아는 거인인 다마센(Damasen)을 불러 뱀을 짓밟아 죽인다. 하지만 죽은 뱀의 작은 숲에 가서 신비의 약초를 구해 와 으깨진 뱀을 살려낸다. 이를 몰래 훔쳐본 모리아는 그 약초로 죽은 오빠를 살린다.[78] 뱀이 치유의 상징이 된 연유의 하나를 이 신화를 통해 짐작할 수 있다.

---

78. Chevalier, Jean. & Gheerbrant, Alain. Tr. by Buchanan-Brown, John, 같은 책, p788

사람을 얻으려거든 그 마음을 먼저 얻으라

신과 인간 사이는 고등 종교에서 그리는 일방적인 관계가 아니다. 동방삭을 잡지 못해서 염라대왕이 곤경에 빠졌을 정도로 신들은 인간에게 쩔쩔 매는 모습이 그려진다. 하지만 강림의 영혼과 육신을 나누어서 가지는 장면을 보면 역시 염라대왕이 원님보다는 한 수 위라는 것을 알 수 있다. 원님은 강림을 마음대로 부려먹기 위해서 몸을 갖겠다고 하지만 강림의 영혼을 차지한 염라대왕에게 속수무책으로 당한다. 염라대왕이 강림의 영혼을 빼앗아가자 강림의 몸은 아무 소용이 없게 된 것이다. 심리적으로 이해하면, 마음이 없어지면 아무리 몸이 살아 있어도 죽은 것과 마찬가지이다.

누군가에게 일을 시킬 때 "저 사람의 영혼 따위는 필요 없고, 그저 내 말만 잘 듣게 하면 그만이다"라고 생각해서 그 사람의 의지와 취향과 독립적인 생각들을 무시하고 일을 시키는 경우가 있다. 그러나 그런 상하관계에서는 제대로 된 결과물이 나오지 않는다. 영혼 없는 감정 노동은 우리에게 감동을 줄 수 없다. 영혼 없는 결혼생활, 사랑 없는 사제관계, 지도자를 사랑하지 않는 모든 조직은 제대로 기능할 수 없다. 몸을 쓰는 일이라 해도 마음에서 우러나오는 진실한 감정이 없다면 제대로 된 결과를 맺을 수 없다. 내가 아무리 지식이 많고 권력이 있고 돈이 있다 하더라도, 다른 사람의 영혼을 빼앗아 가면서까지 내 생각대로 밀고 나갈 수가 없는 이치이다. 우리 주변에는 원님 같은 어리석은 사람들이 많다. 영혼 없이 몸만 데리고 있으면 무슨 일이든 시킬 수 있으리라 믿는 사람들이다. "사람을 얻으려거든 마음을 얻으라"는 말은 쉽게 들리지만 사실은 어려운 미션이다.

저승으로 간 강림은 염라대왕의 사자가 된다. 이때 그가 지닌 적패지는 단순한 마패가 아니라 사람들의 명이 적혀 있는 매우 신성한 패로, 계약의 궤, 성궤인 셈이다. 구약에서는 모세가 신성한 산에서 성궤를 소중히 가지고 오는데 사람들이 약속을 지키지 않자 그것을 깨기도 하며, 성궤가 사라져 그것을 찾는 전쟁이 벌어지는 등 온갖 영웅적인 장면이 등장한다. 한데 사람의 명이 적힌 이 귀한 적패지를 까마귀가 채 가더니, 백정이 말 잡는 것을 구경하다 떨어뜨리는 상황은 단순한 우연일까.

까마귀는 일본에서는 길조로 치지만 우리나라에서는 매우 두려워하는 동물 중 하나로 꼽힌다. 죽음에 이른 사람에게 까마귀가 나타나서 적패지에 있는 내용을 떨어뜨리는 것이 바로 죽음이라고 연결한 까닭일까. 한편으로는 삶과 죽음은 인간의 손에 달린 것이 아니라, 까마귀로 대변되는 우주 전체의 조화, 자연의 부름과 연결되었다는 고태적 통찰에서 비롯된 이야기일 수 있다.

한편 많은 경우에 말은 남성성의 상징처럼 보인다. 나폴레옹이 앞발을 든 백마를 탄 채 나를 따르라고 손짓하고 있는 그림, 말을 탄 칭기즈칸과 그 휘하의 용맹스런 몽골 남성들, 말을 탄 카우보이들에서 보듯 말은 남성 몸의 일부처럼 강한 남성적 에너지를 뿜어낸다.

하지만 일단 우리에게 주어진 수명이 다하면 이 남성적 에너지도 죽을 수밖에 없다. 까마귀가 말 잡던 백정을 구경하다가 그 중요한 적패지를 떨어뜨린 것은 우연한 장면인 것 같지만 매우 의미 있는 상징일 수 있다. 인간도 몸은 살아 있지만 에너지가 떨어지면 죽은 것이나 마찬가지이다. 이 적패지를 다음에 나타나는 뱀이 또 꿀꺽

먹는다. 앞서 언급한 리디아 신화처럼 뱀은 다시 죽지 않는 신비한 동물로 그려진다. 부활과 영혼회귀의 상징이다. 조상이 뱀으로 변해 집을 지키는 가신이 되거나, 신랑을 기다리다가 그대로 재가 된 후 뱀으로 변하는 이야기들은 전 세계에서 비슷하게 찾아볼 수 있다.

융의 분석심리학에도 '우로보로스(Ouroboros)'라는 중요한 상징이 있다. 우로보로스는 자신의 꼬리를 먹고 있는 뱀의 모습으로 11세기 『코덱스 마르키아누스(Codex Marcianus)』에 등장한다. 전 세계적으로 뱀이 영혼불멸과 불사의 상징으로 그려지고 있는 점이 흥미롭다. 우로보로스는 바퀴처럼 순환하는 이미지로 금강석 같은 불멸의 존재로 태어난다. 그래서 중세 연금술사들에게 신적인 변환의 존재, 즉 메르쿠리우스(Mercurius)의 상징으로 이해되기도 했다.[79]

인간차사가 된 강림사령

강림사령은 차사로 자리 잡고 이승과 저승을 왔다 갔다 하는 꾀쟁이의 역할을 하는데, 민담에 등장하는 토끼의 역할과 비슷하다. 꾀쟁이 차사의 다음 과제는 동방삭을 잡아오는 것이다. 동방삭은 삼천 년의 수명을 이어온 불사의 상징이다. 그런데 이 존재를 강림사령은 재미있는 꾀로 이긴다.

이 장면에서 숯이 담긴 화로가 나오는 것도 재미있다. 과양생이의 처가 화로에서 꽃으로 변한 구슬을 먹고 잉태하던 장면을 다시 떠올려보길 바란다. 화로는 신화에서 의미 있는 상징이다. 예전에는 화

---

79. Jung, Carl Gustav. Tr. by Hull, R.F.C. 같은 책, p293

로에서 불이 꺼지면 며느리들에게 불호령이 떨어졌으며, 심지어 쫓겨나기도 했다. 화로의 불씨는 그 집안의 명운을 상징했기 때문이다. 그리스 신화에도 헤스티아는 화로와 부엌의 여신이다.[80] 화로를 달구는 숯은 엄청난 온도로 단련된 끝에 만들어진다. 장작은 후루룩 타고 마는데 숯은 엄청난 고온을 오랜 시간 견디었기 때문에 보통 장작보다 훨씬 더 오래 탄다. 사람도 마찬가지이다. 로또 당첨이 되는 식으로 갑자기 노력 없이 거액의 돈을 가지면 그 돈은 그냥 쉽게 없어지고 만다. 반대로 오랫동안 힘든 과정을 견딘 사람들은 자신들이 성취한 것을 가치 있고 귀하게 여기기 때문에 어떻게 하면 지속적으로 유지할 수 있는지 잘 궁리하고 지속적으로 실천한다. 하지만 힘들게 일군 재산도 어려운 시절을 잊어버릴 즈음에 이르러서는 지켜내지 못하는 경우가 다반사이다. 과정을 겪어보지 않으면 그 과실의 가치를 몰라 결국 내 손에 남지 않게 되기 때문이다.

사람들은 "내 마음이 숯검정이 되었다" "너무 까맣게 탔다"고 얘기하며 탔다는 사실에만 주목하는데 탔기 때문에 엄청나게 깊은 에너지를 속에 간직하게 되었음도 알아야 한다. 강림이 숯을 시냇물에서 씻으면서 "이것을 씻으면 백탄이 되고, 백탄은 백 가지 약이 된다"고 말하는 대목은 일종의 주문처럼 들린다. 당연히 동방삭도 솔깃할 수밖에 없다. 중세의 연금술에서 대단히 중요한 상징 중 하나가 '검은 숯이 어떻게 황금으로 되느냐' 하는 것이다. 숯처럼 검은색은 연금술사들의 비밀스런 의식의 첫 단계를 나타내는 색깔이다. 임상에서

---

80. Baring & Cashford, 같은 책, p351/539

도 환자들이 상담하게 될 때 그 시작을 색으로 표현하면 숯 같은 검은회색일 것이다. 하지만 바로 이 시점은 내담자가 무언가 새로운 몸과 마음으로 변환할 수 있는 계기가 된다. 검은 숯을 정화하면 황금으로 변할 수 있다. 서양 연금술의 모티프를 제주도의 〈차사본풀이〉 신화에서 발견할 수 있다는 점은 인간의 원형적 상황이 인종과 공간과 시간을 초월해 공통적으로 존재한다는 방증이다.

주어진 시간을 충실하게 살라

이 신화에서 동방삭은 "내가 삼천년을 살았는데 그런 말은 처음 듣는다"면서 자신의 신분을 노출하고 만다. 강림이 아무리 별 볼일 없어도 명색이 인간의 명줄을 쥐고 있는 저승사자인데 인간인 동방삭이 감히 강림과 겨룬 셈이다. 동방삭의 태도는 인간이 생명이나 죽음, 삶을 대하는 태도의 한 전형을 보여준다. 많은 사람들이 "죽고 싶다. 자살하고 싶다"고 말한다. 그런 사람들에게 필자는 이런 이야기를 들려준다. "태어나고 싶어서 태어난 것도 아니고, 죽고 싶다고 다 죽는 것도 아닙니다. 죽고 사는 것은 하늘의 명입니다." 실존주의자들이 말한 '던져진 존재', 즉 '피투성(被投性)의 존재'라는 이야기와도 통한다. 힘들 때 도망가고 싶지 않은 사람이 있겠는가. 그런데도 대부분의 사람들이 고비마다 생명을 잡고 있는 이유는 이승의 삶이 행복하고 안온해서가 아니라, 척박한 땅과 고난의 시간마다 서로를 의지해 가며 어려움을 견디게 해준 주변 사람에 대한 책임감 때문이 아닐까.

살고 죽는 것을 옛사람들은 '정명'이라고 하였다. 내 육체를 함부로 해서 안 되는 이유는 그게 내 소유가 아니라, 지금의 내 몸이 살아 있기까지 무수히 많은 사람들로부터 헤아릴 수 없는 도움과 보살핌을 받았기 때문이다. 우리 모두는 우리 모두와 이 지구에게 큰 빚을 지고 있는 빚쟁이일 뿐이다. 인격신을 믿는 사람들은 생명을 함부로 하는 것이 신에 대한 큰 모독이자 죄라고 생각할 것이고, 인격신이 아닌 운명과 우주의 질서를 믿는 사람들은 자신이 지금 존재하기까지 인연의 과보를 생각해야 할 것이다. 세상에 태어날 때도 내 마음이 아니었고, 갈 때도 역시 내 마음대로 되는 것이 아니다. 운명 앞에 너무나 왜소하고 작은 먼지 같은 나는 그나마 주어진 시간을 충실하게 살아야 한다. 이것이 생명을 가진 자의 의무이다.

강림사령은 잔꾀로 자신의 수명을 이어가던 동방삭을 결국 저승으로 불러들인 공을 인정받아 사람을 이승에서 잡아가는 인간차사가 되었다. 강림은 무신도나 무녀들에게 곧잘 도령님으로 나타난다. 죽은 자의 혼을 저승으로 데려가는 인도자로서,[81] 이승과 저승을 연결해주는 존재가 된 것이다. 큰 굿을 할 때면 우리는 강림에게 떡을 해서 바친다. 문신이나 조왕신과 마찬가지로 강림신이 된 것이다. "강림에게 떡을 해서 바친다"라는 말에서 죽음이나 운명을 우리가 얼마나 신성하게 생각했는지 미루어 짐작할 수 있다.

---

81. 이부영(2012), 『한국의 샤머니즘과 분석심리학』, 서울, 한길사, 197쪽

박혁거세 이야기

\ 동물적 본능이 인간의 삶과 만나면

    진한 땅 여섯 마을의 우두머리들이 왕을 모시기 위해 알천의 언덕 위에 올라갔다. 남쪽을 보니 양산 밑 나정이라는 우물가에 흰 말이 엎드려 절하고 있었다. 말은 붉은 알 하나를 두고 하늘로 올라가 버렸다. 알을 깨어보니 단정하고 잘생긴 남자아이가 나왔다. 목욕을 시키자 몸에서 빛이 나고 새와 짐승이 춤을 추었으며 천지가 진동하고 해와 달이 빛났다. 세상을 밝힌다는 뜻에서 '혁거세 왕'이라 했고, 박처럼 생긴 알에서 나왔다 하여 성을 박씨라 하였다.

    그날 '알영'이라는 우물가에 계룡이 나타나 왼쪽 겨드랑이에서 여자아이를 낳았다. 아이는 아름다웠으나 입술이 닭부리 같았다. 월성의 북천에서 목욕을 시켰더니 부리가 떨어졌기 때문에 그 내를 발천이라고 했다. 아이는 태어난 우물의 이름을 따서 '알영'이라 불렸고 남산 기슭에 세운 궁에서 혁거세와 함께 봉양되다가 13세 때 혁거세와 혼인해 왕후가 되었다.

    혁거세는 61년 동안 나라를 다스리다 죽었는데 7일만에 그 주검이 5체로 분리되어 땅에 떨어지더니 왕후도 따라 죽었다. 분리된 5체를 함께 묻으려 했으나 큰 뱀이 나타나 방해함으로 5체를 다섯 능에 묻고 '사릉(뱀의 무덤)' 이라고 불렀다.[82]

---

82. 『삼국유사』, 95~96쪽

진한 땅에 6촌이 있었다

『삼국유사』「박혁거세조」는 "진한 땅에 여섯 촌이 있었다"는 말로 시작한다. '6'이라는 숫자는 의미심장하다. 가야도 '6'으로 시작했는데 신라도 여섯 촌에서 시작하기 때문이다. 『융학파의 꿈 해석』등 많은 융의 분석심리학 저작을 남긴 마리 루이제 폰 프란츠는 역사적으로나 신화적으로 숫자에 많은 상징이 담겨 있다고 말한 바 있다.

특히 '6'이라는 숫자는 심리 영역에서 일종의 완벽수로 간주된다. 6은 그 약수를 모두 더해서 1+2+3= 6이 되고, 그 세 개의 숫자를 모두 곱해도 6이 된다. 자연수의 속성은 어쩌면 인간 역사보다 더 초월적인 무한 이전부터 존재했을 수 있다.[83] 6은 5보다 하나 넘치는 숫자이다. 신화에는 '사방'이라고 해서 네 가지 방향이 나오는데, 여기에 위와 아래, 즉 하늘과 땅이 더해지면 여섯이 된다. 사방에 가운데 '토'가 더해지면 '오행'이 되고, 하늘과 땅이 더해지면 여섯이 된다. 또 6은 12달의 반이며 12황궁의 반이다. 주역에서는 모든 점을 육효로 친다. 즉 6은 신성하면서도 작은 우주를 의미한다고 할 수 있다. 주역에서 효는 음양을 나타낸 최소단위의 부호이다. 효가 셋 거듭하면 소성괘가 성립되고 소성괘가 둘 거듭하면 대성괘가 성립된다.[84]

여섯 촌의 이름에 대해서는 이두 전문가 양주동이 뜻을 해석한 바

83. 마리 루이제 폰 프란츠 지음, 윤원철 옮김(1986), 『시간 : 리듬과 휴지』, 서울, 평단문화사, 27쪽
84. 김경탁 · 신완 역(1971), 『주역』, 서울, 명문당, 27쪽

있다(국문학자 중에서 이두를 연구하는 사람들이 이에 대해 자세한 설명을 해놓았으니 그의 글을 참고하기 바란다).[85] 여섯 촌의 촌장의 이름이나 그 지역의 이름들이 상징하는 바를 나름대로 해석해보았다. 예를 들어서 '알평(謁平)'이라는 뜻은, 한자의 알이라기보다 달걀을 뜻한다고 볼 수 있지 않을까. 또 소벌도리(蘇伐都利)라는 촌장의 이름은 한자를 보면 뜻을 이해하기 힘든데, 그 다음에 나오는 지백호(智伯虎), 구례마(俱禮馬), 호진, 지타 등을 보면 각각 소, 호랑이, 말 등 짐승과 관련 있다고 자연스럽게 추측하게 된다. 결국 여섯 촌이 소, 호랑이, 말 등의 토템과 연관되어 있다는 것을 알 수 있다. 신라는 소를 흠숭하는 부족, 호랑이를 흠숭하는 부족, 말을 흠숭하는 부족들이 모여서 만들어진 왕국으로 보인다.

성경에서도 유대왕국에 처음부터 왕이 있었던 것이 아니고, 첫 번째 왕 사울 이전에 엘리야라는 예언자와 사사들이 있었다. 즉 종교와 정치가 분리되지 않은 제정일치 사회였던 것이다. 무속인, 박수라고 칭할 수 있는 샤먼들이 정치와 종교를 지배하다가 어느 정도 잉여가치가 쌓이면 샤먼들이 더는 지배할 수 없는 시점이 오는데 그때 왕을 선출하는 것이다.

유대왕국뿐만 아니라 고대 국가들은 모두 초기에 제정일치기를 겪었다. 제정일치기를 지나 정치적 권력자인 왕을 선출하게 되면서부터 왕에게도 신성한 힘을 실어주게 되었는데 고대에는 돈이 아니

---

85. 『조선고가연구』(1942), 『여요전주』(1947), 『국학연구논고』(1962) 등이 있지만, 현재 김완진의 『향가 해독법 연구』나 성호경의 『신라 향가 연구』 같은 전문가의 해석이 필자 같은 문외한의 상상보다는 훨씬 신뢰할 만하다고 본다.

라 그 사람의 신성하고 영험한 기운을 무엇보다 높은 가치로 여겼다. 그 영험한 기운이 주로 짐승에게서 나왔기 때문에 토테미즘이 나올 수밖에 없었던 것이다. 로마의 시조인 로물루스와 레무스는 늑대에게서 나왔고, 웅녀의 전신은 곰이고, 박혁거세나 주몽신화에도 동물의 상징이 등장한다. 신라 신화의 여섯 개의 촌장은 토템 짐승을 상징하는 부족의 모임으로 박혁거세가 왕이 되기 이전에 있었던 원시 공동체 혹은 원시 민주주의나 샤먼의 흔적으로 볼 수 있다.

여섯 부족이 "이제는 왕이 필요하다"라고 생각해서 박혁거세를 만나는 장면에 신모가 등장한다. 『삼국유사』는 "계룡이 알을 낳은 것이 서술성모 혹은 선도성모의 현신이 아닌가"라고 기록하고 있다.[86] 또한 신모의 이름이 사소(娑蘇)이며, 사소는 중국 제실, 제왕의 제실 즉 첩이나 처의 딸 혹은 공주라고 적혀 있다. 그녀가 신라에 왔다가 돌아가지 않자 아버지는 솔개의 발에 편지를 묶어 "공주가 돌아오지 않으니, 솔개가 머무는 곳에 집을 짓고 살아라"라는 글을 보낸다. 공주는 본국으로 돌아가지 않고 멈춰서 살았기 때문에 일종의 신선이 된다. 그녀가 산 곳은 '신선이 살았다'고 해서 '서연산(西鳶山)'이라고 불린다. 나라가 선 뒤로 "이 고개 위에서 내려다본다"라는 의미를 지닌, 상당히 도교적인 색채가 짙은 이야기로 바뀌는 것이다. 사소가 진한에 와서 성자를 낳아 그가 첫 임금이 되었는데 그가 아마도 박혁거세나 알영일 것으로 추측하는 이들도 있다.

여기서 주목해야 할 부분이 있다. "신모가 선녀에게 비단을 짜게

86. 『삼국유사』, 97쪽

하고 붉은 색 비단으로 왕이 입는 조복을 만들어 입히니 거기서 영험을 얻게 되었다"라는 대목이다. 국사학계나 일반인들은 박혁거세의 어머니 즉 신모의 이야기에 주목하지 않고 있다. 가부장제 사회여서 여자가 주인공으로 등장하는 신모 이야기를 일부러 지운 것일 수도 있다. 신모가 박혁거세의 어머니이므로 신라의 시조가 여자가 될 수도 있기 때문이다.

한편으로 신모라는 존재는 역사적으로 조작된 것일 수도 있다. 신라가 통일하게 된 배경 중 하나가 당나라와 연합해 나당연합군을 만들었기 때문인데, 신라가 당나라 즉 중국과 동일한 뿌리가 있다는 것을 강조하기 위해 신모라는 존재를 일부러 만든 것일 수도 있기 때문이다. 어느 쪽이 맞는지는 역사학자나 국문학자들의 몫이므로 필자가 거칠게 단정 지을 필요는 없다.

하지만 신화나 역사 속에서 지금처럼 중국은 완전히 다른 타자가 아니라는 점은 고려해야 한다. 지금과 같은 국가의 개념이 고대에 있었다고 볼 수는 없기 때문이다. 특히 부여, 고구려, 발해는 중국과 어깨를 맞대며 돌궐, 말갈, 여진족 같은 민족들도 포용한 나라였기 때문에 문화적인 분야에서 많은 부분이 중국과 겹칠 수밖에 없었을 것이다. 중국의 『사기』에 등장하는 신농씨와 복희씨는 우리에게도 잘 알려진 신화 속의 인물이다. 그 중에서 복희씨는 동이 사람이라고 알려져 있는데 동이는 동쪽의 오랑캐 즉 우리나라를 지칭한다. "복희씨가 우리나라 사람이라면 중국의 조상은 우리인가?"라고 질문할 수도 있는데 이에 대한 명확한 대답은 불가능하다.

신화의 세계에서 중국은 우리에게 타자이고, 동이는 중국에게 타자이다. 즉 다른 사람이며 낯선 존재라는 것을 강조하기 위한 수단이었을 수 있기 때문이다. 공자가 나이가 들면 예의를 아는 동쪽 나라, 즉 고조선에 가서 살고 싶다고 말했다는 전설이 전해지는데, 어쩌면 공자에게 한반도는 비현실적인 신선의 나라로 투사되었을 수 있다. 우리나라의 고대 소설에 보면 "중국에서 신선이 등장하고 거기서 누가 태어났다"는 이야기가 흔히 등장하는데 그 장소가 진짜 중국이 아니라 당시에 우리가 생각할 수 있는 유일한 '타자'가 중국이었기 때문에 배경으로 등장한 것으로 추측할 수 있듯이 말이다. 이 사람이 "신성하며 무언가 다르다"라는 것을 강조하기 위해서 중국이라는 배경을 설정한 것처럼 중국은 또 서역을 신성한 피안으로 설정한다. 거꾸로 중근동이나 서양은 동양을 신비한 피안으로 상상해서, 결국 마르코 폴로의『동방견문록』을 당대의 베스트셀러로 만들지 않았는가. 즉『구운몽』이나『사씨남정기』의 배경이 중국이고, 혁거세를 낳은 신모가 중국의 딸이라는 것을 문자 그대로 해석할 수 없는 까닭이다.

이런 관점에서 우리는 신모의 존재에 대해서 다시 생각해볼 필요가 있다. 중국에서는 옛날부터 서왕모를 숭배했는데 주자학이 이론적 배경이 되면서 서왕모 숭배가 사라졌다. 서왕모가 무속적이고 도교적인 색이 짙다 보니 유교를 숭배하는 사람들이 없애 버린 것이다. 마치 우리의 신모를 가부장제 중심의 사상을 가진 사람들이 없애버린 것과 유사하다. 신화를 읽는 데는 이처럼 많은 편견이 작용하고 있다. 신화 속의 원형을 돌아보는 것은 그와 같이 우리가 잊어버리고 살았던 가치 있는 일을 되살려보는 작업이라는 것을 새삼 깨우친다.

신성과 세속을 연결해주는 닭

박혁거세 신화에는 나정이라는 일종의 우물이 등장한다. 햇살이 따뜻하게 비치는 산에 우물이 있다는 것은 여성과 남성의 이미지가 함께 공존한다는 뜻이다. 그때 번갯빛 기운이 내리면서 흰 말 한 마리가 절하는 것처럼 무릎을 꿇는다. 마치 그리스 로마 신화의 신 제우스가 번개로 변해서 내려오는 것 같다. 번개는 에너지이자 생명의 원천이다. 하늘의 신은 모두 번개와 관련이 있다. 번개는 대단히 큰 에너지를 가졌으며 하늘과 땅을 이어준다.

흰 말은 본능적이면서도 역동적이다. 말은 전쟁도 하고 사냥도 한다. 말은 골반이 넓어 움직이는 것이 불편한 여자들보다는 어깨가 넓고 골반이 날씬한 남성들에게 더 어울리는 동물이다. 그런 말이 절을 하는 장소에 알이 하나 놓여 있다는 것은 무엇을 의미하는 것일까? 융의 분석심리학에서는 이를 '철학자의 알'이라고 이야기한다. 알은 우주를 상징한다. 달걀 하나는 매우 작지만, 그 달걀 안에서 알을 깨고 병아리가 나와 닭으로 성장하는 것처럼, 자궁 속의 난자는 매우 작지만, 그 난자 하나에는 생명의 씨앗이 숨어 있다. '철학자의 알'은, 작은 씨앗이지만 또 대단히 크게 변할 수 있는 소중한 보물창고 같은 것이다. 헤세의 소설 『데미안』에서도 알을 깨고 나오는 새가 대단히 중요한 소재로 등장하는 것처럼 말이다.

알을 낳은 '말'은 마치 페가수스(Pegasus)처럼 하늘로 올라간다. 말이 하늘로 올라가고 남겨진 알을 쪼개보니 그 안에서 사내아이가 나온다. 신화에서는 그 사내아이에게 목욕을 시킨다. 목욕시키는 장면은 아이를 '정화'시킨다는 의미이다. 정화하는 과정 중에 변모를 하는 경우가 많기 때문에 변모하기 전에 정화가 먼저 이루어져야 한다. 성경에서도 예수가 요셉에게 세례를 받는 장면이 나오는데 이 목욕 장면과 유사하다. 목욕을 하고 나자 아이의 몸에서 광채가 나고 짐승들이 춤을 추고 천지가 진동하고 해와 달이 움직였다고 기록되어 있다. 즉 천지가 이 존재를 알아보았다는 뜻이며, 우주와 개인이 조우하는 장면임을 알 수 있다. 『부도지』나 『한단고기』 등 여러 곳에도 이런 묘사는 자주 등장한다. 짐승과 해와 달이 함께 어울리는 이런 장면은 샤머니즘의 기본 세계관을 반영한다. 인간이 짐승을 지배하고 우주를 지배하는 것이 아니라 인간과 짐승이 같이 어울려 산다는 뜻이다.

박혁거세라는 신성한 사람이 태어났다면 그 다음 신화에 등장할 장면은 '신성한 결혼(Hieros Gamos)'이다. 신령스러운 존재에 걸맞는 신성한 짝을 찾으려고 나라를 돌아다녔더니 알영이라는 곳의 우물에서 계룡이 나타난다. 계룡은 닭과 용의 조합이다. 닭의 고어는 일본어 '도리(새)'와 어원이 같다. 암꿩을 까투리라고 하는데 여기서 도리가 어원이 같을 것이다.

종달새, 종달이, 달걀을 제주도 말로 '독새기'라고 하는 것을 보면 닭은 고대에 새와 혼용되었을 가능성이 있다. 〈차사본풀이〉에도 새벽닭이 울어서 염라대왕의 울음을 알리고 〈이공본풀이〉에도 원강암이 종살이를 알려줄 때 닭이 운다. 신성한 공간인 밤과 세속의 공간인 낮을 연결시켜 주는 동물이 닭이란 뜻이다. 〈천지왕본풀이〉에도 천황, 지황, 인황 닭의 울음과 함께 개벽이 된다는 장면이 나온다. 교회나 성당의 첨탑에 닭이 그려진 것도 이런 전통과 통할 것이다.

그리스의 아폴로와 헬리오스도 닭을 옆에 두고 나타난다.[87] 『산해경』에도 새와 사람이 섞인 괴물들이 북산경의 동북 이백리(52쪽), 서산경에서 사차사산, 남산경에서 동삼백칠십리에 각각 나타난다.[88]

그런데 '용'은 서양과 동양의 상징이 다소 다르다. 우리나라 신화 속에는 용과의 혼인이 자주 등장한다. 석탈해는 용성국 왕과 적녀국 왕녀 소생이고 왕건은 작제건과 용녀의 소생인 용건의 아들이며 백제 무왕인 서동은 그 어머니가 연못의 지룡과 결혼해 출생했고, 견훤은 지렁이 혹은 지룡의 아들이다.[89]

동양에서는 이처럼 용이 상서로운 상징인데, 서양에서는 거의 악의 상징처럼 되어 있다(물론 일본의 수자노의 신화에는 사악한 용으로부터 여덟 번째 딸을 구하는 장면이 나오긴 한다).[90] 서양 신화에서 성 조지(Saint George)가 용을 물리치는 장면은 그 중에서도 가장 유명하다. 서양의 기사들에 대한 신이담(神異譚)을 보면 용을 만나서 용을 쳐부수고 진짜 영웅이 되는 게 하나의 규격처럼 되어 있다. 서양에서 보는 용이, 심리학적으로 보면 나쁜 어머니나 나쁜 모성에 좀 더 가깝다면, 동양에서 말하는 용은 꼭 그 나쁜 모성과 연결된다기보다는 우주적인 체험이나 부성과 모성을 뛰어넘는 어떤 성스러운 대상인 경우가 많다. 성스럽다는 단어의 라틴어 어원인 'Sacer'는 '무섭다' '공포스럽다'라는 의미로도 쓰인다.

---

87. 『한국문화상징사전』, 197~202쪽
88. 廣陵書社 編著(2003), 『山海經』, 北京, 中國 揚州, 廣陵書社, 10, 32, 57쪽
89. 『한국문화상징사전』, 485쪽
90. Campbell, Joseph., 같은 책, p120

형해의 시기를 거치는 의미는

계룡은 왼쪽 옆구리로 여자아이를 낳는다. 왼쪽 옆구리로 아이를 낳았다는 것은 특이한 이야기일 수도 있고 보편적인 이야기일 수도 있다. 부처도 왼쪽 옆구리에서 태어났고, 이브도 아담의 왼쪽 갈비뼈에서 나왔다. 주몽도 유화부인의 왼편 겨드랑이로 닷되들이 크기 알의 형태로 나왔다.[91] '옆구리'는 신화적인 상징이 되기도 한다. 옆구리에서 태어났다는 것은 자궁에서 나오지 않은 특별한 존재라는 뜻이다. 이 때문에 아담과 이브가 동등하다고 이야기하는 사람도 있다. 그리스 로마 신화에서는 제우스와 해양의 여신 사이에서 태어난 아테나 여신이 제우스의 머리에서 나왔고, 상서로운 말인 페가수스는 고르곤(Gorgon)의 머리에서 나왔다.[92] 아테나는 지혜를 상징하는 여신이다. 머리에서 나왔다는 것이 머리가 갖고 있는 지적인 이미지이자 현자의 이미지를 내세운 것이라면, 옆구리에서 나왔다는 것은 몸쪽에 더 큰 의미를 둔 상징으로 읽힌다.

한편 신화에서는 박혁거세의 부인 알영의 입술이 "닭의 부리처럼 생겼다"고 이야기하고 있다. 유화부인도 "입이 늘어나서 그것을 잘랐다"는 이야기가 있는데 알영의 이야기에도 이런 상징이 등장하는 것이 재미있다. 박혁거세의 부인 알영은 목욕으로 정화한 후 주둥이가 뽑혀졌다 하여 '발천(撥川)'이라 하고 후에 왕비가 된다. 역시 정화와 변신의 장면이다. 여기에 더해 박혁거세는 61년 만에 하늘로

---

91. 이규보, 「고율시」, 『동국이상국전집 권제2』, 서대석(2001), 『한국신화의 연구』, 163쪽에서 재인용
92. Krerenyi C. 같은 책, p50, p119

올라갔다가 유해가 갈기갈기 흩어져서 땅으로 내려온다. 그 뒤 알영도 죽음을 맞는다. 백성들이 둘을 합장하려 하는데 장사를 치르지 못하게 뱀이 쫓아다닌다. 그래서 몸을 다섯 개로 나누어서 제사를 지낼 수밖에 없었다.

여기서 의문이 생긴다. "도대체 무엇 때문에 하늘로 올라가서 다 흩어져서 내려왔을까?" 주몽과 혁거세가 모두 천상으로부터 온 존재이니 천상으로 복귀하는 것은 당연하다. 다만 일주일 만에 흩어져 땅에 묻는 것은 곡물의 씨앗이 지상에 뿌려져 열매를 맺는 곡종신(穀種神)의 최후를 상징하는 듯하다.[93] 지혜로운 동물인 뱀이 합치지 못하게 해서 곡물을 널리 퍼지게 하는 장면 역시 곡물의 파종과 수확 측면에서 이해할 수 있다. 일종의 산종(Dissemination) 이미지이다.

이집트의 〈오시리스 신화〉에서도 오시리스는 동생 세트에게 죽임을 당한 뒤 열네 조각으로 나누어진다. 반고 역시 혼돈의 몸에서 자라 땅과 하늘로 나뉜 다음에는 그의 몸이 모두 흩어져 하늘의 별과 달 산 강 그리고 우주의 조각들로 변한다.[94] 시베리아 샤먼들은 선망 상태에서 자기 몸이 잘라지는 체험을 한다. 그 형해의 시간을 겪어야 진짜 샤먼이 되는 것이다. 일종의 강신 체험이다. 샤먼이 아니더라도 그런 체험은 누구에게나 중요하다. 그래야만 바닥을 치고 올라오면서 새롭게 태어날 수 있기 때문이다. 우리는 "마음이 갈기갈기 찢어진다" "네가 내 마음을 다 찢어놓았다"라고 흔히 이야기한다. 다이

---

93. 서대석, 같은 책, 109쪽
94. Bonnefoy, Yves., 같은 책, p253

애나를 훔쳐 본 악타이온도 사슴으로 변해 자신의 사냥개에 찢겨 죽었고,[95] 니체가 열렬하게 섬겼던 디오니소스도 갈기갈기 찢긴 후에 다시 태어났다고 하여 '부활의 신'으로 불린다. 디오니소스를 섬기는 여신도들인 마이내드(Maenad)들도 자신들에게 복종하지 않았다는 죄로 보이오티안 오르코메노스(Boeotian Orchomenos)의 왕녀의 아이를 찢어 죽인다.[96] 인간이 61세를 맞으면 환갑이라고 다들 축복하는데, 오히려 형해의 시기에 들어선 것이 아닐까 생각한 때도 있다. 다만 그 형해가 파괴적인 형해가 아니라 진짜 자기를 만나기 위한 창조적인 형해라면 좋겠다.

박혁거세는 하늘로 올라갔다 내려오면서 일종의 신이 된다. 이 내용은 박혁거세뿐만 아니라 동양의 〈반고 신화〉에서도 반복된다. 알에서 태어난 반고는 몸에서 벌레가 나오고 그것이 사람으로 바뀌더니 갈기갈기 찢어져서 시체가 되고 거기에서 구더기가 나온다. 징그러운 이미지 같지만 사람이 나왔다는 설정은 매우 재미있다.

이런 이미지는 일본에도 있다. 일본에는 이자나기 (꾀는 남자)라는 남신과 이자나미 (꾀는 여자)라는 여신이 있다. 여신 이자나미는 아들인 불의 신 카구츠치를 낳다 죽어 지하세계로 간다. 이에 마치 오르페우스처럼 그녀를 살리겠다며 이자나기가 지하세계로 따라간다. 이자나기는 이자나미가 준 음식을 먹고 지상에 돌아가지 못하고 절대로 이자나미의 몸을 보아서는 안 된다는 금기도 어긴다. 결국 이

95. Ovid Tr. by Melville, A. D., 같은 책, pp55~57
96. Kerenyi, C., 같은 책, pp260~261

자나기는 이자나미가 죽어 부패하여 구더기로 덮여 있는 끔찍한 실체를 보게 된다. 이자나미는 이자나기에게 복수하기 위해 요괴들이 이자나기를 쫓아가게 하고 이 때문에 매일 1000명의 사람이 죽게 된다. 일본에는 요괴가 나오는 이야기가 많은데 그 기담의 원천이 바로 이자나미이다.[97]

몸의 변신과 해체는 중앙아시아나 시베리아 샤먼들이 체험하는 접신 체험의 단골 모티프이다. 조상신들은 샤먼의 살을 먹고 피를 빨며 배를 가르기도 하고, 칼로 난도질하고 발톱으로 할퀴기도 한다. 또 동물이 샤먼 후보자에게 상처를 입히고 몸을 찢어 먹고 나면, 샤먼의 살에는 새 살이 돋아 뼈를 감싼다는 것이다. 주문으로 사람을 치료하는 오스트레일리아의 샤먼들도 무덤 위에서 자면 죽은 사람의 혼이 와서 자는 사람의 목을 죄고 배를 열어 내장을 꺼냈다가 다시 넣어 상처가 아물게 한다고 믿는다는 보고도 있다.[98] 박혁거세의 시신이 죽어서 흩어지는 것은 신농씨의 신화에서도 드러난다. 약초의 신인 중국의 신농씨는 스스로 약초를 다 먹어봐야지 하는 생각에 약초를 먹다가 괴물이 되고, 먹다가 터져 죽는다.[99] 이것도 형해의 또 다른 상징으로 볼 수 있다. 이런 해체는 괴로운 상황에서 마음이 갈기갈기 찢어진 다음 회복이 된 후에는 훨씬 더 강하고 성숙한 사람으로 거듭나는 상황에 대한 상징으로 이해하면 될 것이다.

97. Philippi, Donald L.(1969), 『Kojiki』, Tokyo, Universtiy of Tokyo Press, p66
98. Eliade, Mircea. 지음, 이윤기 역(1992), 『Le Chamanisme et Les Techniques Archaiques de L'extase』, 까치, pp60~61
99. Bonnefoy, Yves., 같은 책, p246

뱀의 유혹

유대 신화에 의하면 에덴동산에서 이브를 유혹한 뱀은 원래 릴리스(Lilith)라는 여자였다. 릴리스는 아담의 첫 부인이었지만 반항하는 악처라는 이유로 쫓겨난다. 아담에게 쫓겨난 릴리스는 억울한 마음에 뱀으로 변신한 뒤 이브에게 다가가 선악과를 따라고 유혹한다. 이브는 릴리스의 꾀에 넘어가 결국 금기의 사과를 따고 에덴동산에서 쫓겨난다. 상대적으로 귀가 얇은 이브에 비해 릴리스는 영리한 여자였던 모양이다.[100]

현대적 관점에서 보면 릴리스가 쫓겨난 것은 그녀가 너무 똑똑했기 때문이 아닐까 해석도 가능하다. 가부장제적인 유대 사회에서는 그 뒤 릴리스에 대한 이야기를 상당 부분 지워버렸다. 그래서 릴리스로 상징되는 뱀은 '숨어 있다'는 의미를 갖게 된다. 이처럼 민담에 등장하는 뱀은 여자인 경우가 대부분이다. 선비가 외딴 산골에 갔다가 여자에게 밥을 얻어먹은 뒤 그녀와 몇 년을 같이 살았는데 나중에 알고 보니 자기 남편을 잃고 원한이 맺힌 뱀이 복수를 하려고 했다는 이야기를 들어본 사람이 있을 것이다.

물론 뱀이 여성이 아닌 경우도 있다. 〈구렁덩덩 신선비〉라는 민담에서는 뱀이 남자로 나온다. 여기 등장하는 구렁이는 실제로는 선비이다. 그의 부모가 노년의 나이에 낳은 자식으로, 뱀의 모습이다 보니 주위에서 모두 그를 외면하였다. 그러다 이웃집 딸이 그 뱀과 결

---

100. Sjoo, Monica. & Mor, Brbara., 『The Great Cosmic Mother : Rediscovering the Religion of the Earth』, San Francisco, Harper & Row, pp276~277

혼을 하게 되었다. 위의 두 언니가 시집을 가지 않겠다고 해서 막내딸이 뱀과 결혼하게 된 것이다. 결혼한 뒤 구렁이는 밤마다 허물을 벗고 멀끔한 선비가 되어 막내딸과 의좋게 지내고, 그걸 본 언니들은 막내딸을 시기한다. 그러다 과거 시험을 보러 가게 된 구렁이는 막내딸에게 당부를 한다. "내 허물을 벗어 놓고 갈 테니 절대로 만져서는 안 되오!" 구렁이 선비에게 시집간 동생이 잘사는 것을 시샘하던 언니들은 꾀를 내서 그 허물을 태워버린다. '껍질을 태운다'는 것은 부인이 남편을 찾을 수 없게 되었다는 뜻이다. 결국 막내딸은 남편을 찾아 먼 길을 떠나고 우여곡절 끝에 남편을 만나게 된다.[101] 그리스 로마 신화의 프시케 신화에서 볼 수 있듯이 여기에서도 신선비가 허물을 벗고 변신하는 모티프에 주목해본다. 신화에서는 부부가 결혼하면 항상 그 옆에서 방해하는 세력이 있고, 환골탈태해야 하는 상황 등 '원형적인 배열'이 자주 등장한다. 부부의 신성한 사랑으로 맺어진 신성한 결합이 완성되어 가는 과정 중 만나는 우여곡절을 상징하는 장치일 것이다.

뱀이 박혁거세의 시신이 합쳐지지 못하게 방해하는 것도 이런 과정 중 하나이다. 릴리스처럼 신성한 혼인을 막으려는 세력일 수도 있고, 기왕에 흩어졌기 때문에 능을 많이 만들어서 진짜 신으로 만들기 위한 일종의 보조적 역할일 가능성도 있다. 아니면 두 가지 의미가 다 들어 있을 수도 있다. 언제나 음과 양, 빛과 어둠은 한 존재 속에서 같이 나타나기 때문이다. 여기서 뱀은 일종의 조역이지만 하나의 화

101. 신동흔 엮음(2008), 『세계민담사전 한국편』, 서울, 황금가지, 91~101쪽

살을 당기는 역할 혹은 방아쇠를 당기는 역할이라고 볼 수 있다.

"박혁거세가 태어날 때에 해와 달이 청명해졌다"는 부분이 해신과 달신과의 조응이라면 연오랑과 세오녀가 신라를 떠나 해와 달이 빛을 잃었다는 대목은 그 반대로 읽을 수 있다. 하지만 해신과 달신이 동해 바닷가에서 마름을 따고 베를 짜는 평범한 부부란 것이 재미있다. 『삼국유사』에서 세오녀는 비단을 짜는 사람인데, 재미있는 것은 박혁거세의 어머니 신모나 사소 역시 붉은 비단을 짰다는 점이다.[102] 비단은 여성성의 상징이다. 〈견우와 직녀〉 이야기에서도 직녀는 비단 짜는 여성이었다. 견우와 직녀가 중국 신화라고 주장하는 사람도 있지만 그것은 신화의 기초를 모르고 하는 이야기이다. 견우와 직녀는 어느 나라의 신화냐를 따지기에 앞서 원형적 배열이 충실하게 들어간 신화이기 때문이다. 원시 시대에는 남자는 소를 치고 여자는 베를 짜서 옷감을 만들었기 때문에 신화 속의 남녀는 다소 전형적인 인물로 그려진다. 세오녀와 박혁거세의 어머니인 사소가 비단을 짠 것은 그 때문이다. 하지만 한 걸음 더 나아가 베를 짜고 옷을 만드는 것을 단순히 옷을 짓는 노동이 아니라 인생이라는 씨줄 날줄을 하나하나 짜넣는 의미로 확장시켜 보아도 재미있을 것 같다.

우리 인생도 아주 참을성 있게 한 올 한 올 짜야 제대로 된 무언가를 만들 수 있다. 마음이 급해 함부로 듬성듬성 만들어버린다면 결국 쓰지 못하게 될 가능성이 있다(나의 책들도 어쩜 그런 운명일까?). 박혁거세나 알영이 해와 달이 사랑하는 존재, 즉 신성한 왕들이라면 연오

---

102. 『삼국유사』, 105쪽

랑과 세오녀는 평범한 민초이다. 저 높이 임금으로부터 저 아래 이름 없는 노비에 이르기까지 모두 해와 달처럼 소중하고 존중받아야 하는 소우주라는 뜻이다. 고대 신화에 나오는 신적인 존재들에게 짐승들이 자발적으로 경배를 하는 이유도, 인간뿐 아니라 자연으로부터 존경을 받는 신성한 존재라는 점을 강조하기 위한 장치로 보인다.

우리를 사로잡는 시간과 우리 안의 짐승들

박혁거세 신화에는 '7'이라는 숫자가 의미심장하게 등장한다. 죽어서 7일 만에 장사를 지내고, 7일 만에 새로운 세상이 열린다. 여기서 7이라는 숫자는 이 세상과 저 세상의 경계를 이야기하는 숫자이다. 우리는 죽은 사람의 장사를 지내고 49재를 지낸다. 49재를 지내는 이유는 7주 동안에 저세상으로 갈 준비를 하기 위해서이다. 영혼은 49재 이전에는 구천을 떠돈다. 불교 쪽에서는 이 시기에 정말 좋은 자궁을 찾아서 윤회의 수레바퀴를 다시 돌아가는 혼령도 있고, 윤회의 수레바퀴를 벗어나는 혼령도 있고, 또 지옥으로 가는 혼령도 있다고 얘기한다.

49재는 하나의 사이클로 생각해도 무방하다. 살면서 사이클이나 어떤 주기가 없으면 견디기 힘든 부분이 있다. 일주일이라는 주기가 없으면 힘들어서 살지 못할 수도 있다. 감옥에 갇힌 사람들이나 날짜와 시간을 모르는 무인도에 간 사람들이 하는 중요한 일 중 하나가 날짜를 세는 것이지 않는가. 시간의 개념은 미래를 계획하고 과거를 추억하며 현재를 충실히 살 수 있게 해준다. 시간과 공간의 개념이 있을 때에 비로소 인간일 수 있는 것이다. 감성이나 기억은 동물도 할 수 있지만 시간의 주기를 이해하는 것, 그래서 상징적으로 자신이 있는 그 좌표를 아는 것이 인간만의 특징이다. 하지만 바로 이런 점 때문에 시간은 인간에게 완고한 질곡이 되기도 한다.

임상에서 많은 이들이 과거에 대한 통절한 후회, 미래에 대한 불안, 현재 자신에게 주어진 상황에 대한 거부와 부정 등으로 속절없이 시간을 보내며 괴로워한다. 모두 시간과 관련된 증상들이다. 현대인들은 특히 시간의 노예처럼 일분일초에 목숨을 걸고 산다. 이럴 때 필요한 약이 시간 밖의 신성한 존재에 대한 각성이다. 폰 프란츠는 시간 밖의 존재와 합일하며 시간을 완전히 넘어서는 경지를 동양의 선이나 서양의 신비주의에서 찾았다. 신이나 영혼은 시간에 구애받지 않기 때문이다.[103] 그러나 대다수의 현대인들은 이런 경지는 별로 실감하지 못할 것이다. 우리가 그만큼 시간이란 괴물에 사로잡혀 있기 때문이다.

뱀과 말, 알영의 계룡을 비롯해서 많은 동물이 등장하는 것도 재미있다. 신과 인간, 짐승이 모두 한데 어울려 분별없이 사는 무의식의 세계 같다. 현실에서 어떤 사람의 모습을 설명하면서 "쟤는 참 여우 같아" "쟤는 소 같아" "쟤는 토끼 같아" "쟤는 뱀 같아" 이런 식으로 인간과 동물을 연관시켜서 이야기하는 경우가 많다. 그것은 우리 마음의 어떤 부분이 동물에 투사되었거나 혹은 동물의 어떤 모습이 우리에게 비치기 때문이다.

열두 개의 십이지신을 통해 우리 인간 심성에 있는 특징들을 하나

---

103. 폰 프란츠, 같은 책, 31쪽

하나 대입할 수도 있다. 소를 닮았다거나 뱀을 닮았다거나 하는 소리는 그쪽 특질이 두드러진 것일 뿐, 모든 사람은 소처럼 일만 하고, 호랑이처럼 자기 위엄을 드러내고, 토끼처럼 눈치보고 겁이 많은 일부분의 특성을 모두 가지고 있다. 이런 일들은 대개 무의식 속에서 자주 일어나, 때로는 인간의 짐승 같은 측면이 영성을 모두 갉아먹기도 한다. 만일 자신 안에 있는 열둘의 동물들을 의식화하고 어떻게 경험하고 있는지 관조한다면 본능의 측면을 매우 잘 다스리고 있다고 봐도 무방하다. 그리고 동물들의 특징을 추적해보고 적어보면서, 거기에 나의 성격이나 성향들을 대입해보는 것도 재미있는 놀음이 될 것이다. 열두 동물을 십이지신이라고 이야기하는데, 십이지신을 다섯 번 하면 60이 된다.

우리는 다양한 과정을 겪은 뒤에 훨씬 통합된 인간이 될 수 있다. 〈박혁거세〉 신화는 이처럼 한 인간의 인생에서 신성과 동물적 본능, 인간의 삶이 어떻게 서로 만나고 헤어지며 통합되고 있는지 알 수 있는 좋은 교과서이다. 그리고 그 과정을 주도하는 진정한 승자는 결국 시간이 아닌가 싶다. 기이한 탄생과 기이한 죽음은 유한한 시간에 갇혀 있는 인간의 근원적인 조건을 생각하게 한다. 보바르는 말했다. "시간은 우리에게 세계를 주는 동시에 빼앗아간다. 시간 속에서 우리는 배우고 망각하고 풍부해지는 동시에 초라해진다."[104]

---

104. De Beauvoir, S. 지음, 홍상희·박혜영 옮김, 『La Vieillesse(노년)』, 서울, 책세상, 533쪽

단군신화
\ 새로 태어나는 동굴의 시간

환인의 서자 환웅이 천하에 뜻을 두고 인간세상을 탐했다. 아버지가 아들의 뜻을 알고 세상을 내려다보니 인간들을 널리 이롭게 할만 했다. 이에 천부인 세 개를 주어 내려가 다스리게 했다. 환웅은 무리 삼천명을 거느리고 태백산 꼭대기 신단수 아래로 내려와 이곳을 신시라고 불렀다. 풍백, 우사, 운사에게 곡식, 운명, 질병, 형벌, 선악 등을 맡기고, 인간살이 삼백 예순 가지 일을 주관하게 하였다.

곰 한 마리와 호랑이 한 마리가 늘 사람 되기를 빌었다. 환웅이 신령스런 쑥 한 심지와 마늘 스무 개를 주면서 "이것을 먹고 백 일 동안 햇빛을 보지 않는다면 곧 사람의 모습을 얻으리라"고 했다. 곰은 여자의 몸이 되었지만 인내하지 못한 호랑이는 사람의 몸을 얻지 못했다. 사람이 된 웅녀는 신단수 밑에서 아기를 갖게 해달라고 빌었다. 이에 환웅은 잠시 사람으로 변해 웅녀와 혼인하여 아들을 낳으니 이름을 단군이라 했다.

단군은 요 임금이 왕위에 오른 지 50년 만인 경인년에 평양성에 도읍하고 조선이라 일컬었다. 또 도읍을 백악산 아사달로 옮겼는데 그 곳을 궁홀산이라고도 하고 금며달이라고도 한다. 그는 이후 산신이 되었다. 그 때 나이가 1908세였다.[105]

---

105. 『삼국유사』, 76~77쪽

단군신화와 가부장제

단군신화는 한국 사람들에게 가장 친숙한 신화이다. 이 책을 쓰면서 왜 단군신화부터 시작하지 않은 것인지 필자 스스로에게 질문한 적이 있다. 첫 번째는 『삼국유사』에 기록된 신화라 구전으로 전해지는 다른 신화에 비해 많은 가감이 있을 수 있다는 것, 두 번째는 너무 많이 알려져서 흥미가 덜하다는 것, 세 번째는 단군신화가 갖고 있는 가부장제적인 전승에 거부감을 가졌기 때문이 아닌지 스스로 잠정적 결론을 내린 바 있다.

단군신화에서 가부장제 요소를 읽어내는 이유는 환인, 환웅, 단군 삼위일체가 전부 남자이기 때문이다. 이집트 신화에서 가장 중요한 신으로 최고의 여신 이시스(Isis)와 사신 오시리스, 천신 누트와 지신 게브, 네프티스(Nephthys) 등을 꼽는 것과는 대조적이다. 이집트의 상형문자와 벽화 등을 보면 여신은 구부려 하늘을 감싸고, 남신은 땅에 누워 하늘을 올려다 보고 있다. 이집트 신화에서는 하늘신이 여자이고 땅신이 남자이기 때문이다. 하지만 그것만 보고 "원시 이집트는 가부장제가 아니었다"라고 단정적으로 이야기할 수는 없다. 왜냐하면 누트 신이 하늘을 감싸고는 있으나, 태양의 신 라(Ra) 혹은 레(Re)를 낳았다 다시 먹었고, 땅과 인류를 관장하는 오시리스에게 왕좌를 넘겨준 것은 누트가 아니라 땅신 게브였기 때문이다.[106] 어쨌든 세계의 창조신화 대부분은 남성과 여성이 힘을 합쳐 세계를 창조한 것으로 묘사되어 있다. 그리스에서도 헤라와 제우스, 가이아와

---

106. Owusu, Heike., 같은 책, p101

우라노스라는 남녀 한 쌍이 세계를 시작하였다. 그런데 왜 우리나라 개국신화는 환인, 환웅, 단군 세 남자로 시작되고, 여자는 처음부터 짐승의 모습으로 나타난 것인지 궁금하다. 혹시 일연이 여신 부분은 의도적으로 뺀 것은 아닌지 의심이 들기도 한다. 비단 신화가 아니더라도 '위서' 논란 때문에, 혹은 조선 시대 태종 때는 유교의 이념에 어긋난다는 이유로 많은 책을 태워버린 일이 우리 역사에는 존재한다. 삼국 시대에는 수·당과의 전쟁, 고려 시대 때는 원나라와의 전쟁, 조선 시대에는 임진왜란과 병자호란 등으로 소실된 책이 어마어마하다. 이런 이유로 우리나라 고대사는 망실된 부분이 너무 많다. 그만큼 논의가 더 복잡해진다.

단군신화에서 가부장제를 발견한 또 다른 요인은 곰(웅녀)과 호랑이의 관계 때문이다. 단군신화에서 동물적인 측면은 여성이 가지고 있고 신적인 측면은 남성이 가지고 있다. "인간이 되려면 마늘과 쑥을 100일 동안 먹으며 참아야 한다"는 이야기는 여자들에게 매우 강한 인내를 요구한다. 인류학자 중에는 이것을 곰을 숭배하는 토템과 호랑이를 숭배하는 토템이 서로 싸워서 호랑이 토템이 진 것이라고 해석하는 사람도 있다. 반면에 '곰'이 '거무신'의 고어라는 주장도 있다. 이 주장에 의하면 곰도 역시 환인, 환웅과 같은 의미에서, 그러니까 동등한 의미에서 신으로 볼 수 있다.

곰은 단군신화뿐 아니라 『가락국기』에서 김수로왕의 비 허황옥이 곰을 얻은 꿈을 꾸고 태자 거등공을 낳았다는 기록, 김대성이 곰을 잡았는데 꿈에 귀신이 되어 나타나 잡아먹겠다고 위협해 참회의 의미로 장수사란 절을 세웠다는 기록, 성주 이씨의 아내가 곰에게

업혀간 뒤 곰과 관계해 여송, 여매, 여백의 삼남매를 낳았는데 여송이 고향으로 오자 역적의 씨로 보인다며 중국으로 돌아가 장군이 되었다는 전설 등에도 등장한다. 또 〈삼부자 곰잡기〉라는 민담에는 삼부자가 번갈아 가며 곰을 때리면 곰은 또 새로 때린 사람을 공격하려고 목표를 바꾸다가 지쳐서 미련하게 죽는 내용이 나와 있다. 충남 공주의 곰나루 전설에는 산중에 갔던 청년이 곰과 혼인해 아기까지 낳았는데 곰의 굴을 탈출하자, 곰이 비통해 울부짖다가 아기를 강물에 던지고 빠져 죽었다는 이야기도 전해진다.[107]

또 곰의 고어로 짐작되는 거무가 어머니로 그려지는 〈거무 타령〉을 군산에서 채록한 바 있는데 내용은 이렇다.

거무야 거무야 거무야 / 지리동동한 거무야 / 네 줄 내 줄은 다쳤냐
심경산배 맹경산배 활령 배천령 / 금강산 도토리 / 한라산 꽃봉오리
오는 나부 가는 나부요 / 내 줄이 다 걸렸다
호미쇠도 쇠건만 / 낫쇠 같이 쌈박헐까
아바니도 부모건만 / 어머니같이 사랑헐까
사랑둥둥 내 어머니 / 얼씨구 절씨구
둥둥둥 내 어머니[108]

또 일본에서 신을 뜻하는 '가미'의 어원을 거무, 혹은 곰에서 찾으

---

107. 한국학중앙연구원, 『한국민족문화대백과』
108. 『한국향토문화전자대전』

려는 시도도 있다. 흥미로운 것은 모계사회인 운남성의 모소족에게는 사자 모양의 신이 있는데, 그 신이 아름답고 피리를 잘 부는 거무 여신의 화신이라는 점이다. 이 여신은 노래, 춤뿐 아니라, 아름다운 구름과 파도 무늬를 자기 옷에 수놓고, 네 명의 남신과 사랑을 나누었다고도 알려져 있어서, 단군신화와 혹 관련이 있는 것은 아닌지 궁금하다.[109]

단군신화는 지금 시대를 살고 있는 젊은이들에게 중요한 의미를 갖는다. 첫째, 이 신화를 통해서 우리는 인내하는 태도에 대해서 배울 수 있다. 둘째는 신성과 수성 또는 신성과 인간성의 만남이다. 결혼을 한다든가 어떤 일을 할 때에는 내 안에 있는 두 가지 측면을 다 보아야 한다. 정신적인 측면만 강조한다든가 육체적인 측면만 강조하면 절대로 건강해질 수 없다. 정신적인 측면만 강조하다 보면 육체적인 문제가 나타나고, 육체적인 것만 강조하다보면 정신적인 부분에서 문제가 터진다.

신성과 인간성의 만남

앞서도 말했지만 단군신화가 처음부터 남성 위주 시각으로 쓰인 것인지, 후대에 와서 각색이 된 것인지는 알 수 없다. 우리의 고대사는 사서가 거의 남아 있지 않고 '위서' 논란도 적지 않기 때문이다. 〈마고할미〉는 단군 이전의 여성을 다루고 있는데 이 글이 실린 『부도지』와 『환단고기』는 모두 위서로 취급받고 있다. 더구나 단군신화는

---

109. 김수남기념사업회, http://www.kimsoonam.com

황당한 내용 때문에 역사가 아니라 신화의 내용으로만 국한해 해석하는 게 주류 학계의 입장이다. 게다가 해방 이후 우리나라 역사학계는 실증사관이 주류를 이루었기 때문에 유실된 자료의 필사본에 대해서는 그 진위를 좀처럼 인정하지 않고 있어 내용이 더욱 빈약해진다. 이 때문에 우리가 단군신화에서 많은 부분을 놓치고 있는 것은 아닌지 아쉬움이 든다.

신채호의 『조선상고사』에는 주류사학자들이 이야기하는 것과 전혀 다른 부분이 많이 실려 있다. 그 중에서 단군 부분에 '수두임금'이라는 이야기가 나온다. 그 수두가 '솟대'일 가능성이 있다. 솟대는 샤머니즘의 아이콘이자 신성한 지역의 위치를 알려주는 표식이며, 솟대가 있는 곳은 금기의 땅으로 터부시되어 왔다. 만일 단군이 솟대임금이라면 단군은 제사장이었을 것이다.

신채호는 제석과 웅, 천부인 등의 이름이 불교에서 유래했다는 점, 또 남자는 신의 화신이고 여자는 짐승의 화신으로 보며 여성을 낮게 쳤다는 점에 대해 주목한다. 삼국 시대 초기의 사회에서 여성을 매우 존중했던 태도와는 다르기 때문에 불교가 수입되고 유교의 영향력이 커지면서 그 이야기가 변질되었을 수도 있다.[110]

과거 주류 철학이나 역사를 공부하는 입장에서는 감정, 감성, 신체, 여성을 이성, 논리, 정신, 남성보다 열등한 존재로 보기도 했지만, 현대의 철학자들이나 특히 융의 분석심리학에서는 몸이나 여성성, 감성과 육체 등을 남성성, 이성, 정신과 동등한 위상으로 이해한다.

---

110. 신채호, 같은 책, 54~55쪽

"이성으로 감정을 누르고 조절해야 한다. 감정은 조종해야 하는 대상이고 몸은 정신을 위해서 희생해야 하는 대상이다"라는 믿음이 오히려 반인간적이라고도 생각한다. 곰이나 호랑이가 여자가 되려고 했다는 이야기는, 여성이 가지고 있는 신체적인 측면, 감성적인 측면, 자연적인 측면을 우리가 더욱 존중해야 한다는 뜻일 수도 있다.

곰과 호랑이가 동굴에서 백일을 견디는 성인식과 같은 과정은 남성이건 여성이건 자신의 정신 속에 존재하는 여성성을 인정하고 꽃피우는 인고의 시간으로 해석할 수 있다. 이런 인간적인 인고의 시간은 종국에는 신적인 세계와 만나게 된다. 고대와 그 이전에는 이와 같은 신성성의 만남을 샤먼들이 담당했고, 그 흔적이 현대까지 내려오는 여성 무당에게로 이어지고 있다. 곰과 호랑이가 사람이 되기 위해서 들어가는 공간은 일종의 입무식이나 성인식의 공간이며, 여성성과 남성성이 만나는 공간이다. 종교의 창시자들도 동굴에서 수행했고, 현자들도 마찬가지였다. 산과 동굴이라는 곳은 매우 중요한 은유의 공간이다.

고고학에서도 알타미라 동굴에서 태초 문명이 시작되었다고 말한다. 동굴에 들어가서 은거하고, 동굴에 들어가서 무언가 자신을 표현하는 행위가 곧 문명의 시작이라는 것이다. 문명의 시작을 하나 더 꼽자면 네안데르탈인이 죽은 사람을 장사 지내는 행위를 꼽을 수 있다. 이때 죽음이라는 것은 육체적인 죽음이 아니라 상징적인 죽음으로 이해해야 한다. 곰과 호랑이가 동굴에 들어갔다 나온 것도 일종의 죽음과 재생이다. 우리는 죽어야 살 수 있다. 곰으로서의 삶을 마감하고 여성으로 다시 태어나는 것, 고대 신화에서 많이 등장하는 이런 모티프가 상징하는 것은 수성이 인성 또는 신성으로 바뀌는 과정을 의미한다. 새롭게 태어나기 위해서는 동굴의 시간, 쑥과 마늘의 시간이 꼭 필요하며, 죽을 만큼 힘든 고통의 시간을 겪어야 한다는 뜻이다.

고대 사회로 올라갈수록 제정일치의 사회였기 때문에 샤먼들이 임금의 역할을 하였다. 『삼국유사』나 『삼국사기』를 보면 가야라든지 고대 왕국 이전에는 부족들이 민주적으로 서로 의견을 조율하는 장면들이 등장한다. 왕권이 하나로 통일되기 전 원시 공동체에서는 민주적인 방식으로 제사장들이 서로 의견을 조율했을 수도 있다.

어느 쪽이든 태산과 신시는 심리학적으로 보자면 일종의 성스러운 장소로 볼 수 있다. 모세가 하느님을 만났던 것도 산인데, 산은 고대 사회 때부터 신성과 만나는 중요한 공간이었다. 심리학적으로 보면 자기의 상징과 만나는 신성한 곳이 태산이나 신단수이다. 신단수에서 신단은 일종의 제단이라고 할 수 있다. 절에 가면 부처를 모셔놓는 곳이 세 개의 단으로 이루어짐을 관찰할 수 있다. 제일 높은 곳이 부처가 계신 곳, 즉 수미단이고, 그 다음 단은 음식 등을 차려놓는 제단이고 마지막 단은 향로와 불경 등을 올려놓는다. 유교 제사에서도 신주를 모셔 놓는 곳, 음식을 차려놓는 곳, 향로와 퇴주 그릇 등을 올려놓는 제일 낮은 곳으로 이루어져 있다. 신시, 신단수 등을 그려 놓은 이미지는 지금 우리에게 남아 있지 않지만, 그 옛날 단군을 섬기던 고조선 시대의 큰 축제를 그려 보는 것만으로도 가슴이 뛰는 경험이 아닐 수 없다.

우렁각시 이야기

\ 가장 하찮은 존재가 가진 영웅성

    산골에 외롭게 사는 총각이 있었다. 어느 날 그가 밭을 갈면서 '이 밭을 일궈 누구랑 먹고 살지'라고 혼잣말을 하자 "나랑 먹고 살지 누구랑 먹고 살아" 하는 목소리가 들렸다. 목소리는 우렁이에게서 나왔다. 총각은 우렁이를 집에 가져와 물통 속에 넣어 두었다. 다음날 총각이 집에 돌아오니 밥상이 차려 있었다. 밥상을 차려놓은 사람은 물통에서 나온 어여쁜 여자였다. 총각은 우렁각시와 같이 살게 되었다. 각시는 그에게 자신의 그림을 그려주고 일할 때마다 보라고 하였다.

    어느 날 총각이 밭에서 일을 하는데 바람이 불어와 각시 그림이 부잣집 앞마당에 떨어졌다. 부자는 각시의 미모에 반해 총각에게 내기를 하자고 하였다. 장기에서 총각이 이기면 벼 1000석을 주고, 총각이 지면 각시를 자기에게 달라고 하였다. 각시는 자신이 파리가 되어 장기판에 앉을 테니 그대로 따라 두라고 일러주었다. 총각은 각시가 시키는 대로 하여 장기에서 이겼다. 그러자 부자는 말을 타고 강을 건너는 내기를 하자고 하였다. 각시는 총각에게 뭔가를 쓴 종이를 건네주면서 이 종이를 물에 던지면 강에서 말이 나올 것이라고 말하였다. 다음날 말이 나타나서 총각은 내기에서 이길 수 있었다. 부자는 각시를 차지하기 위해 신랑을 죽이려고 싸움 내기를 하자고 하였다. 각시는 이번에는 종이에 뭔가를 써주면서 이 종이를 던지면 호리병이 나올 것이니 그 호리병을 열어보라고 하였다. 다음날 호리병에서 사람들이 나와서 총각을 도와 부자 영감을 이기게 해주었다.

우렁각시 이야기의 신화적 측면

우렁각시 이야기는 명백하게 신화가 아니라 민담이다. 한 국가나 민족의 근원에 대한 이야기도 아니고, 사후의 신령스러운 세계에 대한 신비한 이야기도, 인간을 뛰어 넘는 초월적 존재에 대한 묘사도 없다. 그러나 이 이야기를 이 책에 넣은 것은 가장 하찮은 존재인 우렁이가 갖고 있는 의외의 영웅성, 또 그녀와 결혼한 남성의 성장담이 다른 신화들에는 없는 재미있는 부분을 내포하고 있기 때문이다. 우렁각시 이야기는 어쩌면 감히 자신 안에 신성이 있다고는 전혀 상상도 하지 않는 평범한 이들 안에 숨어 있는 신적 존재를 일깨워주는 기능이 있지 않을까 싶다.

왜 우렁이일까

"우렁각시 같은 여자를 얻어서 결혼하고 싶다"는 소망은 남자들의 흔한 바람이다. 남자가 신경 쓸 겨를 없이 척척 살림을 하고 애도 낳고 돈도 벌면서 그와 동시에 언제나 현숙한 모습을 보여주는 여자에 대한 로망이 남자들에게 왜 없겠는가. 그런데 왜 하필 우렁이일까? 우렁이를 볼 때 아름답다고 말하는 사람은 거의 없을 것이다. 우렁이는 장미꽃도 아니고, 모란도 아니며, 자태가 고운 새도 아니다. 우렁이가 의미하는 것은 무엇일까.

주역에 감괘(坎卦)라는 것이 있다. 감괘는 물, 즉 늪을 말한다. 늪이라는 음이 두 개가 겹쳐 있는 글이 감괘이다. 우렁이가 사는 늪은 가장 여성적인 공간이라고 말할 수 있다. 여성성에 대해서 깊이 들여다보는 감독의 영화를 보면 늪을 소재로 하는 경우가 많은 것도 이 때문이다. 여기서 늪은 여성의 상징이다. 문학 작품 속에서 남자를 치명적 유혹에 빠뜨리는 나쁜 여자를 만났을 때 "늪에 빠지는 것 같다"는 대사가 등장하는데 이 말도 이런 상징과 닿는다. 늪은 동서양을 막론하고 여성성의 주요한 상징으로 자주 등장한다. 그런 늪에서 건져 올린 우렁이가 우렁각시라는 사실이 재미있지 않은가. 우렁이는 생긴 것도 초라하다. 안에는 부드러운 속살이 있지만 겉은 딱딱하고 구멍은 작다. 이는 완전히 성숙하지 않은 여성성의 모습을 상징하는 것일 수 있다.

여기 등장하는 남자는 혼자 외롭게 사는 총각이다. 대가족과 어울려서 살면 우렁각시가 몰래 밥하고 살림하는 것은 절대 있을 수 없는 일일 것이다. 이 민담에는 '외롭게 산다'는 게 대단히 중요한 모티프로 작용하고 있음을 알 수 있다. 혼자 산다는 것은 자아를 인지할 수 있는 중요한 조건이다. '바리데기' 같은 버림받은 아이와 비슷하게 총각이 처녀를 만나려면 우선 외로워져야 한다. 그런데 남자가 혼자 외롭게 지낸다는 것은 아직까지 여자를 만날 준비가 되어 있지 않다는 뜻을 내포하고 있다. 발달단계로 보면 아직까지는 동성애적인 단계이다. '마마보이'나 '대디보이'처럼 부모에게 지나치게 유착되어 있어도 각시를 만날 수 없다. 혼자 살아야 일단은 여자를 만날 수 있지 않은가.

남자는 우렁각시가 뭔가를 할 때 몰래 엿보다가 우렁각시에게 존재를 들키고 만다. 남자는 우렁각시에게 같이 살자고 졸라댄다. 남자가 우렁각시를 엿보는 것은 일종의 관음적 측면이다. 〈선녀와 나무꾼〉에서도 나무꾼이 선녀가 목욕하는 것을 몰래 훔쳐보다가 옷을 훔치는 것처럼, 일단 남자와 여자가 사랑을 하려면 서로를 지켜봐야 한다는 의미를 담고 있다.

그다음으로 중요한 것이 기존에 갖고 있던 옷을 벗는 것이다. 우렁각시의 껍질도 이 총각이 엿봄으로써 벗겨진 것이고, 〈선녀와 나무꾼〉의 선녀도 나무꾼이 엿봄으로써 옷을 뺏겼다. 이 부분은 남자와 여자가 만날 때에 여자나 남자나 둘 다 처녀 총각 시절에 입던 옷을 벗어야 한다는 의미로 해석할 수 있다. 여자가 만일 "내가 어떤 집 딸인데"라는 생각을 갖고 있다면 남자를 만나도 행복하게 살기 힘들다. 자기 옷을 벗는다는 것은 말처럼 쉽지 않다. 하지만 자기를 내려놓지 않으면 만남이 제대로 이루어질 수 없다. 남자나 여자 모두에게 해당되는 이야기이다. 남자 역시 "총각 때 이런저런 것을 해봤으니 네가 나에게 이렇게 해줘"라고 말한다면 행복한 결혼생활을 할 수 없을 것이다. 처녀 총각으로 만나서 행복한 부부가 되려면 "과거의 나는 이랬는데"라고 폼 잡을 것이 아니라, 그냥 벌거벗은 채로 상대방을 만나야 한다. 융의 분석심리학에서는 연금술도 많이 다루는데, 연금술에서도 남녀가 통합되는 그림 도판들을 보면 한결같이 벌거벗고 있다. 부부가 만날 때는 자신을 모두 버리고 만나야지, 옷을 입고 자신을 가린 채 만난다면 진실한 사랑할 수 없다는 이야기이다.

사랑은 모든 것을 이긴다

우렁각시에게 사랑을 받은 남자는 그것을 자랑하다가 부자 영감에게 우렁각시를 빼앗길 위기에 처한다. 부자와 남자가 겨루는 방법이 매우 재미있다. 첫 번째는 장기를 두고, 두 번째는 말을 타고, 세

번째는 싸움 내기를 하는데, 이것은 남자라면 일생에 한 번쯤은 겪어야 하는 과제를 의미한다. 장기를 잘 두려면 책략을 쓸 줄 알아야 하고 구조화를 할 줄 알아야 한다. 말을 탄다는 것은 말이 갖고 있는 역동성을 생각할 수 있다. 움직이는 것은 남자들의 상징이기 때문이다.

말은 신화 속에 자주 등장하는 상징이다. 말 하면 떠올릴 수 있는 신화 속 이미지는 반인반마 켄타우로스나 미노타우로스가 잘 알려져 있지만, 중국의 『산해경』에도 말은 무궁무진하게 등장한다. 효양국(梟陽國)의 털복숭이 큰 입 괴물, 북방의 우강(北方禺彊), 해내서북(海內西北) 지방의 환구(環狗) 등 다양하게 기록되어 있다.[111] 반인반마는 얼핏 인간과 짐승이 합쳐진 징그럽고 무서운 동물로 느낄 수도 있다. 켄타우로스는 인간과의 싸움에서 결국 굴복되어야 하는 존재이다. 프랑스국립박물관연합에 소장되어 있는 이탈리아 화가 파사로티(Passarotti)의 그림 〈헤라클레스와 켄타우로스, 네수스의 싸움〉은 인간이 마음속에 숨어 있는 수성(獸性), 즉 본능을 얼마나 처절하게 다스려야 하는지 보여주고 있다.

켄타우로스와 헤라클레스의 이야기를 통해 결혼과 관련된 인간의 본능에 대해 깊이 들어가 보자. 헤라클레스의 네 번째 미션은 켄타우로스들과의 결투이다.[112] 결혼하려면 일단 역동적이고 본능적인 측면이 발동해야 한다. 그런데 사랑을 지속하려면 본능적인 측면보다 더 필요한 게 있다. 바로 헤라클레스적인 측면이다. 켄타우로스

111. 『山海經』, 112~126쪽
112. Graves, Robert.(1960), 『The Greek Myths Complete Edition』, London, Penguin, pp475~478

나 헤라클레스 모두 역동적이고 힘이 세지만 헤라클레스에게는 켄타우로스에게는 없는 인간적인 면, 역경을 딛고 인내할 수 있는 힘이 있었다. 그가 자신보다 더 힘센 반인반수들을 이길 수 있던 원동력이 여기에 있다.

하지만 켄타우로스의 피는 결국 헤라클레스를 파멸시키는 중요한 동기가 된다. 켄타우로스는 헤라클레스 부인에게 가서 자신의 피를 헤라클레스에게 묻히면 그의 힘이 더 강해질 것이라고 속삭인다. 부인은 켄타우로스의 말을 믿고 그의 피가 묻은 옷을 헤라클레스에게 입혔다가 헤라클레스를 죽음에 이르게 한다. 이것은 무슨 의미일까? 상징적으로 생각하면, 여성이 지나치게 남성의 역동적인 측면에만 집착하게 되면 정상적인 인간생활을 하기 어렵다는 뜻으로 읽을 수 있다. 내 안에 있는 동물적인 본능을 잘 다스려야 인간적인 삶을 유지할 수 있다는 뜻이다. 〈선녀와 나무꾼〉에서도 말을 타고 가다 떨어지는 부분이 나오는데, 그것은 아직 반인반마의 단계를 못 건넜기 때문으로 해석할 수 있다. 반인반마의 단계를 극복하지 못한 부부들의 인간 이하의 격렬한 싸움들을 상상해보면 된다.

그다음에 부자와 총각은 싸움 내기를 한다. 여자를 두고 목숨을 걸고 싸우는 내기이다. 사랑할 때는 "정말 사랑하는 사람을 위해서 내 목숨마저도 바칠 수 있다"라는 마음을 가져야 진정한 사랑을 할 수 있다. 로미오와 줄리엣처럼 사랑 때문에 죽기도 하고, 진정 사랑하는 사람을 위해 간도, 심장도 떼어주는 사람이 나오는 이유이다. 비단 사람들 사이에서만 일어나는 것은 아니다. 내가 사랑하는 어떤 일, 안중근 의사처럼 목숨을 걸고 조국을 사랑하는 것도 큰 사랑이다. 정말 큰 사랑은 목숨을 내놓는 사랑이다.

목숨을 내놓을 만큼 사랑하는 사람이나 일을 만난 사람은 매우 행복한 사람이다. 이럴 때 그에게는 광기와 행복의 도파민과 세로토닌이 흐를 것이다. 그런데 여기서 우리가 알아야 할 것이 있다. 그 행복을 추구하기 위해서는 대단히 많은 노력과 지루한 시간을 견뎌야 한다는 사실이다. 김연아 선수의 성공과 아름다운 모습에 환호하는 사람들 중에서 그것에 이르기 위해 김연아 선수가 만 번 이상 엉덩방아를 찧는 것을 항상 상상하는 사람은 많지 않을 것이다. 금슬이 좋아 보이는 노부부의 금강석 같은 사랑도, 어쩌면 만 번의 엉덩방아 찧기와 넘어짐으로 단련이 되었을 것이다. 영원한 사랑은 "영원히 사랑하겠다"라는 말이 아니라, 죽을 때까지 인내하고 포용해주는 오랜 시간 속에 스스로를 담금질하겠다는 의미로 해석해야 한다.

부자와 총각이 싸움 내기를 하고 있을 때 우렁각시가 나타나서 총각에게 호리병을 건네주는데, 호리병은 〈바리데기〉에 등장하는 감로수와 유사한 상징이다. 여성들이 남자들에게 어떤 에너지를 줄 때 이런 작은 그릇에다가 생명의 물을 줄 수 있다는 뜻이다. 즉 작은 물에 담겨 있는 사랑이 중요하다는 뜻이다. 사랑을 할 때는 "목숨까지 내놓는다"는 거창한 이야기를 하지만, 사실 평범한 부부들은 가끔 서로에게 따뜻한 차 한 잔 끓여주는 일에도 인색하게 구는 경우가 많다.

하지만 사랑은 바로 그런 작은 몸짓 하나에서부터 엄청난 에너지로 진화한다. 서로 집안일을 자신이 하겠다고 나서는 부부, 서로 맛없는 부분은 내가 먹고, 맛있는 것은 당신이 먹으라고 권하는 부부의 행복은 돈이나 지위와는 전혀 상관이 없다. 사랑을 하게 되면 설령 다른 이들의 눈에는 별 볼일 없고 하찮아 보일지 모르겠지만 서로의 눈에는 세상에서 가장 아름답고 멋진 왕자이고 공주일 수 있는 것이다.

어쩌면 그런 작은 보살핌과 사랑에서 진짜 여신과 남신이 태어나는 것이 아닐까. 성형수술과 화장품으로 포장한 아름다운 외모의 여성과, 비싼 자동차와 명품 슈트의 조각 같은 외모의 남성이라 할지라도 서로에 대한 희생과 겸손이 없다면 언제라도 비루하고 징그러운 반인반수일 뿐이다.

선덕여왕과 지귀 이야기

\ 열정을 다스리라

　신라 선덕여왕 때 지귀라는 젊은이가 선덕여왕을 짝사랑하였다. 어느 날 지귀는 영묘사로 가는 선덕여왕을 발견하고 행렬의 뒤를 쫓는다. 선덕여왕을 보고 소리 지르며 달려오던 지귀는 여왕을 호위하는 시위군에게 붙들렸고, 여왕은 불쌍한 생각이 든 나머지 그에게 자신을 따라오라고 하였다. 여왕이 부처님께 절을 올리는 동안 지귀는 절 앞 탑 아래 앉아서 여왕이 나오길 기다렸다. 그러나 불공을 드리던 여왕은 빨리 나오지 않았고 지귀는 그만 그 자리에서 잠이 들고 말았다.

　불공을 마치고 나오다가 잠들어 있는 지귀를 본 여왕은 금팔찌를 빼서 지귀의 가슴 위에 놓아주었다. 잠이 깬 지귀는 여왕의 금팔찌를 가슴에 꼭 껴안고 기뻐서 어찌할 줄을 몰랐다. 그러자 기쁨은 곧 불씨가 되어 가슴속에서 활활 타올랐다. 그러다가 가슴속에 있는 불길이 몸 밖으로 터져 나와 어느새 그의 몸은 빨간 불덩어리가 되고 말았다. 여왕을 뒤쫓아가려고 지귀가 발걸음을 옮길 때마다 지귀 몸에 있던 불기운이 거리로 퍼져서 온 거리가 불바다를 이뤘다. 지귀는 불귀신으로 변하여 온 세상을 떠돌아다니게 되었다. 사람들이 두려워하자 선덕여왕은 불귀신을 쫓는 주문을 지어 백성들에게 내놓았다. 백성들은 여왕이 지어준 주문을 써서 대문에 붙인 뒤 비로소 화재를 면할 수 있었다.[113]

---

113. 권문해 지음, 윤호진 역(2013), 『대동운부군옥(20)』, 서울, 지만지

여왕을 사랑한 부랑자 광인

이 이야기는 『대동운부군옥』이라는 옛이야기 모음집에 전해지고 있다. 평민인 신라 청년이 선덕여왕을 짝사랑하다가 정열에 활활 타는 이야기이다.

이 이야기에서 보면 선덕여왕은 매우 수용적이며 포용력 가득한 사람임을 알 수 있다. 지혜로운 사람을 지칭할 때 보통은 지식이 많거나 똑똑한 사람으로 생각하기 쉬운데 실제로 지혜는 어리석음과 통한다. 이것이 노자의 핵심사상이다. 현실에서도 보면 자기 스스로 어리석다고 생각하는 사람들이 사실은 지혜로운 경우가 많다.

지혜로운 사람은 자기를 반성할 줄도 안다. 반면에 자신은 완벽하고 지혜롭다고 생각하는 사람일수록 어리석으며 어떤 때는 지나친 광기를 보일 때도 있다. 이들은 다른 사람들의 조언이나 지적을 받아들이지 못한다. 지혜로운 여왕과 광인은 언뜻 보면 양극단이지만 양극단이 만나서 통합이 되어야 전체 정신이 될 수 있음을 상징한다.

선덕여왕과 지귀는 고귀한 혈통을 지닌 사람과 비천한 신분에 제대로 먹지도 못하는 일종의 부랑자의 만남이다. 어떻게 보면 모든 종교에서 궁극적으로 추구하는 바가 이런 것이 아닌가 싶다. 가장 천하고 더럽고 비천한 사람에게서 예수를 발견하고 부처를 찾는 게 종교정신의 핵심이지 않은가. 지귀는 그 당시 신라에서 가장 밑바닥 인생이었는데 선덕여왕은 이런 사람도 아우르고 포용할 줄 아는 인물이라는 점에서 칭송받을만 하다. 선덕여왕은 첨성대를 만들고 여성으로서 나라를 잘 다스린 여왕이기도 했지만 사람의 가치를 알고, 비천한 존재까지 품을 수 있었다는 점에서 지혜와 슬기가 빛나며 후대에서까지 가치를 인정받게 된 것이라고 본다.

선덕여왕의 불공의 내용을 상상해보면 여왕은 아마도 관세음보살의 마음이었으리라. 관세음보살에는 여러 가지 이본들이 있지만 그 중 바닷가에 간 관세음보살의 이본은 특히 유명하다. 창녀의 모습으로 어부들에게 간 관세음보살은 악행을 저지르는 어부들에게 자신과 잠자리를 하려면 불경을 통째로 외우고 오라고 얘기한다. 어부들은 창녀와 자기 위해 불경을 외우다가 결국은 이 때문에 득도한 뒤 성욕도 사라지고 보살이 되어 어촌마을에 평화가 찾아오는 전설이다.[114] 아마도 불쌍한 지귀를 바라보는 선덕여왕이 이런 관세음보살의 마음이었을 것이다.

선덕여왕이 불공을 드리는 동안 지귀는 잠을 잔다. 예수가 죽기 전 땀과 피를 흘리며 기도할 때 제자들이 자듯이 지귀는 평안하게 잠을 잔다. 추종자들과 리더, 스승과 제자의 차이가 여기서 드러난다. 리더가 자지 않고 깨어 있는 사람들이라면 추종자들은 그 시간 동안 생각 없이 잠을 잔다. 지귀가 잠자며 무의식세계로 들어가 있는 동안 선덕여왕은 의식화 되어 있고 각성되어 있는 그런 상황이다.

지귀 이야기는 잘못하면 남자 신데렐라의 불행한 멜로드라마로 잘못 이해할 수도 있다. 하지만 그보다는 내적인 상징으로 이해하면 더 좋겠다. 선덕여왕은 가장 높은 고귀한 위치에 있기 때문에 어떤 면에선 역설적으로 부족한 면이 많은 상황이다. 여왕은 결혼도 하지

---

114. Chun, Fang Yu.(2001), 『Kuan Yin : The Chinese Transformation of Avalokitesvara』, New York, Columbia University Press, pp421~432

않았고, 보통 사람들이 어떻게 사는지 몰랐던 프랑스 왕비 마리 앙투 아네트처럼 편하게 살 수도 있었다. 그러나 여왕은 지귀와 만남으로 써 자신과 다른 존재를 품을 줄 알게 되었고 그로 인해 성숙한 인간 으로 변신할 수 있었다. 반면에 지귀는 선덕여왕처럼 그것을 품지 못 하고 열정만 불태웠기 때문에 불이 되어 사라질 수밖에 없었다.

때로는 지귀처럼 자기를 활활 태워서 자기의 자아를 죽이는 사랑 의 방식이 필요할 때가 있다. 모든 사랑은 사실은 "자아 죽이기"이 다. 아이를 키우는 것도 내 자아를 죽여야 되고 애인을 만나는 것도, 하다못해 어떤 조직에 들어가서도 자아를 죽여야 큰 사랑을 할 수 있다. 큰 나를 얻기 위해서는 내가 죽는 과정이 필요하다.

연애할 때 나는 어떤 단계에 있는가 생각해볼 필요가 있다. 고고 한 선덕여왕처럼 처녀로서의 단계에 있는지, 그냥 우연히 지귀를 만 나서 불쌍하게만 생각하고 있는 건지, 지귀처럼 굉장히 외롭고 쓸쓸 한 상황에서 사랑이라는 콤플렉스에 사로 잡혀 있는 건 아닌지 생각 해보라. 그리고 사랑을 떠나보낼 때 선덕여왕은 어떻게 했는지 곰곰 히 생각해보면 지금 막 연애를 시작해서 사랑 때문에 괴로워하는 사 람들은 큰 도움을 받을 것이다.

불과 물이 하나 되는 창조적 사랑

팔찌는 각 나라 신화에 상징으로 자주 등장한다. 매듭 문양의 팔 찌를 이집트 벽화에서 본 사람이 있을 것이다. 이집트에서 매듭은 우주를 뜻하는 동시에 태양신 라나 이집트 파라오를 상징한다. 팔찌 의 동그라미는 성스러움을 상징한다. 고구려 고분벽화에는 용인지

뱀인지 알 수 없는 동물이 꼬리를 스스로 물고 있는 그림이 그려져 있다. 원이 되는 그것을 융의 분석심리학에서는 우로보로스라고 한다고 앞서 말한 바 있다. 우로보로스는 자기 머리로 꼬리를 물고 있기 때문에 하나의 원이 되며, 영원과 윤회를 상징하는 동시에 우주의 진리를 내포하고 있다. 한편 프로이트 식으로 동그라미를 여성의 생식기나 성적인 상징으로 해석하는 경우도 있다.

　지귀는 여왕이 주는 성스러운 상징을 감당하지 못해 불로 변했다. 우리에게도 이런 경우가 있다. 처음 사랑을 하게 되거나, 사랑에 미치면 열정이 들끓어 마치 불처럼 변한다. 그 열정 때문에 바보스럽게 행동하기도 하고 스토커가 되기도 하고 또 굉장히 우울해지기도 하고 망상에 빠지기도 한다. 지귀는 사랑하지만 가질 수 없는 대상에 대한 집착으로 인해 자아를 죽였다. 자아 죽이기가 사랑이라고 했지만, 죽이기는 하되 건강하게 죽여야 진정한 진짜 사랑을 할 수 있다. 지귀처럼 건강하지 않게 병적으로 죽인다면 사랑을 할 수가 없다. 건강하게 자아를 죽이지 못한 지귀는 정열만 남아 불로 변할 수밖에 없었다. 지귀는 원한이나 분노, 고독이 깊어서 다른 사람의 집까지 태웠을 정도로 파괴적인 사랑을 했을 가능성이 높다.

　『삼국유사』뿐 아니라 다른 고대 신화에는 이렇게 불과 물과 관련된 신화가 자주 등장한다. 불과 물은 인간의 시원적인 원료이다. 고대 그리스의 철학자가 만물의 근원을 '물'이라 하면서도 불에 대한 실험을 계속한 이유이다. 물의 신화들은 〈노아의 방주〉나 〈나무도령〉 이야기처럼 주로 홍수가 나서 온 마을이 통째로 사라졌다가 새로 생기는 플롯을 지닌다. 불에 의한 재난도 〈소돔과 고모라〉뿐 아니라, 한국의 〈불가사리〉 민담처럼 다양한 변종들이 많다. 물이건 불이건, 모든 것이 사라지고 또 새롭게 태어나는 과정은 사람이면 역시 한번 이상 겪게 되는 상황이다.

필자는 네로 황제가 로마를 불태웠듯 실제로 선덕여왕 때도 혹시 화재가 있었지 않았을까 생각해본 적이 있다. 당시 신라를 방문한 외국인들 눈에는 수십만 가구의 집집마다 올라가는 연기가 장관이 었다고 한다. 또 신라에는 알렉산드리아 있는 도서관의 장서와 숫자 가 거의 비슷할 정도로 엄청난 책을 가진 도서관이 있었다고 하니 화재도 꽤 있었을 것 같다. 언제 화재가 일어나 도서관이 불타 없어 졌는지 모르지만 혹시 지귀 신화와 관계가 있지는 않을까 상상을 해 보기도 한다.

앞서 언급한 〈불가사리〉라는 민담에도 지귀와는 다르지만 외로 운 주인공이 등장한다. 비천한 숲속에 사는 외로운 할머니가 자기의 코딱지를 뭉쳐서 굴렸는데 그게 불가사리란 귀신으로 변해서 도성 에 크게 불을 일으켰지만 결국 할머니가 와서 그 불가사리를 데려갔 다는 민담이다. 역시 가장 비천하며 잊혀지고 외로운 여성 노인의 마음이 불을 일으키는 상황이다.

선덕여왕은 주문을 써서 불을 막는다. 그 주문은 푸른 바다로 가 라는 이야기이다. 물과 불은 서로 대극이며, 연금술에서는 물과 불 이 합쳐져 방대한 금을 만들어낸다. 우리에게는 물과 같은 성질과 불과 같은 성질이 함께 있어야 온전한 전체 정신을 만들 수 있다. 지 귀처럼 온 도성을 태울 정도의 파괴적인 불도 있지만 또 푸른 바다 로 가서 물과 만나 새로운 것을 만들어낼 줄도 알아야 한다.

불이 푸른 바다의 어떤 생성성과 혼합하면 또 다른 윤회의 사슬을 만들어내고 생명을 만들어낼 수 있다. 선덕여왕의 지혜가 있어 이 모든 것이 가능했을 것이다. 열정을 너무 가까이 하면 타 버린다. 그러나 열정 없이는 어떠한 행동도 할 수 없다. 열정을 갖되 그것을 잘 보관하고 다스려야 한다. 또한 푸른 바다 같은 포용력으로 열정을 담아야 한다. 보통 사람의 그릇으로 담을 수 없는 열정이라면 적당한 거리를 두고 물과 불이 서서히 하나가 되는 과정을 기다려야 된다.

장자못 이야기

＼ 앞으로 나아가려면 금기를 깨라

장자라는 포악한 부자 집에 탁발승이 찾아왔다. 장자는 쌀 대신 쇠똥을 한 움큼 바랑에 넣어주었지만 며느리는 시아버지 몰래 쌀을 퍼서 탁발승의 바랑에 담아주었다. 그러자 탁발승은 며느리에게 자신을 따라오되 무슨 일이 생겨도 뒤를 돌아보지 말라고 한다. 며느리가 아기를 업고 집을 나서는데 뒤에서 커다란 소리가 들렸다. 며느리는 너무 놀라 뒤를 돌아보고 말았다. 그녀가 떠나온 집은 연못이 되어버렸고 그 모습을 본 며느리는 그 자리에서 돌이 되었다.[115]

---

115. 『한국문화상징사전』, 636쪽

〈장자못〉 이야기는 〈장자풀이〉의 한 이본이자 홍수신화이다. 이 신화에서 뒤를 돌아보지 말라고 했는데 뒤를 돌아봐서 죽는 설정은 그리스 신화에서 오르페우스가 죽은 아내 유리디케를 저승에서 데리고 나오다가 겪는 설정과 유사하다.

여기서 며느리는 욕심이 많은 시아버지와는 달리 마음 따뜻한 여성이다. 그렇다고 며느리가 절대선이고 시아버지가 절대악이라는 말은 아니다. 며느리에게도 시아버지 같은 마음이 있을 수 있고, 모든 사람이 항상 절대로 선하거나 절대로 악할 수는 없기 때문이다.

며느리는 악한 시아버지와 이별하긴 했지만 여러 가지 이유 때문에 그 뒤가 궁금했을 수 있다. 성경에서도 소돔과 고모라를 떠나던 롯의 아내가 뒤를 돌아보다가 소금기둥이 되었듯 며느리 역시 뒤를 돌아보다가 돌기둥이 되어버린다.

임상에서도 과거를 돌아보면서 돌처럼 딱딱하게 굳어져가는 사람들을 가끔 만난다. 자기가 택한 길을 그냥 가면 되는데 그러자니 미련이 남는 사람들이다. 예를 들어 A라는 여자를 택한 사람이 있다면 그녀와 충실하게 살아야 하는데 과거에 사귀었던 B를 떠올리는 경우이다. 그가 B를 떠올릴수록 A와의 관계는 돌처럼 딱딱하게 굳을 수밖에 없다. 시간이 지났는데도 자꾸 미련을 갖고 뒤를 돌아보면 현재와 미래의 관계는 돌처럼 굳어져 더 이상 발전할 수가 없다.

〈장자풀이〉에서도 얘기했지만 시주를 엉터리로 해서 곤경에 빠지는 이야기는 신화에 자주 등장한다. 이것을 종교 콤플렉스로 해석하기도 하고, 융의 분석심리학에서는 종교성이 있느냐 없느냐로 해석한다. 성스러운 것이나 초월적인 존재에 대한 존경심은 대부분의 사람들이 갖고 있다. 그런데 그 성스러운 존재에게 무엇을 주느냐는 사람마다 다르다.

필자의 경우도 매우 부족한 사람 중 하나인지라 자주 반성을 한다. 나는 내 종교심을 위해 어떻게 살고 있는가, 신성한 영역(Numinosum)에 대한 인식은 제대로 하고 있는가. 추상적인 생각 말고 구체적으로 어떤 선택을 하며 살고 있는가. 선행을 베풀기보다는 항상 삿된 마음, 속이려는 마음이 내 속에 자리 잡고 있지는 않은가. 하늘나라에 가면 하느님이 한없이 나를 용서해줄 것이라 생각하며 게으름을 피우고 있지는 않은가. 어설픈 허무주의를 부처의 높은 가르침과 혼동하고 있는 것은 아닌가. 집착을 버리고 세상에 대해 관조하는 마음을 냉소주의나 무관심으로 대신하고 있는 것은 아닌가. 내가 미워하는 사람들은 다 지옥에 떨어질 것이라고 나 혼자 평가하고 재단하는 것은 아닌가. 무언가 보답을 받으려고 베푸는 것이 아니라 일하는 상황 자체가 행복하기 때문에 자연스럽게 일해야 하는데 진실로 그리 하고 있는가. 이 모두가 성스러움, 혹은 진정한 자기와의 끈을 잃어버리고 작은 자아에 머물고 있는 좁은 소견 탓이리라.

〈장자못〉 이야기의 장자 역시, 제대로 섬겨야 할 것은 섬기지 못하고 세속적인 것에 집착하는 바람에 못 속에 빠져 죽고 만다. 그리스 신화에서 미노스는 신에게 제일 좋은 소를 줘야 하는데 그를 속이고 나쁜 소를 주는 바람에 부인이 소의 형상을 한 미물과 교접한 후 미노타우로스라는 괴물을 낳는다. 장자가 만약 바랑에 제대로 된 시주를 했다면, 소돔과 고모라의 사람들이 찾아온 천사들을 능멸하지 않았다면, 그리고 우리가 신성한 것을 제대로 잘 섬길 수 있다면,

세상은 지금보다 천국 같은 곳이 될 수 있으리라.

홍수는 무의식이 범람하는 순간이다

며느리가 돌아본 순간 집이 너른 연못이 되었다는 의미를 살펴보자. 심리학적으로 보면 집은 보통 에고, 자아의 상징이다. 연못은 자기의 상징으로 신화에 자주 등장하는 모티프이다. 연못이나 홍수는 무의식의 범람으로 볼 수 있다. 자아가 무너지면 자칫 미치거나 죽거나 이상해질 수 있다. 그런데 연못이라는 어떤 공간에 그것이 담겨질 경우 무너지지 않고 자기 개성화의 과정으로 갈 수도 있다. 어떻게 보면 장자가 죽고 그 집이 무너져서 연못이 되어야 또 다른 생성의 공간이 탄생한다고 볼 수 있다. 그렇게 보면 며느리가 돌이 된 것은 개성화 과정 속에 나타나는 한순간의 놀라움으로 해석할 수 있다.

신성을 잘못 보면 공포의 상황이 생길 수도 있다. 모세도 덤불 속에서 여호와 하느님을 볼 때 감히 쳐다보지 못한 것처럼 누미노제(Numinose) 즉 신성함을 감히 직접 보지 못하는 상황에 우리는 종종 처한다. 신성함을 잘못 쳐다보면 무의식이 범람해 정신병이 생길 수도 있다. 홍수라는 것도 무의식이 범람해서 생긴 일종의 정신병적인 상황으로 필자는 해석해본다.

홍수신화에는 항상 금기가 등장한다. 〈노아의 방주〉에서도 노아가 술에 취해서 벌거벗고 있는 것을 아들들이 보고 웃다가 큰 벌을 받는다. 성경의 롯도 나중에 자기 딸과 근친 같은 상황을 만든다. 우리나라 〈달래고개〉 이야기에도 자신의 성욕을 참지 못해 생식기를 돌로 치고 죽은 남동생에게 누이가 "달래나 보지"라는 말을 남긴다.

〈목도령〉이야기에서도 근친상간적인 얘기가 나온다. 그리스 신화에서 미르라는 여신은 아도니스의 어머니인데 아버지와 관계를 한 다음 나무가 된다. 미르가 변신한 나무에서 나온 눈물이 바로 몰약이다. 몰약은 염을 할 때 쓰는 것으로 죽음과 깊은 관계가 있다.

홍수는 무의식이 범람하는 상황이며 금기를 파괴하는 상황이다. 이런 파괴적인 상황이 있어야 변화도 가능하다. 대표적인 고전 오비드의 변신 이야기 『메타모르포시스』이다.[116] 왜 변신이냐면 거기 나오는 인물들이 다 변하고 뒤섞이기 때문이다. 마치 다시 혼돈의 시대로 돌아간 것 같은 그런 형태이다. 그 신화에 나오는 인물들은 나무로도 변하고 꽃으로도 변하고 돌로도 변한다. 변환의 상징을 이해하면 왜 미라가 몰약이 되는지, 나르키소스가 왜 꽃이 되는지 이해할 수 있다. 〈장자못〉이야기에서도 며느리가 돌이 되는 것을 그런 변환의 상징으로 이해해야 한다.

창조성으로 가지 못하고 중간에 과거에 집착했기 때문에 변신의 과정은 완결되지 못했다. 과거를 돌아보는 것은 성찰이 될 수도 있지만, 어떤 때는 그 때문에 인생의 끝이 되는 무서운 상황을 초래할 수도 있다. 삶은 이처럼 이쪽 경계와 저쪽 경계가 모호하며 정답이 없고 간단치 않다. 과거를 돌아봄으로써 돌이 될 수도 있고, 새로운 것으로 바뀔 수도 있다. 이 변환의 경계는 항상 같이 간다. 어떻게 보면 돌이 되고 맹인이 되는 이런 경계들을 거쳐야 인생이 완성이 되는 것이 아닌가 싶다.

---

116. Ovid Tr. by Melville, A. D., 같은 책

석탈해 이야기
\ 나만의 신화를 써 나가라

    남해왕 때 가락국의 바닷가에 궤가 실려 왔다. 그 속에 칠보와 노비 등과 함께 아이가 있었다. 한 할머니가 나타나 아이를 키우고 이름을 탈해라 불렀다. 탈해는 학문과 지리에 두루 통달한 영특한 사람으로 자랐다. 하루는 탈해가 호공의 집터(뒤에 月城이 됨)가 좋음을 보고 호공의 집에 몰래 숫돌과 숯을 묻어놓고는 자기의 집이라 우겼다. 관가에서 주장하는 근거를 요구하자 탈해는 자신은 본래 대장장이였으니 땅을 파서 조사하자고 하였다. 과연 집터에서 숫돌과 숯이 나오자 탈해가 이겨서 그 집을 차지하게 되었다. 남의 집을 빼앗았으므로 성을 오랠 석(昔)씨라고도 했고 혹은 까치 때문에 궤를 열게 되었으므로 작(鵲)자에서 조(鳥)자를 떼고 석(昔)씨로 성을 삼았다고도 하고, 궤를 풀고 알에서 나왔으므로 이름을 탈해라 했다는 여러 가지 주장이 전해진다.

    탈해는 남해왕의 사위가 되고 남해왕 10년에는 대보의 자리에 올랐다. 유리 이사금의 즉위 시에 이미 왕위 계승의 물망에 올랐지만 유리 이사금이 나이와 이빨수가 많다는 이유로 먼저 왕이 되었다. 유리 이사금은 자신의 왕위를 탈해에게 넘겨주었다. 탈해는 재위 23년 세상을 떠났는데 자신의 뼈를 묻어 두라는 유언을 남긴다. 두골의 둘레가 3자 2치, 신골의 길이가 9자 7치가 되었다고 한다.[117]

---

117. 『삼국유사』, 101~104쪽

궤는 죽음과 탄생을 의미한다

석탈해는 『삼국유사』의 「기이」 제1편에 등장한다. 가락국에 배를 타고 도착한 석탈해는 수로왕이 북을 치고 맞아들이지만 그곳에 정착하지 않고 다른 곳으로 떠난다. 도착지가 가락국이 아니었을 수도 있고 수로왕에게 갈 때가 아니었을 수 있다. 그러다가 배는 아진포에 도착한다. 바닷가에 발도 없는데 왜 까치가 모여드는지 궁금했던 할머니가 그곳에 가 보자 궤가 하나 놓여 있었다. 크기가 자그마치 20척 13자에 이를 만큼 큰 궤를 열어 보니 남자 아이와 칠보, 노비가 들어 있었다. 이 아이를 대접한 지 7일 만에 아이는 할머니에게 자신이 '용성국' 사람이라고 이야기한다.

'왜 신이 배를 타고 왔는지'에 대해서 생각해볼 필요가 있다. 인류학자들은 허황후처럼 인도에서 온 증거라고 이야기하지만 타지에서 왔다는 것만 확실할 뿐 석탈해의 배가 어디에서 왔는지는 알 수 없다. 앞서 중국과 한국은 서로에게 타자로 작용한다고 말한 적이 있는데 여기서도 어떤 특정한 나라를 지칭하기보다는 타지에서 왔다는 의미로 쓰였을 가능성이 높다.

또 하나 '왕이 북치고 맞아들였을 때는 머물지 않다가, 이름 없는 할머니에게 갔다'는 것은 무슨 의미일까. 여기서 할머니는 현자의 원형이다. 신화에서는 유독 갓난아이를 할머니나 할아버지가 거두는 경우가 많다. 요즘엔 노인이 예전처럼 존경받는 문화가 아니기 때문에 현자가 근처에 있어도 우리가 알아채지 못하고 있는 것인가 싶다. 많이 배운 사람도 돈이 많은 사람도 아니고 고기잡이를 하는 이름 없는 촌부인 할머니가 만약 지금 우리 앞에 나타난다면, 석탈해 시대와는 매우 다른 처지였을 것 같다. 왕과 신을 키우는 존재가 이름 없는 할머니라는 사실, 거기에서 새로운 위대한 인물이 탄생하는 모티프 역시 많은 신화에서 되풀이 된다.

인생을 살다 보면 나의 존재가 보잘 것 없고 때론 나를 지워버리고 싶을 만큼 싫은 순간이 있다. 그러나 그 힘든 시기가 오히려 내 인생에 가장 중요한 보물이 되는 때가 있다. 예컨대 모든 성공담 뒤에 나오는 고생담이다. 거꾸로 말하면 비천한 상황에서 고개를 숙이는 경험을 해보지 못하고는 성공하지 못한다는 뜻일 수도 있다.

〈석탈해〉 신화에도 새가 모여드는 특별한 순간들이 있다. 우리나라에서는 '까치'를 '길조' 혹은 '서조'라고 하면서 "까치가 울면 손님이 온다"고 이야기한다. 〈은혜 갚은 까치〉라는 이야기도 있듯이 까치는 상서로운 기운을 상징한다. 이미 『산해경』을 비롯해 새에 대한 이야기가 언급되었기 때문에 여기서는 생략하고 궤짝이 상징하는 바로 넘어가자. 성서의 모세도 궤짝 안에 실려 있었고 그리스 로마 신화의 페르세우스도 궤짝 안에 실려 있었다. 궤짝은 네 귀퉁이가 있어 마치 관 같은 느낌을 준다. 즉 한 번 죽었다 태어난 것을 상징한다. 어린 아이가 바다에서 궤짝에 실려 왔을 때는 그곳에 노비가 있고 칠보가 있더라도 버려진 존재라는 뜻이다. 바리데기 역시 궤짝에 실려온 바 있다. 그러니까 이들은 모두 죽음의 단계를 지나온 것이다. 버려져 궤짝에 실려 온 것은 죽음을 상징하지만, 궤짝은 또한 용기(그릇)이므로 새로운 생성의 가능성을 내포하고 있다.

융의 분석심리학에서는 그릇의 역할이 중요하다. 면담 시간에는 "환자들에게 그릇의 역할을 해주어야 한다"라는 주의를 듣는다. 환자들이 어려운 상황에 처했을 때 '밤바다를 여행하고 있다'라고 이야기하는데, 나침반도 없는 밤바다에서 여행을 하면 얼마나 힘들겠는가. 난파와도 같은 상황이다. 그런 상황에서 궤짝이라도 있으니 난파를 견딜 수 있다. 이 상징을 잘 생각해보면 이미 석탈해는 한 번 죽을 고비를 넘겼으나, 까치도 도와주고 궤짝도 있었기에 고비를 넘긴 것으로 해석할 수 있다.

석탈해는 성장한 뒤에도 자기 집을 가지고 싸운다. 탈해가 만든 석총을 보고 호공이 초대하는데, 여기서 호공은 지방 호족을 상징하고 탈해는 외부 세력을 의미한다. 외부세력이라고 할 수 있는 탈해는 꾀를 부려서 호공의 집을 빼앗는다. 탈해는 숫돌과 숯을 호공의 집 옆에 묻어놓고서는 "내가 여기서 대장장이 노릇을 하고 살았다"고 주장한 것이다. 석탈해가 그리스의 대장장이 신 헤파이스토스와 다른 점은 아마도 헤르메스처럼 꾀를 내어 자신의 소유가 아닌 것도 자신의 것으로 만드는 능력을 가진 것이 아닐까 싶다. 내 집 주변을 파보면 그 증거가 나올 것이라고 이야기한다면 요즘 시대에는 웃음거리가 되겠지만, 고대 신화의 세계에서는 그런 순진한 계략도 받아들여진 것이다.

창조성은 여성성과 통한다

공주는 매우 지혜로운 여자이다. 공주가 종에게 물을 떠오라고 시켰는데 시종의 입이 뿔잔에 붙어서 떨어지지 않는다. 종이 먼저 물을 먹었기 때문이다. 신화에는 물그릇과 관련된 여러 상징들이 등장한다. 고려 왕건이 여인에게 "물을 달라"고 하자 그녀가 지혜롭게 거기에

잎사귀를 띄워주어 결혼에 이르게 된 이야기도 있고, 성서에도 예수가 물을 달라 하자 낯선 여자가 물을 주는 장면이 나온다. 여성이 물을 주는 장면은 여성이 가지고 있는 자양분을 나눠준다는 의미이다.

자크 라캉 같은 프랑스 정신분석학자들이 자주 쓰는 단어 중에 '주이상스(Jouissance)'라는 말이 있다. '액체가 많은, 즙이 많은, 물이 많은'이라는 뜻이다. 창조성은 여성성과 통한다. 우물이나 물, 잔은 모두 여성성의 상징인데, 종의 입이 뿔잔에 붙어서 떨어지지 않는 것은 여성성의 상징, 즉 일종의 금기를 깬 것으로 볼 수 있다. 여성성을 신성하게 받들어야 하는데 그것을 깨서 저주를 받은 것이다.

마찬가지로 여자가 여자로서의 기능을 하려면 남자들이 충분히 여성성을 존중해주어야 한다. 그래야 여성성이 맑은 물이 될 수 있다. 그것은 여자 자신도 마찬가지이다. 여자가 스스로의 여성성을 존중할 때 즐겁고 풍요로운 인생, 맑고 풍요로운 물 같은 창조적인 여성성이 발휘될 수 있다. 이런 여성성을 섣불리 오염시키거나, 존중하지 않고 함부로 한다면 여성이건 남성이건 창조적인 측면이 충분히 발전되지 않을 것이다.

석탈해는 공주의 도움으로 왕이 되고, 나중에 죽어서 장사를 지내는데, 그 장면 또한 상징하는 바가 많다. 석탈해를 장사 지내려는데 두 골이 너무 장대해서 관에 넣을 수 없을 정도였다. 그는 현몽해서 자신의 뼈를 "동악에 두라"고 말한다. 일종의 이중장의 풍속을 보이고 있다.[118] 나중에 후손인 신라의 태종무열왕의 꿈에 기골이 장대한

---

118. 장주근, 같은 책, 252~254쪽

노인이 나타나서 "이것을 다시 파서 소상을 만들어 토함산에 봉안하라"라고 이야기하는데 이때 나타난 조상신은 석탈해일 것으로 추정한다.

실제로 영혼이 꿈에 나타나 나쁜 일을 하지 않도록 경고할 수도 있지만 심리적으로 분석해보면 조상신은 어떤 권위를 상징하거나, 자신의 근원 혹은 양심을 상징한다. 또 신성한 것에 대한 존중이나 존경심을 상징한다. 때로는 조상신이 자신을 억압하는 존재, 오래되어서 버려야 하는 억압적인 에너지의 상징일 수도 있다. 석탈해가 태종의 꿈에 나타난 것은 신성한 존재와의 만남을 상징하기도 하지만, 태종이 왕으로서 양심이나 권위에 걸맞지 않은 상황을 했기 때문일 수도 있다.

신화에만 등장하는 이야기가 아니다. 우리 생활에서도 어려움이 있거나, 갈등에서 헤맬 때 죽은 조상이나 부모가 등장해 때론 악몽을 꾸는 경우가 있다. 대부분의 사람들은 꿈에 조상신이 나타나면 "나에게 무슨 나쁜 일이 일어나려나?" 하고 두려워 하거나 구체적인 무엇인가와 연관시켜 생각하려 한다. 이런 마술적인 생각보다는 근원적인 것을 근원적인 것으로 대접하고, 신성한 것을 신성한 것으로 자신이 잘 대우하고 살고 있는지 점검해볼 필요가 있다. 조상으로 상징하는 무언가를 잘 보살피지 못했을 때 이렇듯 꿈에 나타나 우리에게 필요한 무언가를 적시해주기도 한다.

무의식에서 이야기하는 것을 곧이곧대로 받아들일 필요는 없다. 예컨대 조상이 나타나 "춥고 배고프다"라고 말하는 꿈을 꾸고 나서 묘를 이장해야 한다는 생각으로 관을 열어보니 실제로 관에 물이 차

있더라 하는 이야기들은 심심찮게 들린다. 영혼의 존재가 자신의 사체에 대해 불만을 가지는 상황이 쉽게 이해되지 않지만 죽어 보지 않은 상황에서 함부로 말할 수는 없다. 하지만 이런 상황을 상징적으로 이해하면 훨씬 더 풍성한 인생을 살 수 있다. 조상이 춥고 배고프다고 했다면, 자신이 현재 어떤 면에서 춥고 배고픈 것인지, 무엇이 결핍되어 있는지, 조상들 앞에서 무엇이 부끄러운지 먼저 점검해 보는 것이다.

이처럼 신화 공부는 단순한 옛것에 대한 호기심을 충족시키는 것뿐 아니라 현재의 내 인생과 관련해 마음가짐을 새롭게 하면서 나의 지향성을 어디에 둘 것인가를 점검하는 미래의 나침반이 될 수도 있다.

어느 틈에 우리는 진보와 발전, 합리와 논리, 물질적 결과물 같은 답답한 서구적 틀에 갇혀 세속을 넘어서는 초월적 세계와는 너무 멀리 떨어져 살게 된 것 같다. 잊혀져가는 우리 신화의 심리적 비의를 하나씩 짚어가면서 부족하나마 오래된 미래의 세계를 다시 만나보는 행복한 시간을 독자들에게 선물하고 싶었다.

언젠가 사라지지만 꿈처럼 흘러가는 우리 모두의 삶이 어쩌면 영원히 계속되는 가장 아름다운 신화가 아닐까. 또한 우리 모두의 삶과 영혼은 작은 별처럼 이 우주를 채워 넣고 있는 것이 아닌가 싶다.

참\고\문\헌

- 권문해 지음, 윤호진 역(2013)『대동운부군옥』, 서울, 지만지
- 국립민속박물관(2013),『한국민속문학사전 : 민요』,『한국민속문학사전 : 설화』
- 김경탁·신완 역(1971),『주역』, 서울, 명문당
- 김원익(2010),『신화 인간을 말하다』, 서울, 바다출판사
- 김진영·김준기·홍태한 편저(1999),『서사무가 당금애기 전집1 : 한국무가총서』, 서울, 민속원
- 김태곤(1978),『한국무가집 3』, 서울, 집문당
- 김헌선,『한국의 창세신화 : 무가로 보는 우리의 신화』, 서울, 길벗
- 박제상 저, 윤치원 편저,『부도지』, 서울, 대원출판사
- 르네 지라르 지음, 김진식 박무호 옮김(1972),『폭력과 성스러움』, 서울, 민음사
- 마리 루이제 폰 프란츠 지음, 윤원철 옮김(1986),『시간 : 리듬과 휴지』, 서울, 평단문화사
- 서긍 저, 민족문화추진회 역(2005),『고려도경』, 서울, 서해문집
- 서규석 편저(1999),『이집트 사자의 서』, 서울, 문학동네
- 서대석(2010),『한국 신화의 연구』, 서울, 집문당
- 서정오(2003),『우리가 정말 알아야 할 우리 신화』, 서울, 현암사
- 서정오(2007),『오늘이』, 서울, 봄봄
- 손진태 편, 김종군·강미정·이원영·조흥윤 주해(2012),『조선신가유편』, 서울, 박이정출판사
- 신동흔 엮음(2008),『세계민담사전 한국편』, 서울, 황금가지
- 신채호(1988),『조선상고사』, 서울, 일신서적
- 이동주 감수(1981)『한국(韓國)의 미(美) 7-고려불화(高麗佛畫)』, 서울, 중앙일보사
- 이부영(2012),『한국의 샤머니즘과 분석심리학』, 서울, 한길사
- 이현주·권정생(2000),『부채귀신 잡은 이야기』, 서울, 사계절
- 일연 지음, 이병도 책임 번역(1972),『삼국유사』, 서울, 대양서적
- 임석재(1974),〈제주도에서 새로 얻은 몇 가지〉,《제주도 제17호》
- 임정진(2007),『혹부리 영감』, 서울, 비룡소
- 자현(2012),『(100개의 문답으로 풀어낸) 사찰의 상징 세계, 하』, 서울, 불광출판사
- 장주근(1998),『풀어쓴 한국의 신화』, 서울, 집문당
- 조현설(2006),『우리 신화의 수수께끼』, 서울, 한겨레출판
- 진현종 편저(1997),『팔만대장경에 숨어 있는 108가지 이야기』, 서울, 혜윰
- 칼 융·폰 프란츠 지음, 역자 대표 이부영(1964),『인간과 상징』, 서울, 집문당
- 플라톤 지음, 전현상 옮김(2015)『파이돈』, 서울, 이제이북스
- 한국문화상징사전편찬위원회(1996),『한국문화상징사전』, 서울, 동아출판사
- 한국학중앙연구원,『한국민족문화대백과』
- 『한국향토문화전자대전』
- 현용준(1992),『무속신화와 문헌신화』, 서울, 집문당
- 현용준(1996),『제주도 신화』, 서울, 서문당
- Baring, Anne, & Cashford, Jules.(1993),『The Myth of the Goddess : Evolution of an Image』, London, Arkana
- Becker, Udo.(2000),『The Continuum Encyclopedia of Symbols』, New York & London, Continuum

- Bonnefoy, Yves. Tr. by Doniger, Wendy.(1991), 『Asian Mythologies』, Chicago, The University of Chicago Press
- Campbell, Joseph.(1991), 『Masks of God : Creative Mythology』, London, Penguin Books
- Chevalier, Jean. & Gheerbrant, Alain. Tr. by Buchanan-Brown, John.(1996), 『Dictionary of Symbols』
- Chun, Fang Yu.(2001), 『Kuan Yin : The Chinese Transformation of Avalokitesvara』, New York, Columbia University Press
- Chung, M.S. Ed, 『Encyclopedia of Korean Folk Beliefs』
- Compiled by Bonnefoy, Yves.(1993), 『Asian Mythologies』, Chicago, The University of Chicago Press
- Crow, Carl.(1938), 『Master Kung』, New York & London, Harper and Brothers Publishers
- De Beauvoir, S. 지음, 홍상희·박혜영 옮김, 『La Vieillesse(노년)』, 서울, 책세상
- Ed. Ronnberg, Ami. & Martin, Kathleen.(2010) 『The Book of Symbols : Reflections on Archetypal Images』, Cologne, Taschen
- Eliade, Mircea., 이윤기 역(1992), 『Le Chamanisme et Les Techniques Archaiques de L'extase』, 서울, 까치
- Eliade, Mircea.(1978), 『The Forge and the Crucible』, Chicago, The University of Chicago
- Graves, Robert.(1960), 『The Greek Myths Complete Edition』, London, Penguin
- Haule, John R.(2010), 『Divine Madness : Archetypes of Romantic Love』, London, Fisher King Press
- Kerenyi C.(1998), 『The Gods of the Greeks』, London, Thames and Hudson
- Mahler, M.S.(1968), 『On Human Symbiosis and the Vicissitudes of Individuation. with M. Furer』, New York, International Universities Press
- Mies Maria.(1998), 『Patriarchy and Accumulation on a World Scale Women in the International Division of Labour』, London and New York, Zed Books
- Muller, A. Charles.(2014), 『A Korean-English Dictionary of Buddhism(한영불교대사전)』, 운주사
- Neumann, Erich.(1993), 『The Origins and History of Consciousness』, Princeton University Press
- Ovid Tr. by Melville A. D.(1998), 『Metamorphoses』, Oxford & New York, Oxford University Press
- Owusu, Heike.(1998), 『Egyptian Symbols』, New York & London, Sterling
- Phillippi, Donald L.(1969), 『Kojiki』, Tokyo, Universtiy of Tokyo Press
- Sjoo, Monica. & Mor, Brbara., 『The Great Cosmic Mother : Rediscovering the Religion of the Earth』, San Francisco, Harper & Row
- Swift, Johathan.(2003), 『Gulliver's Travels』, Penguin
- Tr. by Lattimore, Richmond.(1999), 『The Odyssey of Homer』, London, HarperCollins
- Von Franz, Marie-Loise.(1995), 『Creation Myths』, Boston & London, Shambhala
- Jung, Carl Gustav. Tr. by Hull, R.F.C. London, Routledge & Kegan Paul(1974), 『Psychology and Alchemy』, London, Bollingen Foundatation
- 廣陵書社 編著(2003), 『山海經』, 北京, 中國 揚州 廣陵書社

심리학이 만난 우리 신화

당신들이 나의 신이다

1판 1쇄 발행 2016년 3월 31일
1판 2쇄 발행 2018년 5월 1일

지은이	이나미
펴낸이	이영희
펴낸곳	도서출판 이랑
주소	서울시 마포구 독막로 10(합정동 373-4 성지빌딩), 608호
전화	02-326-5535
팩스	02-326-5536
이메일	yirang55@naver.com
블로그	http://blog.naver.com/yirang55
등록	2009년 8월 4일 제313-2010-354호

ISBN 978-89-98746-16-2 (03180)

「이 도서의 국립중앙도서관 출판예정도서목록(CIP)은 서지정보유통지원시스템 홈페이지(http://seoji.nl.go.kr)와 국가자료공동목록시스템(http://www.nl.go.kr/kolisnet)에서 이용하실 수 있습니다. (CIP제어번호: CIP2016004814)」